Hazrat Inayat Khan
Samuel L. Lewis

365 TAGE SUFIWEISHEIT

Hazrat Inayat Khan
Samuel L. Lewis

365 TAGE SUFIWEISHEIT

Herausgegeben von Sufi Ruhaniat Deutschland

VERLAG
HEILBRONN

Englische Originalausgabe:
The Bowl of Saki Commentary
Daily Insights for Life

Sufi Ruhaniat International, 410 Precita Avenue, San Francisco CA 94110

Harzrat Inayat Khan
Samuel L. Lewis
365 Tage Sufiweisheit
Herausgeber: Sufi Ruhaniat Deutschland
Vorwort: Wim van der Zwan
Übersetzung: Hans-Peter Baum
Lektorat: Maria Magdalena Straub
Umschlag: Hauke Jelaluddin Sturm, www.designconsort.de

Der Verlag dankt Andreas Rashid Beurskens für seine finanzielle Unterstützung als Buchpate. Dies hat diese hochwertige Ausführung ermöglicht.

Verlag Heilbronn
Polling
Verkehrsnummer 14894
www.verlag-heilbronn.de
info@verlag-heilbronn.de

Kontakt nach dem Produktsicherheitsgesetz:
Verlag Heilbronn
Kaiser-Heinrich-Straße 37
D-82398 Polling
info@verlag-heilbronn.de

1. Auflage 2018
ISBN: 978-3-936246-32-2

Gedruckt in Tschechien

MIX
Papier aus verantwortungsvollen Quellen
FSC® C005833

INHALT

VORWORT

Mit großer Freude und Dankbarkeit schreibe ich diese Einleitung zur deutschen Übersetzung von *„The Bowl of Saki Commentary"*. Ich war angenehm überrascht, als Hans-Peter Baum vor Jahren meinen Vorschlag aufnahm, über die täglichen Gaben aus der „Schale des Saki" ernsthaft nachzusinnen, und dann sogar so weit ging, das ganze Buch zu übersetzen. Mit hilfreichen Hinweisen und erstem Korrekturlesen von Regina Keespe, dem späteren Lektorat von Maria Magdalena Straub und der Unterstützung durch Uta Maria Baur und Josef Ries vom Verlag Heilbronn haben deutschsprachige Leserinnen und Leser nun Zugang zu diesem wertvollen Buch.

Spirituelle Lehrerinnen und Lehrer haben die Wahl, von der eigenen hohen Stufe der Erkenntnis („Station", erreichter Stand) aus zu lehren oder dort zu beginnen, wo ihr Publikum sich befinden, um dann eine Leiter zu spirituell höheren Regionen anzubieten. Beide Herangehensweisen haben ihre Vor- und ihre Nachteile, und wie zu erwarten ist, suchen Lehrer in der Regel ein gemischtes Vorgehen, indem sie ihren erreichten Stand einbringen, sich aber um Verständlichkeit für die Angesprochenen bemühen, indem sie ihre Erkenntnisse in kaubare Stücke zerlegen und ihre Schüler/innen nicht überfüttern.

In seiner Poesie, die ihrem Wesen nach persönlicher ist, beginnt Inayat Khan von seinem eigenen Stand aus. In seinen Vorträgen suchte er nach Wegen, seine Zuhörerschaft zu erreichen, indem er wie ein Raga-Musiker improvisiert und Menschen statt Instrumente stimmt. Das musste er auch, weil andernfalls die Menschen ihn nicht verstanden hätten. Wie er in *Nirtan*, einer Sammlung poetischer Worte, sagt:

> *Die Menschen stellen mir oft Fragen, die ich in Worten nicht gut beantworten kann; und der Gedanke macht mich traurig, dass sie die Stimme meines Schweigens nicht vernehmen können.* (1386)

Während seines Aufenthalts im Westen bildete Inayat Khan die Fähigkeit aus, einen Ton zu finden, der die Herzen seiner Zuhörer/innen und Schüler/innen erreichen konnte. So entwickelte sich sein Lehren – vereinfacht gesagt – von einer eher indisch-muslimischen Herangehensweise zu einer mehr westlich-universellen Art.

Da die Worte in der *Schale des Saki* sowohl aus seinen Vorträgen als auch aus seiner Poesie stammen, finden wir in diesem Buch eine Mischung aus hohen Einsichten und Lehren. Darüber hinaus spricht Murshid SAM (Samuel Lewis) oft von seinem eigenen erreichten Stand aus und verwendet seine Einsicht und Ausbildung im Hinduismus, Buddhismus und Sufismus. Als Folge davon sind nicht alle Zugänge zu seinen Kommentaren sofort zu erfassen. Manchmal scheint der Text moralische und andere Themen vorzubringen. Das allgemeine Rezept sollte hier sein, nicht die Autoren zu tadeln, sondern zu erkennen, dass unsere Sicht nicht die eines Mystikers ist und wir vielleicht nicht in der Lage sind, Dinge von einer hohen Perspektive aus zu sehen.

Nachdem dies gesagt ist, sollte wenigstens etwas von Murshid SAMs Art erklärt werden, wie er die Worte seines Lehrers kommentierte. Ein gewisses Verständnis von der Kosmologie der vorgenannten Religionen ist für seine Kommentare gefragt. Glücklicherweise kann das Internet eine gute Hilfe sein, einiges vom Hintergrund zu erklären, den Murshid SAM manchmal voraussetzt, deshalb überlassen wir es den Lesenden, dem bei Bedarf nachzugehen.

In seinen Kommentaren benutzt Murshid SAM dazu sehr oft das Modell der drei Ebenen des Bewusstseins (oder Stufen der Existenz). Unser Sein wird als Kombination folgender drei Ebenen beschrieben:

1. ***Physisches Selbst:*** unser Körper und die greifbare Welt um uns herum. Dies ist die physische Ebene oder *Nasut.*
2. ***Mentales Selbst:*** unsere Gedanken und Gefühle und was wir von diesem Bereich in die Welt projizieren. Dies ist die mentale Ebene oder *Malakut.*
3. ***Spirituelles Selbst:*** unsere Verbindung mit der spirituellen Welt (der „anderen Welt"), dem Göttlichen. Das Symbol ist unser Herz. Dies ist die spirituelle Ebene oder *Djabrut.*

Der christliche Mönch und Kenner der Hindu-Tradition, Bede Griffiths (1906 – 1993), sagt über diese drei Ebenen:

> *In den Veden gibt es die Vorstellung von drei Welten, der physischen, der psychischen und der spirituellen. Es ist sehr bedeutsam, dass die Menschen der alten Welt der Veden diese Aspekte nie getrennt haben. Das gesamte Universum wurde als eins gesehen, das sich jedoch auf den drei Ebenen offenbarte. Deshalb wurde nichts in der physischen Welt als nur materiell angesehen... Das Physische und das Psychische wurden beide als Offenbarungen des einen allwaltenden Geistes angesehen, der sich auf*

allen Ebenen des Universums zeigt.
Das vedische Verständnis der drei verbundenen Welten, der physischen, psychischen und spirituellen, ist typisch für die gesamte alte Welt, die aus der mythischen Welt noch älterer Zeiten hervorgegangen ist. Die Vorstellung eines verbundenen Weltganzen ging in der Renaissance verloren; heute versuchen wir, sie wiederzuentdecken. Im westlichen Denken haben wir Materie und Geist voneinander getrennt, und beide von der höchsten Wirklichkeit, von Gott, oder welcher Name auch immer dafür gegeben wird. (Bede Griffiths: Die neue Wirklichkeit. Grafing 1990, S. 78ff)

Murshid SAMs Modell ist im Kern das gleiche, mit einem geringfügig anderen Herangehen, da er das Sufi-Konzept des Herzens für die dritte Ebene benutzt. Das Herz ist der Zugang zur Seele, die über und jenseits der drei Ebenen liegt, sie umfasst und übersteigt und an das Göttliche heranreicht, das höchste Geheimnis. Also ist die Herzebene nicht die Seele, aber der Eingang zum Reich der Seele.

Die Veden, aber auch die Kabbala und die Sufis machen allesamt klar, dass die verschiedenen Welten (oder Körper oder Ebenen) sich nicht gegenseitig ausschließen oder widersprechen, sondern ergänzen. Der mentale Körper ist wie eine konzentrische Kugel um den physischen herum. Der spirituelle Körper enthält sowohl den physischen als auch den mentalen. Das physische Selbst hat seine Grenzen, das mentale Reich ist weiter, aber immer noch begrenzt, doch das spirituelle Reich umspannt alles.

In diesem Modell wirken die drei Ebenen aufeinander ein, also hat ein Körper (oder eine Ebene des Bewusstseins) eine Wirkung auf die anderen und umgekehrt.

Bei der Arbeit mit den drei Ebenen ist die physische Welt diejenige von Zeit und Raum, von Namen und Formen, die wir sehen, fühlen und anfassen können.

Die nächste Sphäre ist die mental/emotionale Ebene. Diese Ebene des Bewusstseins umfasst und bereichert die physische Ebene.

Die dritte Sphäre ist das spirituelle Reich (Herzbewusstsein). Und auch diese Ebene steht nicht in Gegensatz zu den vorigen beiden Ebenen, sondern bereichert sie, ohne „höher" im Sinne von „besser" zu sein. Jede Ebene passt genau zu der Aufgabe, die sie zu erfüllen hat.

Mit dieser kurzen Einleitung verbinden wir die Hoffnung, dass die *Schale des Saki* den Leserinnen und Lesern viele Türen der Einsicht öffnen möge.

Wim van der Zwan
www.peaceinmotion.eu

LIEBE IST NICHT NUR HONIGMILCH UND SPIRITUELLE WELLNESS

Es ist kein Aprilscherz. Was Samuel L. Lewis in seinem Kommentar zum 1. April über die Wirkung des Gebets schreibt, „es wird in höchstem Maße die ganze Stimmung der Persönlichkeit angehoben“ fand ich beim Lektorieren auch für seine Kommentare meist zutreffend. Viele Abende fühlte ich mich beim Bearbeiten seiner Texte wie in einem Lift ein paar Sphären höher gehoben. Bisweilen auf Wolke Sieben. Da regnete es geistige Diamanten und leuchtende Rubine, Einsichten und Sufi-Teachings, die von tiefer spiritueller Erfahrung und Verankerung in Liebe und Einheit zeugen. Da werden Grenzen des Verstandes und des philosophischen Denkens mutig ausgeleuchtet und manch theologische Anstrengung simpel auf einen verständlichen Punkt gebracht, wenn er etwa sagt: „Sündenfall ist, wenn der Verstand statt dem Herzen die Herrschaft übernimmt“, wobei hier das Herz nicht für ein Karussell von Emotionen steht, sondern für den Ort unserer Teilhabe an der höchsten göttlichen Liebe und Einheit, die je nach Niveau unserer Entwicklung und Hingabe uns zunehmend zu lenken vermag oder auch nicht. Wenn ich voller Begeisterung in dieser spirituellen Herznahrung schwelgend mir sagte: „Wie wunderbar! Ja, genau so!“ stolperte ich im nächsten Moment über provokante Sätze und Aussagen, die mich schlagartig wieder auf den Teppich und in den kritischen Verstand katapultierten. Sätze, die mich in ihrer Radikalität bisweilen erschreckten und zur Auseinandersetzung und inneren Standortbestimmung herausforderten. Kann man so etwas sagen? Stimmt das? Hilft das den Menschen? Sätze, die deutlich machten, Liebe ist nicht nur Honigmilch und spirituelle Wellness, das Aufgeben des Ego ist kein Zuckerlecken und erfordert Arbeit, Wachheit und Hingabe, geschieht aber oft genug wiederum wie von selbst, wenn wir in der Liebe sind.

Manche dieser Aussagen beschäftigten mich wochen- und monatelang, ja bis heute. Sie führten zu einem lebhaften, intensiven und wirklich bereichernden Austausch zwischen Übersetzer, Lektorin und Verlag. Derwische sind dafür bekannt, dass Wahrheit und Liebe bei ihnen auch provokante, aufrüttelnde Formen annehmen kann. Wie etwa bei Jesus, wenn er im Tempel die Tische der Geldwechsler umstößt oder den reichen Jüngling auffordert, sein Geld den Armen zu schenken – der dann enttäuscht und traurig weggeht. Auch bei Propheten aus dem Alten Testament, mit dem Lewis dank seines jüdischen Hintergrunds bestens vertraut ist, finden wir diese für unsere Denkgewohnheiten oft beunruhigend wachrüttelnde Qualität. Von göttlicher Liebe und Fürsorge durchdrungen, aber kein Kuschelkurs. Eine Liebe, die uns verbrennen kann wie die Kerzenflamme den Schmetterling, der sehnsüchtig ins Licht fliegt und die zugleich ein tröstliches Nachhause kommen ist, ins eigene Herz.

Sufi Samuel L. Lewis ist im Buddhismus genauso zuhause wie in Christentum, Judentum und Islam, in westlicher Philosophie, Biologie und Quantenphysik. Aber er ist kein Theoretiker, sein Anliegen ist die spirituelle Praxis, das Leben, der Alltag. Seine Beispiele durchwegs praktisch, konkret, einleuchtend.

Die Kommentare sind Erläuterungen zu den kurzen grundlegenden Aphorismen seines Sufi-Lehrers, des Musikers Hazrat Inayat Khan für jeden Tag. Wirken diese in ihrer lebendigen Weisheit, Besonnenheit und Zeitlosigkeit wie ein wohltemperierter harmonischer Akkord, so faltet Samuel L. Lewis die Akkorde für uns auf, damit wir die einzelnen Noten klarer hören und verstehen können. Auch die Dissonanzen, die Hürden, die es auf diesem Weg in die Harmonie, Einheit und Liebe zu meistern gilt, verschweigt er nicht, wenn er z.B. sagt „Es ist bedeutsamer, die Wahrheit über unser eigenes Selbst herauszufinden, als die Wahrheit über Himmel und Hölle".

Spürbar war für mich im ganzen Buch sein Ringen, sein Bemühen und seine besondere Fähigkeit, die Leserinnen und Leser mit der »Göttlichen Leben-Liebe-Einheit« in Berührung zu bringen. Und unseren Verstand so zu gebrauchen und in den Dienst zu nehmen, dass er uns bei der zunehmenden Verankerung in dieser Göttlichen Lebens- und Liebesquelle in unserem Herzen möglichst nicht im Weg steht. Uns nicht mehr aufspaltet und von anderen trennt. Samuel L. Lewis ist ein radikal Liebender und seine Kommentare zur Schale des Saki ein inspirierender, aufregender und herzwärmender Begleiter durchs Jahr.

Maria Magdalena Straub
Lektorat

JANUAR

1. JANUAR

Wie das Wasser eines Springbrunnens in einem Strom aufsteigt, doch in vielen Tropfen herabfällt, getrennt durch Raum und Zeit, so geschieht es auch mit den Offenbarungen des einen Stroms der Wahrheit.

Wahrheit ist das umfassende Leben, das alle Dinge durchdringt. Sie ist dasselbe wie das universelle Licht, das die Buddhisten *Amida* nennen und sich nicht von Allah oder Gott unterscheidet. Unterschiede entstehen erst, wenn der Verstand sich einmischt und etwas ersinnt. Wenn das universelle Licht das Gewebe der Gedanken durchdringt, spiegelt es sich in den Formen der begrenzten Welt – d.h. dort, wo es Zeit und Raum gibt.

Falls mit Erkennen das gedankliche Erfassen gemeint ist, ist dies nicht das Erlangen der Wahrheit. Wahrheit kann nicht durch Philosophie erreicht werden. Nur wenn das Bewusstsein sich über Zeit und Raum erhebt, nimmt es die große Einheit jenseits des Bereichs des Verstandes wahr. Dies können wir Offenbarung nennen, und niemand, der sie je erfahren hat, wird finden, dass ihre Essenz in Widerspruch zu einem anderen steht, der sie auch erfahren hat.

Manchmal erreicht die spirituelle Entwicklung einer Person eine so hohe Stufe, dass sie *Avatar* oder *Rasul* genannt wird. Dies geschieht, wenn das „Gedankengewebe" [engl. Kunstwort: „mind-mesh"] aufgerissen wird, so dass das göttliche Licht in den physischen Körper eindringen kann. Auf diese Weise wird das Leben von Körper, Verstand und Geist eins. Dann werden die gesprochenen Worte der Person zur „Offenbarung", doch die wirkliche Offenbarung liegt nicht in den Worten, sondern in der Persönlichkeit und Atmosphäre des göttlichen Botschafters. Das universelle Licht und Leben ist immer ein und dasselbe und die Offenbarung geschieht immer dadurch, dass das Gedankengewebe durchbrochen wird und der spirituelle Überfluss in den Körper einströmt. Deshalb kann dieser Vorgang gut mit dem Aufsteigen eines Geysirs oder eines Springbrunnens verglichen werden – nur liegt hier der Ursprung der Quelle in der universellen Sphäre

2. JANUAR

Alle Namen und Formen sind Hüllen und Decken,
unter denen das eine Leben verborgen ist.

Dieses umfassende Leben durchdringt alles. Es hat zwei Aspekte: Aufsteigen und Absteigen, Ausdehnen und Zusammenziehen. Durch das Erhitzen beim Ausdehnen in Liebe wurde das Höhere geformt und durch das Abkühlen beim Zusammenziehen in Schönheit das Niedere oder Äußere. Die Wellen der damit verbundenen Schwingungen trafen aufeinander und überlagerten sich. Sie bildeten das Gedankengewebe, in dem es sowohl Licht als auch Dunkelheit gibt. Das universelle Licht, das durch die Maschen des Verstands hindurch auf die äußere Sphäre fiel, brachte unzählige Formen hervor, denen der Mensch Namen gab, um sie zu unterscheiden. Aber ihre Essenz ist in Wirklichkeit ein und dieselbe. Wer dies versteht, versteht wirklich etwas vom Wesen Gottes.

3. JANUAR

Unverhüllte Wahrheit ist immer uninteressant
für den menschlichen Verstand.

Jenseits des Gedankengewebes, dem widerstreitenden Wechselspiel von Gedanken, gibt es einen universellen Zustand, der vom menschlichen Verstand nicht erfasst werden kann. Menschliche Wesen können ihn mit der Fähigkeit des Herzens verstehen, aber nicht mit dem Verstand. Der Verstand wurde durch das Wechselspiel der Kräfte aus den niederen und den höheren Welten geformt, wozu sowohl die Himmel als auch die auf der Erde geschaffenen Höllen gehören. Dennoch bringt das Licht der Intelligenz, das von außen durch das Gedankengewebe scheint, den Verstand dazu, nach unten auf Namen und Formen zu schauen.

Selbst wenn er nach oben schaut, kann er nicht über dieses Gewebe hinaus sehen. Es bildet den Himmel von *Malakut*, der mentalen Ebene. Das ist wie bei einem Fisch, der nicht über die Wasseroberfläche hinaus sehen kann. Die Menschen auf der Erde können nur bis dorthin schauen. Von hier wird das Licht zurück in Richtung Erde gelenkt und bildet zwischen der mentalen Ebene und der Erde den psychischen Bereich, der aus menschlichen Betrachtungen und Emotionen gestaltet wird. Der psychische Bereich ist nicht wirklich eine Sphäre, wie die physische Ebene

(Nasut), die mentale Ebene *(Malakut)* und die spirituelle Ebene *(Djabrut)*. Er ist in Wahrheit subjektiv, geformt aus dem Verstand, der sich auf sich selbst und seine Erfahrungen bezieht.

Der Schleier von Isis ist genau dieser Himmel von *Malakut*. Wird dieser Schleier einmal durchdrungen, ist die Göttin in all ihrer Herrlichkeit sichtbar.

4. JANUAR

Wenn du mit dem Rücken zur Sonne stehst, liegt dein Schatten vor dir.
Aber wenn du dich umdrehst und zur Sonne schaust,
fällt dein Schatten hinter dich.

Dieser Satz beschreibt den Unterschied zwischen einem Durchschnittsmenschen und einer erleuchteten Seele. Der Unterschied besteht in erster Linie im Willen, nicht in den Fähigkeiten. Durchschnittsmenschen, die unter einem äußeren Einfluss stehen, lassen zu, dass ihr Wille vom Verstand getäuscht wird. Sie schauen von oben herunter, wie jemand, der am Kai steht und in die Tiefen des Ozeans blickt. Alles, was sie sehen, sind Spiegelungen und Schatten. So werden sie in diesem Netz gefangen, das nur der Schatten der Schwingungen ist, die sich im Gedankengewebe gegenseitig durchdringen.

Wendet sich eine Person dem Pfad Gottes zu, beginnt sie, nach oben zu schauen. Deshalb wird die spirituelle Ausbildung als Umkehren und Einstimmen bezeichnet. Dann verschwinden die Schattengedanken, Schattenworte und Schatteninteressen im Vergessen und die ganze Aufmerksamkeit ist auf Gott und die Einheit gerichtet. Dies ist die Bedeutung der Sufi-Invokation: „Dem Einen entgegen, der Vollkommenheit der Liebe, der Harmonie und der Schönheit, dem einzig Seienden; vereint mit all den erleuchteten Seelen, die den Meister, den Geist der Führung, verkörpern."

5. JANUAR

Niemand hat Gott gesehen und zugleich gelebt.
Um Gott zu sehen, müssen wir nicht-existent sein.

Es ist der menschliche Verstand, der die Existenz des Menschen definiert. Erhebt ein Mensch sich über das Gedankengewebe hinaus, besteht die Existenz weiter, doch sein definiertes Selbst nicht. Das heißt, das Leben in Gott ist die Nicht-Existenz des menschlichen Lebens. Solange wir als eigenes Selbst existieren, bleiben wir inner- und unterhalb des Gedankengewebes; im Leben jenseits des Gedankengewebes gibt es kein Selbst, wie wir es verstehen.

6. JANUAR

Die Wahrheit lässt sich nicht in Worte fassen.
Was sich in Worte fassen lässt, ist nicht die Wahrheit.

Wahrheit ist eine absolute, transzendente Einheit. Klänge sind aus Klang erschaffen, durch den universellen Klang (von den Christen *Logos* genannt). Er durchdringt das Gedankengewebe und bringt die einzelnen Klänge hervor. Einzelne Klänge sind ein Hinweis, dass der universelle Klang existiert, aber sie können ihn nicht erklären.

Universelle Wahrheit ist universeller Klang – und nicht Stille. Sie ist aktiv, sie ist Leben, doch in gewissem Sinn ist sie vor allem beständig in allem Wandel. Menschliches Sprechen entsteht dadurch, dass die Strahlen des universellen Klangs vom Gedankengewebe festgehalten werden. Doch diese Äußerungen können nicht der universelle Klang sein oder ihn beschreiben, denn dieser ist Wahrheit. Ein Huhn kann nicht durch die Eier beschrieben werden, die es ausbrütet, und doch ist es ganz natürlich für ein Huhn, Eier zu legen. Trotzdem kann das menschliche Sprechen durch den Lobpreis Gottes eine Umkehr zu Gott bewirken. Dies geschieht durch den Verzicht auf (nicht die Abschaffung von) Gedanken und Sprache. In diesem Prozess werden wir eins mit der Wahrheit – und die Wahrheit spiegelt sich im Sprechen wider. Wahrheit ist der Grund für das Sprechen, aber an sich ist sie kein Sprechen.

7. JANUAR

Die einzige Macht für den Mystiker ist die Macht der Liebe.

Dafür gibt es zwei Erklärungen: Es gibt eine Macht im Universum, die Macht der Liebe. Diese eine Macht ist die universelle Energie, die wir Leben oder Licht genannt haben. Dies ist nur ein Name dafür und keine Beschreibung. Es ist dieselbe Macht, die das Universum hervorgerufen hat, indem sie die positiven und negativen Schwingungen und die Atome erzeugte, aus denen direkt oder indirekt alle Ebenen und alle Formen hervorgingen.

Was ist diese Macht? Es ist die Macht, die vom Loslassen kommt, vom Verlieren des Selbst, die Macht, die durch das Nicht-Anhaften an die Persönlichkeit entsteht. Und sie ist nichts anderes als Liebe. Gott liebte so sehr, dass Er die Schöpfung hervorbrachte. Und Gott liebte die Schöpfung so sehr, dass Sie dieser Macht erlaubte, sich ganz und gar in einem menschlichen Wesen zu zeigen. Dies ist das Geheimnis des Christseins, wodurch jeder von uns die Gelegenheit erhält, zuerst Zeuge zu sein und dann durch das Vorbild die ganze Fülle dieser Macht der Liebe zu erreichen, während wir im menschlichen Körper in der physischen Welt sind. Dies war der wahre Zweck der Schöpfung.

8. JANUAR

Wenn die Menschen doch ihre eigene Religion verstehen würden, wie tolerant würden sie werden und wie frei vom Groll gegenüber der Religion anderer!

Was ist dieses Verstehen der Religion? Eigentlich bedeutet es nichts anderes, als Gott zu verstehen, das Eine, das einzige Sein. Ohne Gott zu verstehen, können wir auch Religion nicht verstehen. Es gibt vielleicht einen Glauben an Religion, aber kein Verstehen der Religion. Dazu bedarf es einer persönlichen Erfahrung und einer Verbindung zum Göttlichen in einer Weise, dass der Verstand ihre Bedeutsamkeit erfasst. Davor können wir nicht von Verstehen sprechen. Was ein anderer gelernt hat, ist nicht mein eigenes Verstehen. Ist es jedoch Teil meines eigenen Lebens geworden, ist es mein eigenes Verstehen.

Wie bringt dieses Verstehen Gottes nun Toleranz? Es erzeugt Toleranz, weil es uns alles sehen und verstehen lässt. Ist das nicht der Fall, ist es kein Verstehen Gottes.

Der Gott der weitverbreiteten Religion ist nur ein Name für das menschliche Gedanken-Konzept vom Göttlichen, aber dieses Gedanken-Konzept ist nicht die Wirklichkeit. Gott ist die Wirklichkeit, die, wenn begriffen, einen Zustand von universeller Wohltätigkeit und Mitgefühl allen Wesen gegenüber herbeiführt. Darum trägt Allah die Namen *Er-Rahman, Er-Rahim*, grenzenlose Gnade und Barmherzigkeit.

Die wahre Bedeutung der Kreuzigung ist, das falsche Selbst zu kreuzigen, damit das wahre Selbst lebendig werden kann. Solange das falsche Selbst nicht gekreuzigt ist, ist das wahre Selbst nicht verwirklicht.

Das Kreuz ist ein Symbol des Lichts. Die senkrechte Linie ist der Weg, den das Licht von der Quelle zur Manifestation durchläuft, und auch der Weg, auf dem die Energie von der Manifestation zur Quelle zurückkehrt. Dies können wir am Atem beobachten. Die waagrechte Linie wird von der Aktivität zwischen den unteren und oberen Strömungen verursacht und formt das Gedankengewebe.

Das Kreuz hat zwei Formen, wovon eine wie der Buchstabe „T" ist. Diese steht für die Kreuzigung der Seele in der Materie. Die Energie geht nicht über die waagrechte Linie hinaus. Sie stößt dagegen und kehrt zurück zur irdischen Ebene. Dieser Vorgang wird Karma genannt und konfrontiert uns mit den Ergebnissen unseres Redens, Denkens und Handelns.

Alle Weisen haben gelehrt, sich über das Karma zu erheben. Dies schuf den oberen Teil der senkrechten Linie des Kreuzes. Dieser Teil ist das göttliche Licht. Nichts kann durch die engen Fäden des Gedankengewebes hindurch gelangen. Nur Licht kann hier durchdringen. Nicht nur alle Leidenschaften und Gefühle sind zu grob, um hindurch zu passen und nach oben zum Buddhi-Zustand *(Nuri Mohammed)* zu gelangen, sondern auch gute Gedanken und Gefühle. Nichts kann hindurch außer dem Gedanken und dem Gefühl der Einheit, genannt Liebe – dies ist das wahre Wesen der Seele.

In diesem Prozess wird das falsche Selbst gekreuzigt und zurückgelassen. Was ist das falsche Selbst? Es ist nichts anderes als der Gedanke des Selbst, der zu einer verfälschten Realität wurde, eine Pseudo-Sonne in der Welt des Geistes. Nehmen wir das wahre Licht wahr, dann verschwindet diese „Sonne". Oder, wenn wir die falsche Sonne nicht beachten, nehmen wir die wahre Sonne wahr. Dies ist die höhere Kreuzigung. Bei Jesus Christus und Moses und einigen anderen verursachte sie sogar die Auflösung des physischen Körpers, der durch die Gedankenform der Persönlichkeit zusammengehalten wurde. Als die Gedanken vollständig in Gott vertieft waren, löste sich auch der physische Körper auf. Diese Vergeistigung der Materie ist *Parinirvana.*

10. JANUAR

Ein Ideal ist jenseits aller Erklärung.
Gott zu analysieren bedeutet, Gott zu entthronen.

Das Reich der Ideale – was Plato Ideen genannt hat – existiert jenseits des Gedankengewebes. Das göttliche Licht, das auf das Reich der Ideale trifft, wird teilweise gebrochen und dann jenseits des Gedankengewebes reflektiert. Dies erschafft die Ideen im Reich des reinen Lichts, also ist ihre Natur Licht; sie sind auch ganz Gott, indem sie das annehmen, was göttliche Intelligenz genannt werden kann.

Da der menschliche Verstand diese Ebene nicht erreicht und nicht erreichen kann, ist es unmöglich, den dortigen Zustand mit menschlichen Gedanken und Worten zu beschreiben. Dies ist der Verstandesebene nicht möglich. Außerdem ist das, was wir Erklärung oder Analyse nennen, dem Wesen nach eine Unterscheidung. Unser Wissen von den Dingen bezieht sich darauf, wie und in welchem Ausmaß sie sich unterscheiden. Die spirituellen Ideen sind nicht in dieser Weise unterschieden.

Aus dem gleichen Grund ist alles jenseits des Verstandes-Raums Gott – auch wenn es in vielerlei Weise und mit verschiedenen Worten erklärt, beschrieben oder zugeordnet wird. Trotzdem bringen uns diese Worte keinerlei Verständnis. Sie sind Symbole, die anzeigen, dass es verschiedene Zustände gibt. Aber da alle diese Zustände jenseits des menschlichen Verstandes sind und weiter reichen als dieser, sind sie für ihn nicht verständlicher, als der Ozean für eine Tasse wäre.

11. JANUAR

Wo die Flamme der Liebe aufsteigt,
entfaltet sich Gotteserkenntnis von selbst.

Da der menschliche Intellekt die Gottheit offensichtlich nicht erfassen kann und es heißt, dass Gott die Welt erschaffen hat, um erkannt zu werden, muss es auf andere Weise als durch den Intellekt möglich sein, Gotteserkenntnis zu erlangen. Wie schon erläutert, ist das durch Liebe möglich, durch das Verwerfen des Selbst. Liebe hat zwei Aspekte: die Liebe des Größeren zum Kleineren, genannt „Mitgefühl“, und die Liebe des Kleineren zum Größeren, genannt „Verehrung“. Diese sind im sechszackigen Stern dargestellt.

Mitgefühl ist die Liebe, die wie Wasser nach unten zu fallen scheint. Wie Shakespeare es so schön ausgedrückt hat: „Die Art der Gnade weiß von keinem Zwang. Sie träufelt wie des Himmels milder Regen zur Erde unter ihr." [Der Kaufmann von Venedig, 4. Akt, 1. Szene] Der Ausdruck „kein Zwang" beschreibt das Herunterkommen der göttlichen Licht-Liebe in die Sphäre der fühlenden Wesen ausgezeichnet. Die Vorstellung des Gottes Avalokita oder Avalokiteshvara kommt aus dieser Einsicht.

Doch vom Menschen her gesehen ist Liebe wie eine Flamme, die in Verehrung aufsteigt und die ganze Persönlichkeit erhebt. Es ist die aufsteigende Flamme der Liebe, die den Menschen sich Gott zuwenden lässt, um die Reise nach oben anzutreten, bis er über das Gedankengewebe und das Wirken von Karma hinaus gelangt. Dann entfaltet sich Gotteserkenntnis von selbst. Keine weitere Anstrengung ist nötig, wenn du erst einmal das niedrige Selbst abgelegt hast.

12. JANUAR

Friede ist vollendetes Tun.
Vollendet ist, was in jeder Hinsicht vollständig,
in jeder Richtung ausgewogen und ganz dem Willen unterstellt ist.

Bis die Seele sich weit oberhalb des Gedankengewebes befindet, kann es keinen Frieden geben. Friede wird im Zentrum, im Mittelpunkt der Dinge gefunden. Trotzdem kann er nicht vom Tun getrennt werden. Das Einstellen des Tuns sollte Nicht-Tun genannt werden, nicht Frieden. Das Einstellen kriegerischer Handlungen sollte Nicht-Krieg genannt werden – Frieden wäre ein sehr unpassender Ausdruck dafür.

Immer wenn es eine Veränderung im Fühlen, Denken oder Handeln gibt, tritt irgendeine Neuordnung ein. Und jede Art von Veränderung, Anordnung oder Neuordnung verursacht ein Ungleichgewicht oder ist davon begleitet. Jede Veränderung eines Gleichgewichts ist ihrem Wesen nach eine Auseinandersetzung, eine kriegerische Handlung. Nur wenn das Gleichgewicht unverändert aufrecht erhalten werden kann, gibt es Frieden. Dies kann es nur geben, wenn der Wille den Verstand ganz im Zaum hält.

Alle Schwingungen und Atome unter dem Gedankengewebe sind in ständiger Bewegung. Sie ändern sich selbst, rufen bei anderen Änderungen hervor oder werden ihrerseits verändert, es sei denn, sie werden von einer stärkeren Kraft am Platz gehalten. Liebe und Wille stehen über dem Gesetz und können diese Atome und Schwingungen festhalten. Diese stabile, stärkere Kraft wird in der Alchemie symbolisch und im inneren mystischen Prozess direkt erforscht.

Der göttliche Wille steht über jedem Willen und jedem Verstand, und die Göttlichkeit ist vollendetes Tun. Deshalb ist das, was die Buddhisten *Nirvana* nennen, nichts anderes als der natürliche Zustand Gottes, der über allen Unterschieden und Grenzen steht, und daher reiner Friede.

13. JANUAR

Ihr sollt Gott nicht auf eure Tugenden begrenzen.
Gott reicht über eure Tugenden weit hinaus, o ihr Frommen!

Tugend kann es nur in zwei Arten geben: jene, die Gott ersinnt und jene, die Menschen ersinnen. Tugend, wie Gott sie ersinnt, ist nichts anderes als Liebe, obwohl man sagen könnte, dass sie den Samen aller Tugenden in sich trägt. Wenn die Liebe durch das Gedankengewebe dringt, erscheint sie in allen möglichen Gestalten und Aktivitäten, und diesen gibt der Mensch Namen. Jene, die ihm gefallen, nennt er gerne Tugenden – aber alle entspringen aus der einen Aktivität und Essenz. Bis wir erkennen, dass Gott alles umfasst und alle Qualitäten besitzt, ist die Tugend, die wir Gott zuschreiben, nichts anderes als die Tugend, die wir selbst bewundern und zu einem Ideal erhoben haben. Solch ein Ideal, selbst in seiner höchsten Form, ist aber nicht Gott, solange es an einen Namen gebunden ist.

14. JANUAR

Die Neigung eines Menschen ist die Wurzel seines Lebensbaumes.

Neigung bedeutet sich lehnen, und das geht notwendigerweise in eine Richtung. Ist eine Person vom Verstand oder vom Körper abhängig, kann sie sich nicht über die Begrenzung erheben. Die Abhängigkeit wird ihren Charakter kennzeichnen und ihr Wesen und ihre Taten beeinflussen. All dies gehört zur begrenzten Persönlichkeit, und ihre Wurzel stirbt vielleicht, wenn ein Schock, großer Schmerz oder eine Katastrophe eintritt.

Doch wenn wir uns auf Gott stützen, können solche Ereignisse uns nicht in dem Maß durcheinander bringen, dass sie unseren Lebensmut zerbrechen. Wer auf Gott baut, dem wird Gott helfen.

16. JANUAR

Den Maßstab Gottes annehmen zu lernen und aufzuhören, die Welt nach dem eigenen Maßstab des Guten formen zu wollen, ist die Hauptlehre aller Religion.

Gebet ist eine gute Sache. Zu beten: „Dein Wille geschehe" ist immer hilfreich, doch wir müssen auch in einer Weise handeln, dass das Gebet Wirklichkeit werden kann. Dies ist die Erfüllung des Gebets. Zu beten und die Sache dann dem Schicksal zu überlassen, bedeutet, den Wunsch des Gebets zu erleben ohne die gewünschten oder wohltuenden Ergebnisse.

Wirkliches Gebet bedeutet, das ganze Sein so abzustimmen, dass das göttliche Licht die Erfüllung des Gebets bringen kann. Dies ist nur möglich, wenn wir aufhören, dem Gebet Hindernisse in den Weg zu legen. Wenn Gedankenkraft und Logik in das Gebet investiert werden, dann wird der Wunsch – und ebenso der Atem, der anfängt, den Wunsch zum Himmel zu tragen – im Gedankengewebe eingefangen und kehrt entweder gar nicht oder in einer Form zurück, die nicht immer annehmbar oder gut ist. Dies hat einige Menschen bewogen, die Wirksamkeit von Gebet abzustreiten. In Wirklichkeit ist das, was sie abstreiten, gar kein Gebet, denn sobald gedankliche Hindernisse sich dem Gebet in den Weg stellen, kann es nicht den Himmel oder Gottes Ohr erreichen.

Durch gedankliche Anpassung, Reinhalten des Herzens und Zügeln des Verstands durch den Willen wird der Mensch befähigt, Gott zu erreichen und von Gott zu empfangen. Dies kennzeichnet die wünschenswerteste Form des Lebens und der Religion. Wenn jemandem die Stärke und Inspiration gegeben ist, den Wunsch des Gebets zu verwirklichen – oder daran mitzuwirken –, ist das die höchste Erfüllung des Gebets. Dies können wir erreichen, indem wir die eigenen Gefühle in einem wachen Zustand halten, jenseits des Gedankennetzes von *Samsara*.

17. JANUAR

Das Denken zeichnet die Schicksalslinie vor.

Dies gilt nicht nur im Gebet, sondern in allen Dingen. Jedes Ausatmen sendet etwas aus und jedes Einatmen zieht etwas herein. Das Ausgestoßene trägt eine Botschaft, wie eine Taube, die nach oben fliegt. Sobald ein anderer Gedanke vom Verstand empfangen wird, erschwert er die

Aufwärtsbewegung dieser Atembotschaft. Wenn eine Tat, ein Gedanke, eine Rede oder ein Wunsch auf das Gedankengewebe treffen, werden sie nach unten zur irdischen Ebene getrieben. Dies ist das Ergebnis einer Bewegung, die sowohl persönlich-individuell als auch kosmisch ist in dem Sinne, dass die ganze Sphäre sich bemüht, ihr Gleichgewicht zu erhalten, und Schwingungen aussendet, welche die von uns ausgesandten Schwingungen ausgleichen sollen.

Um dieses Geschehen zu überwinden, wird *Fikr* praktiziert. Wenn im täglichen *Fikr* oder *Darud* ein Gedanke von einem göttlichen Atem begleitet wird, kann er wie von selbst durch die Maschen des Gedankennetzes hindurch aufsteigen und die spirituelle Ebene *(Djabrut)* durchqueren bis hin zum Thron Gottes *(Arsh)*. Das heißt, der automatische Wunsch eines Durchschnittsmenschen kann nicht höher steigen als der Gedanke oder Wille dahinter. Doch bei spirituellen Menschen, Eingeweihten, deren Gedanke und Wunsch von *Darud* begleitet wird, steigen diese von selbst über die Gedankenwelt hinaus auf in das Empyreum [Reines Licht] – es sei denn, ein anderer Gedanke mischt sich absichtlich ein. Konzentrationsübungen mit *Fikr* vervollständigen diesen Vorgang.

18. JANUAR

Nur Irrglaube führt in die Irre.
Klare Ausrichtung führt immer zum Ziel.

Mit Irrglaube ist nicht ein falscher Glaube gemeint. Jeder Glaube eines Menschen kann richtig oder falsch genannt werden. Irrglaube bedeutet deshalb nicht falscher Glaube, sondern Glaube, der nicht klar zum Gegenstand des Glaubens hinführt. Das liegt daran, dass der Verstand, selbst wenn der Glaube voll und ganz vorhanden ist, unbewusste Zweifel hegt oder von ungenügendem Wissen ausgeht.

Eine starke Konzentration wirft reichlich Licht auf den Glauben und richtet ihn aus. Das heißt, sie erlaubt dem Licht der göttlichen Intelligenz, auf den Glauben zu fallen. Dies macht es möglich, Glauben und Meinungen zu haben oder auszudrücken, die in Harmonie mit der kosmischen Wahrheit sind, d.h. mit dem Willen Gottes.

19. JANUAR

Ein König ist immer ein König,
ob er eine Juwelen-Krone oder das Kleid eines Bettlers trägt.

Dies kann so umschrieben werden: „Ein Herrscher ist, wer über sich selbst herrscht." Niemand kann König genannt werden, dessen Untertanen nicht gehorchen. Wer oder was sind die Untertanen des Königs? Es sind nicht nur die Personen, die tatsächlich oder vorgetäuscht Gehorsam zeigen; dazu gehören auch die Gedanken und Leidenschaften der Persönlichkeiten, sowie seine eigene tatsächliche oder mögliche Kontrolle über die Angelegenheiten.

Die Konzentration der Gedanken auf den König oder des Königs auf sein Herrschaftsgebiet verbindet den Atem mit den Angelegenheiten des Königreichs. Das heißt, es gibt eine starke karmische Verbindung zwischen den inneren oder äußeren Bewegungen des Königs und denen des Königreichs. Dies trifft für jeden einzelnen Menschen zu, ob frei oder abhängig, ob er sich vor einem anderen verneigt oder andere sich vor ihm verneigen, oder ob er sich nicht verneigt oder niemand sich vor ihm verneigt.

20. JANUAR

Jeden Menschen als einen Schrein Gottes zu behandeln,
heißt, Religion ganz zu erfüllen

Religion ist das Band zwischen dem Gläubigen und Gott. Wenn wir nicht überall Gott sehen – tatsächlich sehen –, sind wir nicht zur Erfüllung der Liebe gelangt. Dies ist keine Philosophie, sondern Realität. Wir können es sehen und erkennen.

Wir können Gott dadurch achten, dass wir unsere Mitmenschen als Brüder und Schwestern in der göttlichen Elternschaft behandeln. Dies ist ein Schritt und wird Moral genannt. Doch es gibt einen weiteren Schritt, bei dem wir allein Gott als das Lebendige unter allen Namen und Formen sehen. Dies kann Erkenntnis und es kann Liebe genannt werden. Hat jemand dieses Gefühl noch nicht, wird es mit dem Üben von *Fikr* und *Darud* von selbst wachsen.

*Ein Weiser sollte das Gleichgewicht zwischen Liebe und Kraft wahren.
Er sollte die Liebe in seinem Wesen stets wachsen
und sich ausbreiten lassen und zugleich den Willen stärken,
damit sein Herz nicht leicht gebrochen werden kann.*

Kraft ist das, was uns von Gott ganz natürlich gegeben wird, und Liebe ist das, was wir Gott ganz natürlich geben sollten. Kraft kommt mit jedem Atemzug zu uns. Das ist auch ohne metaphysische Erkenntnis offensichtlich, denn wer nicht atmet, wird sicher die Verbundenheit des physischen Körpers mit den feinstofflichen Körpern verlieren und die Form hinter sich lassen. Die Fähigkeit zu atmen kann das Allerwertvollste im Leben sein.

Versucht der Körper, ohne Liebe Kraft zu sammeln und auszudrücken, ist er wie ein Luftballon, der mit Gas gefüllt wird. Er hat nur ein bestimmtes Fassungsvermögen, und ihn darüber hinaus zu belasten, wird ihn beschädigen oder zerstören. Ebenso ist es mit der Liebe zu Gott, die nicht im Gleichgewicht ist: Jemand kann z.B. verrückt vor Liebe oder glühend vor Hingabe sein und Gott dennoch nicht die Gelegenheit geben, die fromme Person als ein göttliches Instrument zu benutzen. Gott möchte die göttliche Kraft durch ein reines Instrument ausdrücken, und diese Person hat das Instrument nicht vorbereitet. Dies zeigt eine Schwäche des Willens sogar mitten in einer Liebe, die berauschend wirkt.

Der Wille wird gestärkt, wenn das Gleichgewicht zwischen Kraft und Liebe gewahrt wird, die beide Aspekte des Willens sind. *Uruj* und *Nasul*, Einatmung und Ausatmung, die aufwärts und die abwärts gerichteten Ströme, müssen im Gleichgewicht und im Rhythmus gehalten werden, um eine größtmögliche Wirkung zu erzielen. Ist zu viel Kraft da, wird auch das physische Herz überanstrengt; ist zu viel Liebe da, wird es Freude und Schmerz, Ekstase und Leid erfahren. Wird die Liebe beim Ausdehnen und Wachsen jedoch nüchtern gehalten durch den Wunsch, Gottes Willen zu tun, dann wird die Person auch empfänglich für die Kraft – ob sie zum Ausdruck gebracht wird oder verborgen bleibt. Selbst der sanfteste Heilige kann eine sehr majestätische Persönlichkeit sein durch die Einstimmung des Willens und des Atems auf Gott.

22. JANUAR

Misserfolg stellt sich ein, wenn der Wille sich der Vernunft unterordnet.

Der Wille ist die göttliche Energie, die das Gedankengewebe durchdringt und die Fähigkeit hat, sich darüber hinaus zu erheben. Wenn der Verstand anfängt, seine Gedanken auf einzelne Erfahrungen zu richten, ergreift er die Willenskraft und verhindert, dass sie zu Gott zurückkehrt, indem er sie im Verstand hält. Dies ist die Ermordung Abels durch Kain. Es verursacht alles Leid und verhindert auch, dass weitere Willenskraft in die Sphäre eintritt. Der Verstand kann nichts benutzen, was jenseits seiner Fähigkeiten liegt, aber alles und jedes missbrauchen.

Die große Schwäche der Vernunft ist, dass jede Person sie für einen eigenen Zweck verwenden kann. Sogar Bosheit kann durch einen beweiskräftigen Verstand verteidigt werden.

23. JANUAR

Erfolg stellt sich ein, wenn die Vernunft,
der Speicher unserer Erfahrungen, sich dem Willen unterordnet.

Dies ist ein natürlicher Vorgang. Der Wille ist zuerst ein nach unten gerichteter Strom, der von Allah ausgehend sich durch die Himmel zur Erde bewegt. Dieser Strom zieht andere Dinge mit sich. Er zieht andere Schwingungen an und sammelt sie auf der irdischen Ebene. Wenn der Wille auf seiner Rückreise zu Gott nicht behindert wird, kann er erneut absteigen und noch mehr mitbringen. Dieses Auf und Ab des Willens ist die Kraft und die Liebe Gottes und zeigt sich im kosmischen Atem. Durch *Fikr* und *Darud* wirkt er automatisch, und so sind diese Übungen die größte Hilfe für die Konzentration.

Konzentration sammelt die gedanklichen Teilchen, aber kann sie nur festhalten, wenn Gefühle das Denken bestimmen. Wenn damit weitergemacht wird, kann früher oder später eine Unterbringung in der physischen Sphäre erwirkt werden. Dies bedeutet Erfolg. Wir sehen also, dass Erfolg eine positive Handlung des Willens ist, während Misserfolg und Übel beide auf Schwäche zurückzuführen sind. Selbst von einem eigennützigen Standpunkt aus erweist sich Selbstlosigkeit als höchste und beste Form des Eigennutzes.

24. JANUAR

Auf jeden Ruf gibt es eine Antwort.
Wer Gott ruft, zu dem kommt Gott.

Jesus Christus hat gesagt: „Nicht jeder, der zu mir sagt: ‚Herr! Herr!', wird in das Himmelreich kommen, sondern nur, wer den Willen meines Vaters im Himmel erfüllt." Dies ist sehr wichtig und eine machtvolle Lehre. Wer Gott anruft, muss nicht nur einen Namen Gottes benutzen – unter bestimmten Umständen kann er sogar auf den Namen verzichten –, sondern er muss gleichzeitig andere Namen, Gedanken und Wünsche zurückweisen.

Trotzdem steigt jeder Ruf, ob er in Worten oder Gedanken ausgedrückt wird, zu seiner richtigen Sphäre auf und kehrt zur Erde zurück. Ist er auf die karmische Sphäre beschränkt, bringt er seine natürliche Frucht, ist er jedoch mit dem reinen Willen verbunden, bringt er etwas Göttliches. Also wird ein an Gott gerichtetes Wort oder ein Gebet, das nicht mit einem Gedanken oder Gefühl gekoppelt ist, das zum *Nafs* zurückkehren würde, Gott erreichen.

Dies bringt Gott nicht zum Menschen, denn Gott ist schon da. Aber es befähigt die Person, Gott zu erkennen und ihm zu dienen, so dass Gottes Erfolg und der menschliche Erfolg eins werden.

25. JANUAR

Wer sich mit Gedanken gegen das eigene Verlangen stellt,
steht sich selbst im Weg.

Nachdem ein Gedanke oder Wunsch freigesetzt ist, wird seine Wirkung am meisten von seinem Urheber, der auf ihn eingestimmt bleibt, geprägt. Sagt oder denkt dieser etwas dagegen, wird mit dem Atem sofort die gedankliche Ebene erreicht und die Konzentration, die dort aufgebaut wurde, zerstört. Ohne dass eine Unterbringung auf der gedanklichen Ebene hergestellt wurde, kann es kein Ergebnis auf der physischen Ebene geben. Dies ist eine wunderbare Gesetzmäßigkeit, die uns zum Meister unseres eigenen Schicksals machen kann. Wir erhalten dadurch etwas, das irrtümlich Freiheit des Willens genannt wird, aber genau genommen eine fortwährende Gelegenheit ist, Gutes zu tun – egal, wie viele Unzulänglichkeiten und wie viele Wiederholungen schwerwiegender

Fehler vorkommen. Das heißt, Gottes Gnade und Vergebung sind von der Weisheit gekennzeichnet, die uns befähigt, zu sehen – und nicht von irgendeiner blinden Entlastung von Fehlern. Und unsere Strafe besteht lediglich im Ausbleiben des Erfolgs, bis wir schließlich das Gesetz verstehen und anwenden – gedanklich, moralisch oder spirituell.

26. JANUAR

Der Verstand spricht durch Worte, das Herz durch den Blick der Augen und die Seele durch einen strahlenden Glanz, welcher die Atmosphäre auflädt und alles magnetisiert.

Bei der Erklärung des Begriffs *Logos*, besonders in der christlichen Religion, wurde vergessen, dass alle Worte und Lehren drei eigenständige Bedeutungen haben, je nach dem Grad des Verständnisses und nach der Anwendungsebene. In Wirklichkeit bedeuten diese beiden dasselbe, denn je mehr das Verständnis sich erweitert, desto mehr wird die feinere Ebene berührt.

Als die Menschen jedoch die Kraft und die Fähigkeit verloren, mit der höheren Sphäre Verbindung aufzunehmen, fing der Verstand an, drei Formen von *Logoi* in Betracht zu ziehen, als ob sie alle getrennt wären, und sprach vom dreieinigen Gott. Diese Dreiheit hat keine Realität, außer im menschlichen Verstand. Gleichzeitig ist es ein sehr realer Gedanke, der sich daraus ergibt, dass der menschliche Verstand die natürliche Neigung hat, zu analysieren. Und so kann gleichwohl gesagt werden, dass Gott dreieinig ist, aber im absoluten Sinn kann Gott nur Einheit sein – und ist nichts anderes: Einheit jenseits aller Erklärungen.

Mit dem Verstand erklärt, bedeutet Logos Wort, aber auch Vernunft oder Lehre. Das Gehirn, als Beauftragter des Verstandes, drückt sich physisch durch Worte aus. Doch auf der Ebene des Herzens bedeutet *Logos* Licht (latein. *lux*) und Gesetz (latein. *lex, legis*). Die Ähnlichkeit dieser Wörter zeigt, dass sie aus einer Wurzel stammen. Die tatsächliche Wurzel ist das göttliche Licht, das sich auf der Verstandesebene ausdrückt. Jesus Christus sagte: „Das Licht des Körpers ist im Auge", so dass das göttliche Licht der Herzensebene durch die Verstandesebene geht und sich im physischen Auge enthüllt.

Doch während *Logos* für den Verstand Wort oder Vernunft oder Lehre bedeutet und spirituell Licht und Gesetz, ist auch wahr, was die Bibel lehrt, dass am Anfang der *Logos* war, und der Logos war bei Gott und der

Logos war Gott. Der *Logos* war im ersten Anfang bei Gott, d.h. *Logos* war und ist die reine Ausströmung (Emanation) vom Thron Gottes *(Arsh)* und der große universelle Meeresstrom von Schwingungen der Kraft-Liebe.

Eine einzelne Emanation wird von den Sufis *Ruh*, oder Seele, genannt, dennoch ist sie eins mit diesem universellen Meer der Liebe. Ist sie lebendig geworden, lässt sie sich nicht auf irgendeinen Teil der menschlichen Persönlichkeit beschränken. Wenn also die Seele erwacht, magnetisiert diese Energie die ganze Atmosphäre der Person – und auch ein viel größeres Gebiet um sie herum.

27. JANUAR

Liebe ist ein Gut, nach dem alle Welt verlangt;
wenn du sie in deinem Herzen speicherst, wird jede Seele dein Kunde.

Die erste Erklärung dieses Satzes ist, dass es keine Erklärung gibt, da die Liebe ihre eigene Erklärung ist. Der Satz ist selbsterklärend. Und ohne diese Liebe könnte nichts, was dem Verstand vermittelt wird, sie erklären. Gleichzeitig kann der Verstand ohne die Liebe nicht vollständig wirksam sein. Konzentration kann ohne Gefühl und Kraft nicht erreicht werden. Wenn die Konzentration uns in das universelle Meer der Liebe führt, entdecken wir, dass sie das Wesen des Herzensstroms ist. Dann fühlt sich jedes Ding und jede Person angezogen. Dieser lebendige Beweis ist die einzige Erklärung.

28. JANUAR

Aufrichtigkeit ist die Perle, die sich in der Muschel des Herzens bildet.

Da dies ein Zustand des Herzens ist, kann der Verstand ihn nicht erfassen. Dies ist eine jener Wahrheiten, die einfach postuliert werden müssen, ohne sie erklären zu können. Eine Art, sie zu überprüfen, besteht darin, in die Übung *Darud* einzutreten – oder noch besser in *Fikr* – und mit der Konzentration auf Aufrichtigkeit zu atmen. Du wirst sie im Herzen finden. Oder du konzentrierst dich auf das Herz, während du atmest, und du wirst Aufrichtigkeit als seinen wahren Kern entdecken.

29. JANUAR

Selbstmitleid ist die schlimmste Armut. Es überwältigt den Menschen, bis er schließlich nichts mehr sieht als Krankheit, Sorge und Leid.

Selbstmitleid ist eine Konzentration auf das *Nafs*, die Ursache aller Disharmonie. Konzentriert man sich auf Gott, wird man nichts als Liebe finden, doch wenn die Aufmerksamkeit um den Gedanken des Selbst kreist, werden Hässlichkeit, Schmerz und Krankheit auftauchen. Natürlich waren sie in einem gewissen Sinn immer da, aber diese Konzentration gibt ihnen mehr Leben. Selbstmitleid entzieht dem Körper und dem Verstand das normale Leben, das ihnen ganz natürlich durch die Gnade Gottes geschenkt wurde. Es führt den „bösen Kräften", die ihre Stärke aus menschlichen Auswüchsen herleiten, Nahrung zu, und vergrößert damit die Probleme. Die Konzentration auf die Dunkelheit vergrößert die Dunkelheit nicht, aber sie erschwert es dem Licht und der Gesundheit, zum Ort der Erkrankung zu gelangen.

30. JANUAR

Das Herz ist nicht lebendig, bis es Schmerz erfahren hat.

Ein Engel lebt in der Herzens-Sphäre, kennt aber keinen Schmerz. Dort fehlt es der Liebe an Stärke. Dies ist so ähnlich wie bei der natürlichen Liebe eines kleinen Kindes. Nur wenn die Liebe geprüft wird, kann sie ihre Stärke zeigen. Wenn sie sich in Hass oder ein anderes Gefühl verwandelt, zeigt das, dass kein Leben in ihr war.

Sufis sind in der Lage, Schmerzen im Herzen zu erfahren, ohne davon überschwemmt zu werden. Die verschiedenen spirituellen Praktiken trainieren die Herzmuskeln und die Fähigkeiten des Herzens. Dies gibt dem Herzen Leben, d.h. das Herz wird befähigt, an Erfahrungen teilzunehmen und sie mit göttlichem Licht zu bescheinen. Dadurch zeigt es den richtigen Weg durch alle Unwägbarkeiten des äußeren Lebens.

Die Vergnügungen des Lebens machen blind.
Liebe allein entfernt den Rost vom Herzen, dem Spiegel der Seele.

Vergnügen ist eine Einwirkung auf das *Nafs*, die von den Strahlungen des Gedankengewebes kommt, welche durch den abwärts gerichteten Atemstrom die Emotionen formen. Aber alle diese Strahlen haben indirektes Licht, das den Elementen ausgesetzt ist und von ihnen beherrscht wird. Um sich über die Elemente zu erheben, ist es nötig, die Ebene des Herzens zu erreichen. Dies ist das Reich des reinen Lichts, das nicht durch den karmischen Wirbel unterhalb des Gedankengewebes verunreinigt ist. Das ist die metaphysische Erklärung. Doch für das Herz ist klar: Wenn es liebt, ist die Brust von allem Rost und Staub gereinigt. Dies ist der Segen des Herzens. Seine Lebendigkeit ist sein eigener Segen – das Herz ist die Medizin für das Herz.

FEBRUAR

1. FEBRUAR

Liebesschmerz ist der Sprengstoff, der ein Herz aufbricht, und sei es auch hart wie ein Fels.

Der natürliche Zustand des Herzens ist es, weich zu sein und sich unaufhörlich in lebendiger Weise auszudehnen und zusammenzuziehen. Ist der Atem auf den Bereich der groben Schwingungen diesseits des Gedankengewebes begrenzt, können keine feineren Schwingungen das Herz erreichen. Das Herz wird langsam hart wie erkaltendes Gestein. Es ist dann nicht mehr geschmeidig und kann spröde werden, wie hart gewordenes Gummi. Trotzdem ist es nie völlig leblos.

Wird das Herz gefordert, nachdem es seine Beweglichkeit verloren hat, wird es Schmerzen erleiden, so wie ein lange nicht benutzter Muskel schmerzt, wenn er seine Tätigkeit wieder aufnimmt. Die einzige Energie, die das Herz berühren kann, ist die Liebe – und das geschieht oft bei einer Erschütterung, einer Überraschung oder einer Katastrophe. So hart die Lage auch sein mag: es besteht immer die Möglichkeit, dass das Herz aufwacht. Manchmal wird eine Person, die sehr tief gefallen ist, durch ein Unglück zu großen Leistungen aufgerüttelt. Dies wäre nicht nötig gewesen, wenn die Person ein anderes Leben geführt hätte.

Eine sanftere Person leidet manchmal Schmerzen ohne diese tiefere Erfahrung, doch sie kommt viel schneller dahin, dass die gewöhnlichen Wirren des Lebens keinen Schmerz mehr verursachen. Die Gleichgültigkeit eines Weisen – weit entfernt davon, herzlos zu sein – hält ein großes Herz und Weisheit verborgen.

2. FEBRUAR

Unsere Tugenden erwachsen aus Liebe und unsere Sünden aus einem Mangel an Liebe.

Wie die „Sufigedanken“ [von Hazrat Inayat Khan] lehren, gibt es *eine* Moral und *eine* Tugend – und das ist die Liebe. Einzelne Tugenden entspringen aus den Qualitäten, die von der Liebe im Alltag gelebt werden. So entstehen Mut, Erbarmen, Freundlichkeit, Mitgefühl, Verehrung, Freundschaft, Treue, Nächstenliebe, Verbundenheit und viele andere Tugenden. Sie alle sind Aspekte der Liebe.

Sobald das Herz nicht mehr aktiv ist, übernimmt der Verstand die

Steuerung des Willens, und die „Liebe-Leben-Energie" aus den höheren Sphären erreicht die Persönlichkeit nicht mehr. Dies bewirkt, dass Sünde den Menschen leitet. Das ist der Sündenfall, der für Adam gilt und alle seine Nachkommen.

3. FEBRUAR

Liebe ist die Essenz aller Religion, Mystik und Philosophie.

Was ist Religion? Unsere Beziehung zu Gott. Was ist Mystik? Unser Erkennen Gottes. Was ist Philosophie? Unser Nachdenken über Gott. Aber was verbindet uns mit Gott und Gott mit uns? Es ist das „Liebe-Licht-Leben", das als *Logos* bezeichnet wird. Sobald ein Wort, ein Gedanke oder ein Gefühl uns mit Gott verbindet, berührt uns etwas von dieser universellen Energie – oder kehrt zu Gott zurück. Diese Verknüpfung, die eine Verbindung schafft, ist das wahre Elixier der Liebe.

4. FEBRUAR

Das Feuer der Hingabe reinigt das Herz des Anbetenden und führt zu geistiger Freiheit.

Schwingungen, die das Herz erreichen, sind feiner als diejenigen, die auf die Sphäre des Verstandes treffen. Sie können normalerweise nicht mit dem Atem übertragen werden. Doch durch *Fikr*, *Zikr* und *Darud*, sowie durch bestimmte Übungen zur Verfeinerung des Atems, versetzt der göttliche Gedanke die kosmische Energie in die Lage, das Gedankengewebe zu durchdringen und zur Quelle zurückzukehren. Dies ist die erste Auferstehung. Damit beginnt der Vorgang der Einweihung.

Wie schon gesagt wurde [11. Januar]: Wendet ein Mensch sich verehrungsvoll oder betend Gott zu, ist das Gefühl wie ein Feuer, das nach oben steigt. Es gibt dem Anbetenden auch Stärke, Mut und Können. Dem Herzen wird das Leben zurückgegeben, das natürlich dorthin gehört. Dadurch wird der Normalzustand des Herzens wiederhergestellt, der nichts als Freiheit ist. Wirkliche Freiheit des Willens besteht nicht darin, jeden Wunsch zu befriedigen, sie besteht darin, ihn von allen Auswüchsen unserer Konditionierungen *(Samsara)* zu befreien, so dass unser Tun von ihnen nicht behindert wird. Dies kann nur auf der Ebene des Herzens erreicht werden.

5. FEBRUAR

Mystik ohne Hingabe ist wie ungekochte Nahrung;
sie kann nicht aufgenommen werden.

Mystik ist das Erkennen Gottes. Doch wie können wir Gott erkennen, bevor das Herz erwacht ist? Nur durch das Feuer der Hingabe und Liebe können wir erreichen, dass die ganze Lebenskraft mit Leidenschaft und innerer Einkehr zu ihrer Quelle zurückkehrt, nur so ist das spirituelle Leben erfahrbar.

6. FEBRUAR

Wer Böses in seinem Herzen hält, kann das Schöne nicht sehen.

Das Böse, das schattenhaft oder dunkel ist, zerstört die spirituelle Vision und macht den Menschen blind für die Schönheit, den Zweck der Schöpfung. Diesen Zustand nennt man *Avidya*, Blindheit oder Unwissenheit.

Es gibt jedoch einen Unterschied zwischen dem, der Böses im Verstand und dem, der Böses im Herzen hat. Einen gewöhnlichen Menschen, der die Wahrheit nicht kennt und sucht, könnte man vielleicht böse im Verstand nennen. Diese Person steht unter dem Einfluss der Sünde, wie die Christen sagen und auch schon gezeigt wurde. Es gibt aber noch eine andere Art Person, diabolisch genannt. Sie mag über einen wachen Verstand verfügen, hat aber ihr Herz absichtlich in ein Leichenhaus verwandelt, in eine verborgene Kammer, in der Böses geplant wird, um es draußen in der Welt zu begehen. Solche Personen können böse Gedanken in die Köpfe anderer legen und bösen Kräften befehlen, andere zu beeinflussen, so dass sie selbst ihre Hände nicht schmutzig zu machen brauchen.

Dies zeigt, dass böse Gedanken, Wünsche oder Worte für die falschen Taten anderer verantwortlich sein können. Buddha nennt das universelles Karma. Solange jemand solches Karma sät, verhindert dies, dass andere von Leid, Krankheit, Verletzung und Tod erlöst werden.

7. FEBRUAR

Wenn ein Weiser die Natur studiert, gelangt er durch ihre Vielfalt zur Einheit, und er erkennt die Persönlichkeit Gottes dadurch, dass er seine eigene opfert.

Wir sollten nicht davon ausgehen, dass Gott keinen physischen Körper hat. Die ganze Natur, die ganze physische Welt, bildet diesen Körper, so wie die ganze Welt des Denkens die Hülle des Denkens Gottes bildet. Wir können nicht einfach in das Innere unseres Körpers sehen und die vielen Vorgänge erkennen, die sich in den Organen und Zellen, den Nerven und dem Blutkreislauf abspielen. Auf geheimnisvolle Weise bilden sie eine Einheit, und diese Einheit ist grundlegend für ihre Existenz.

In ähnlicher Weise hängen alle Abläufe und alle Arten in der Natur von einer kosmischen Einheit ab, die sich in ihnen widerspiegelt und ursächlich für sie ist, die aber nicht aus ihnen besteht. Um dies vollständiger zu verstehen, müssen wir Gottes Denken herausfinden, damit wir den Körper Gottes verstehen. Dies geht aber nur, wenn wir unser eigenes Denken – und damit unsere Persönlichkeit – in unserer spirituellen Entwicklung hinter uns lassen.

8. FEBRUAR

Liebe zeigt sich gegenüber denen, die wir mögen, als Liebe, und gegenüber denen, die wir nicht mögen, als Vergebung.

Die Liebe, die wir für Freunde, Verwandte und Helden empfinden, ist natürlich. Auch wenn Christus gesagt hat: „Liebt eure Feinde“, bedeutet das nicht, dass wir für sie dasselbe Gefühl hegen. Warum? Weil ein Gefühl das ist, was Parteien verbindet und sie vereint. Wir sind mit unseren Lieben durch Liebe vereint. Welches Gefühl auch immer wir für die hegen, die wir nicht mögen: sie werden uns gegenüber wohl auch kein freundliches Gefühl haben.

Die angemessene Haltung ist deshalb Selbstlosigkeit, die Weigerung, am Gefühl des Nicht-Mögens festzuhalten. Ein Feind, der auf unsere Liebe keinen Wert legt, wird sie nicht als Liebe oder Freundschaft sehen, aber er könnte sie im Geist der Vergebung erkennen. Aus unserer Sicht wäre es in beiden Fällen dasselbe, aber die Absicht der Liebe und die Verbindung zwischen uns und dem anderen wäre jeweils verschieden.

9. FEBRUAR

Liebe brachte die Menschen aus der Welt der Einheit in die Welt der Vielfalt, und dieselbe Kraft kann sie wieder aus der Welt der Vielfalt in die Welt der Einheit zurückbringen.

Zuerst war Gott da, dann kam das Objekt Seiner Liebe, genannt Schöpfung. Da verband sich Gott in Liebe mit dieser Schöpfung und all die lebendigen Formen tauchten auf. Die höchste davon war der Mensch, der seinen spirituellen Eltern am meisten ähnelte. Doch Gott, der kein Mensch ist, liebt alle Geschöpfe und kann sich mit ihnen verbinden, sobald ein Geschöpf – Atom, Fels, Erde, Stein, Pflanze, Vogel, Tier, Fisch, Kriechtier, Mensch, Dschinn, Geist oder Engel – sich Gott zuwendet. Der Unterschied zwischen der zweiten Art der Verbindung (in der Liebe uns von der Vielfalt zur Einheit zurückbringt) und der ersten Art (in der wir durch Liebe von der Einheit zur Vielfalt kommen) besteht darin, dass wir im zweiten Fall vollständig mit Gott eins werden, ohne dass unbedingt weitere Früchte der Verbindung daraus entstehen müssten.

10. FEBRUAR

Wer das Geheimnis der Schwingungen kennt, der weiß wahrhaftig alles.

Als Ziel scheint dies eine nette Redensart zu sein – oder wir können den Satz intuitiv für wahr halten. Das ist die erste Stufe der Anerkennung. Doch sie ist rein subjektiv, sie hat keine objektive Kraft. Wir haben kein Wissen; wir wissen nicht, ob es wahr ist, obwohl wir vielleicht fest daran glauben. Allerdings, wenn jemand entgegnen würde: „Wer das Geheimnis der Schwingungen kennt, kennt es nicht wirklich, oder er kennt dadurch Gott." – wie würdest du diese Aussage widerlegen?

Stell dir vor, er würde sagen: „Gott steht über den Schwingungen, über allen Schwingungen, und solange wir uns mit Schwingungen befassen, stehen wir nicht in Verbindung mit der Wirklichkeit." Eine kleine Meditation dazu zeigt, dass es nötig ist, weiter zu wachsen und Wissen zu erlangen. Du könntest z.B. tausend Sinnsprüche lesen und eine Milliarde Glaubenssätze haben und es würde dich der Wahrheit doch nicht näher bringen – es sei denn, sie würden dich in eine angemessen empfängliche Stimmung versetzen.

Wie können wir das Geheimnis der Schwingungen herausfinden?

Hauptsächlich durch den Atem, indem wir den Atem beobachten, aber auch, indem wir das Herz beobachten und aus dem Erwachen des Herzens lernen. Da dies eine praktische Übung und keine theoretische Studie ist, würde eine tiefere Erörterung ohne Anwendung nicht weiterhelfen.

11. FEBRUAR

Wer den Zustand der Gleichgültigkeit erreicht,
ohne Anteil am Leben genommen zu haben,
ist unvollendet und kann jederzeit durch etwas Interessantes
in Versuchung geführt werden. Wer aber gleichgültig wird,
nachdem er Interessantes durchlebt hat, erlangt wahren Segen.

Dies ist sehr wichtig. Alle Weisen heben den Wert der Gleichgültigkeit hervor, doch diese Gleichgültigkeit kommt erst mit einem erwachten Herzen. Viele Menschen sind gleichgültig im Sinne von abgestumpft. Nichts bewegt sie, sie sind wie Stöcke oder Steine. Das ist nicht die wahre Gleichgültigkeit. Es ist Trägheit und zeigt, dass die Seele schläft. Da ist keine Liebe und keine göttliche Lebenskraft.

Ein Weiser ist ganz anders: Er kennt aus eigener Erfahrung den Wert und die Relativität von Bindung, Freundschaft, Gefühl und allen Wechselfällen des Lebens. Er gibt jede Form der Anhaftung auf. Er hängt an nichts mehr und übt tatsächliche Hingabe. Darin zeigt sich die göttliche Gleichgültigkeit.

12. FEBRUAR

Weisheit ist größer und schwieriger zu erlangen
als Intellekt, Frömmigkeit oder Spiritualität.

Intellekt und Frömmigkeit sind beide mit dem Verstand verbunden und durch Namen und Formen gekennzeichnet. Spiritualität ist ein höherer Zustand, der das erwachende Herz zeigt, aber nicht unbedingt das schon erwachte. Weisheit ist die Frucht der Spiritualität, wenn der Herzzustand anhält und das göttliche Liebe-Leben-Licht durch die Persönlichkeit durchscheint und Ausdruck findet.

13. FEBRUAR

Weisheit ist Intelligenz in ihrer reinen Essenz und nicht unbedingt auf Kenntnis von Namen und Formen angewiesen.

Diese Intelligenz ist die natürliche Fähigkeit und der natürliche Zustand des Herzens, wenn es nicht durch den Verstand verhüllt ist und die Tätigkeit des Bewusstseins sich auf die Tiefen unseres Seins richtet. Wir können Weisheit als das Wahrnehmen oder Erfassen der wesentlichen Prinzipien betrachten, die unter den Namen und Formen liegen. Obwohl diese Prinzipien durch Einzelheiten wahrnehmbar sind und durch einzelne Formen, Teilchen und Schwingungen wirken, sind sie ihrem Wesen nach Aspekte von *Nuri Mohammed*, d.h. des göttlichen Spiegels, in den Mohammed schaute. Beim Blick in diesen Spiegel ist dieses Wissen, von den Sufis *Ilm* genannt, dasselbe wie Weisheit, Gotteserkenntnis oder *Tasawwuf.*

14. FEBRUAR

Wir gestalten unsere Zukunft durch unser Tun. Jede gute oder schlechte Tat verbreitet ihre Schwingungen und wird im ganzen Universum bekannt.

Das Erschaffen eines Körpers und eines Verstandes können wir als eine Persönlichkeit ansehen. Die Menschheit formt das große Menschenwesen, das manchmal Adam genannt wird. Dies schließt alles Leben diesseits der Begrenzung durch das Gedankengewebe ein. Die Welt jenseits, die von den Sufis *Djabrut* genannt wird, ist dasselbe wie Eden. Der aus dem Paradies vertriebene Adam versinnbildlicht die ganze Menschheit, die in der Welt der Begrenzung wirkt. Was irgendein Mensch tut, wirkt sich auf die ganze Menschheit aus und auch auf ihn selbst.

Gewiss wirkt sich das Tun einer Person am meisten auf sie selbst aus. Ihre Worte, Reden und Gedanken treffen alle auf die Kuppel von *Malakut* und fallen zurück an ihren ursprünglichen Platz. Diese Rückkehr der Energie berührt nicht nur die einzelnen Menschen, sondern die ganze Menschheit – wie bei einer Person, die Krankheitskeime oder Krankheiten verbreitet, an denen sich jede und jeder anstecken könnte. Dies zeigt die alle einschließende Natur von Karma. Auf die gleiche Weise verbreitet sich Freundlichkeit in alle Richtungen und das Erzählen von guten Taten trägt oft an weit entfernten Orten Früchte.

15. FEBRUAR

Das Universum ist wie eine Kuppel: Es schwingt zu allem, was du darin sagst, – und gibt es als Antwort an dich zurück. So ist auch das Gesetz des Handelns: wir ernten, was wir säen.

Die Menschheit wurde in einen umgrenzten Raum gesetzt, in dem ihr die Herrschaft über alles anvertraut wurde. Dies ist die Geschichte von Adam. Doch um Eden zurückzugewinnen, müssen wir unsere Bestimmung erfüllen. Dafür wurde uns die Fähigkeit gegeben, Namen und Formen zu kennen. Da wir diese Fähigkeit erhalten haben, sind wir auch für ihren Gebrauch oder Missbrauch verantwortlich.

Innerhalb gewisser Grenzen gilt das Gesetz, dass Aktion und Reaktion sich entsprechen. Das bedeutet, wenn wir leiden, ohne Böses getan zu haben, wird dies zu gegebener Zeit zu einer Entschädigung führen; und wenn wir scheinbar einer Bestrafung entkommen, bereiten wir nur einen größeren Schlag gegen uns selbst vor. Von der Wirkung des Karmas bleiben wir verschont, wenn wir mit Achtung vor Gott sprechen, denken und handeln. Durch spirituelle Übungen steigen wir zur Weisheit oberhalb von Wissen und Leiden auf.

16. FEBRUAR

Wir suchen Gott immer in weiter Ferne, während Gott uns näher ist als unsere Seele.

Unterschiede in den Ebenen sind keine Unterschiede in Zeit und Raum, sondern in den Schwingungsfrequenzen. Eine Ebene wird aus einer anderen im selben Gebiet, *Akasha* oder Raum genannt, durch eine Änderung der Frequenz gebildet. So können alle Ebenen als alle Räume betrachtet werden. Gott, als Ursprung der Gestaltung und Essenz der Energie, ist deshalb in allen Zeiten, Räumen und Orten anwesend und kann durch eine Änderung der Tonhöhe, durch ein Einstimmen der Seele entdeckt werden.

Solange wir die Seele als etwas ansehen, das sich von der Materie oder der gedanklichen Existenz unterscheidet, finden wir Unterschiede, aber nicht die Seele. Da Gott in den Gedanken und in der Materie gefunden werden kann, ist Gott ganz nahe. In Wirklichkeit ist es Gott, der nach Gott sucht, und wir sind genau das, wonach wir suchen – nur wissen wir das in unserer Beschränktheit nicht.

17. FEBRUAR

Konzentration und Kontemplation sind großartige Dinge, doch keine Kontemplation ist größer als das Leben, das wir jeden Tag um uns haben.

Es ist sehr leicht, aus Idealen Träume zu bauen. Es ist sehr leicht, sich das Glück im Himmel vorzustellen. Doch es bringt keine Stärke und es bringt niemals die große Befriedigung, die wir empfinden, wenn wir etwas erreicht haben. Diese Befriedigung ist in der physischen Sphäre am größten, wo es so viel zu überwinden gibt. Dies ist der größte Kampf, der geführt werden kann, und sein Sieg ist der vornehmste Sieg, der Sieg über große Hindernisse.

Es ist leicht, sich Nirvana weit weg vom Getümmel vorzustellen; und es ist wunderbar, sich Nirvana mitten in Schwierigkeiten vorzustellen und zu erreichen. Wenn also ein Weiser den universellen Frieden einmal mitten in einem Streit gefunden hat, wird er ihn auf natürliche Weise immer und überall finden. Der Abstieg Jesu in die Hölle ist nichts anderes als die Bereitschaft der erwachten Seele, sich Gott zuliebe alles anzusehen und nichts zu fürchten.

18. FEBRUAR

Wenn wir hoffen, die Welt zu verändern, werden wir enttäuscht. Wir müssen unsere Ansicht ändern. Haben wir dies getan, werden wir tolerant sein und bereit zu verzeihen, und es wird nichts geben, das wir nicht ertragen können.

Die Ansicht ändern heißt nicht, einfach die Ansicht einer anderen Person anzunehmen. Eine einzelne Ansicht ist der Standpunkt des *Nafs*. Wer die Ansicht eines anderen übernimmt, fällt unter den Einfluss des *Nafs*, in diesem Fall des *Nafs* des anderen. Die Sufis versuchen, Gottes Position wahrzunehmen, und wenn sie das Leben mit den universellen Augen Gottes sehen können, schließt das alle Sichtweisen ein. Dies bringt ganz natürlich Toleranz mit sich, nicht als Moral oder Zwang, sondern als Bestandteil des Lebens. Dann können wir tolerant sein und vergeben, weil wir nicht nur den Standpunkt des anderen erkennen, sondern weil wir wissen, wie und warum der andere zu diesem Ergebnis gekommen ist. Und wir werden die Vorstellungen des anderen nicht von dessen Lebenserfahrung trennen. Dies ist eine Toleranz, die mit Weisheit und Verständnis verbunden ist.

19. FEBRUAR

Auf etwas zu verzichten, das wir nicht erreichen können,
ist kein wahrer Verzicht, sondern Schwäche.

Wir sehen dies in der Geschichte vom Fuchs, der sein Streben nach den Trauben auf dem hohen Zweig, den er nicht erreichen konnte, aufgab. Wer es „Hingabe" oder „Verzicht" nennt, wenn er ein begehrtes Objekt nicht erlangen kann, macht den grundlegenden Fehler, sich mit dem begrenzten Gedanken des Selbst, den die Sufis *Nafs* nennen, zu identifizieren, doch diese Vorstellung ist nicht wirklich das wahre Selbst. Wie auch immer der Misserfolg verursacht sein mag, er beruht auf einem Mangel an Konzentration und einer Schwäche. Unwissen verführt uns oft zu dem Glauben, wir könnten einen Preis gewinnen, auch wenn diese Annahme ungerechtfertigt ist. Erst später erkennen wir, dass er außer unserer Reichweite liegt. Die Unwissenheit wurde hier durch die Schwäche der unrealistischen Einschätzung herbeigeführt.

Spiritueller Verzicht ist von ganz anderer Art: Er kann das Aufgeben von etwas sein, das wir leicht erhalten könnten, oder das Opfern von etwas, das wir besitzen und schätzen, oder das Weggeben von etwas, das wir mit großem Einsatz verdient haben, oder das Aufgeben der Früchte des Erfolgs für ein höheres Ideal. Dies ist der wahre Verzicht, das wirkliche spirituelle Opfer.

20. FEBRUAR

Die Religion eines Menschen besteht darin,
das zu erlangen, wonach die Seele sich sehnt.
Wer den Pfad zu diesem Ziel geht, ist religiös.
Wer abseits dieses Pfades geht, ist nicht religiös und nicht fromm.

Da Religion im höchsten und wahrsten Sinne das ist, was uns mit Gott in Beziehung bringt, ist die Erfüllung dieser Beziehung das einzige, was die Seele zufrieden stellt. Dies bedeutet, allem zu entsagen und alles aufzugeben, das zu den drei Welten des Körpers, des Verstands und des Geistes gehört. Solange wir irgendeine irdische oder himmlische Anhaftung behalten, gilt unsere Liebe nicht dem *Zat*, der absoluten Natur Gottes. Wenn die Liebe etwas anderem als dem *Zat* Gottes gilt, kann sie nicht als religiös bezeichnet werden. Die Person ist auch nicht fromm, da das Abweichen vom rechten Pfad sie früher oder später zu Irrtum und Sünde führt, und damit bleibt sie mit karmischen Stricken gebunden.

21. FEBRUAR

Der Reformer kommt, den Acker zu pflügen; der Prophet kommt, den Samen zu säen; und der Priester kommt, die Ernte einzubringen.

In der physischen Welt können wir diese Stufen finden. Zuerst fängt jemand an, ein Übel zu bekämpfen – oft ohne Erfolg. Dann kommt ein anderer, der die Herzen und Köpfe der Menschen bewegt. Und schließlich wird ein dritter der Anführer in der gerechten Sache. Auf der Ebene des Verstandes gibt es einen, der mahnt, aber nichts bewegt. Dies ist der Reformer. Obwohl manche Reformer sehr erfolgreich menschliche Gefühle bewegen, berühren sie jedoch nicht immer Verstand oder Herz. Der Prophet ist von anderer Art. Er legt die Saat der Gerechtigkeit in den Verstand und in das Herz, auf dass sie Früchte trage. Die Bewegung, die der Prophet begründet hat, organisiert sich oft als Religion, und Priester sind die Anführer in der Religion.

Aus anderer Sicht hilft der Reformer, den emotionalen Müll zu beseitigen, der Prophet, den Verstand rein zu halten, und der Priester, die Reinheit des Herzens zu bewahren, nachdem sie einmal erreicht wurde.

22. FEBRUAR

Das Leben ist eine Gelegenheit, Hunger und Durst der Seele zu stillen.

Wenn die Seele weiter nur im höchsten Zustand existierte, würde sie nie Hunger und Durst erfahren. Diese entstehen durch die Trennung, durch den Weggang von ihrem Zuhause, wodurch sie Zeiten von Hunger und Durst durchläuft. Dies ist das Thema am Anfang des *Masnavi*, des großen Gedichts von Rumi, im Gleichnis von der Rohrflöte. Nachdem die Seele unter dem Schmerz der Trennung gründlich gelitten hat, erobert sie Schritt für Schritt ihr verlorenes Gebiet zurück. Indem sie trügerische Wünsche abschüttelt, die Früchte des Tuns aufgibt und auf alle Gedanken und Bindungen der verkörperten und nichtverkörperten Erfahrungen verzichtet, gelangt sie wieder zur vollen Zufriedenheit der Liebe und zum Ende von Hunger und Durst in ihrer Wiedervereinigung mit Gott. Diese Wiedervereinigung findet aber nur scheinbar statt, da sie immer existiert hat, doch die Seele hat sie während ihrer Reise weit weg von daheim nicht bemerkt.

23. FEBRUAR

Nur Wahrheit kann erfolgreich sein.
Unwahrheit ist verlorene Zeit und Energie.

Wahrheit bedeutet metaphysisch alles, was jenseits der Sphäre des Verstandes ist, während Unwahrheit alles ist, was in den Schattenformen der unteren Welten lebt. Wahrheit ist ihrer Natur nach Licht und folglich Energie, während Unwahrheit eine vorübergehende oder zufällige Erscheinung ist. Die Ursache der Unwahrheit ist das *Nafs*, der Gedanke des Selbst. Wo es kein *Nafs* gibt, kann es keine Unwahrheit geben. Deshalb sagen Engel immer die Wahrheit, doch es liegt kein Verdienst darin. Eine Person ist erfolgreich, wenn sie – anders als die Engel – an der Unwahrheit festhalten könnte, es aber nicht tut. Dann meistert sie jede Energie und herrscht in den drei Welten.

24. FEBRUAR

Fürchte Gott nicht, doch achte genau darauf,
was Ihm gefällt und was nicht.

Furcht ist eine Emotion, die entsteht, wenn es dem Atem nicht gelingt, die Herzebene zu berühren. Dies ist der natürliche menschliche Zustand. Im entgegengesetzten Zustand, dem der Liebe, kann der Atem die Herzebene *(Djabrut)* erreichen, aber nicht in sie eindringen. Dennoch verleiht das Licht der Intelligenz einer solchen Person Einblick in diese Sphäre, so dass sie den göttlichen Willen spüren kann. So kann sie, durch die Praxis von *Darud* und *Fikr*, alles herausfinden, was in Harmonie oder Disharmonie mit Gott ist, und auf sehr praktische (nicht theoretische) Weise Gottes Willen ausführen.

25. FEBRUAR

Wer sich selbst verfehlt, verfehlt alles.
Wer sich selbst überwindet, erlangt alles.

Das Scheitern ist auf die Vorherrschaft des falschen Selbst zurückzuführen. Es bringt den Gedanken des Scheiterns, der Schwäche oder der Begrenzung hervor. Es ist nicht fähig, Konzentration und Streben aufrechterhalten.

Wenn du dieses Selbst und seine Leidenschaften steuern kannst und besonders, wenn du die spirituellen Übungen praktiziert hast, die dich mit Gott, dem wahren Selbst, verbinden, dann hast du dieses falsche niedrige Selbst überwunden. Dies ist der große Sieg des Lebens. Alle anderen Siege sind im Vergleich damit unwichtig und für das Dasein in der Welt unwesentlich. Sobald das *Nafs* einmal gemeistert ist, halten wir den Schlüssel für jedweden Erfolg in der Hand. Dies wird sinnbildlich in der Originalversion des Films *Der Dieb von Bagdad* mit Douglas Fairbanks vermittelt.

26. FEBRUAR

Erhebt ein Mensch sich über die Leidenschaft,
beginnt er zu erkennen, was Liebe ist.

Was ist Leidenschaft? Was ist Liebe? Beides ist die gleiche Kraft. Im ersten Fall betätigt sie sich im Bereich der Vielfalt und im zweiten Fall in der Welt der Einheit oder des Prinzips. Wenn das universelle Liebe-Licht im Bild des Selbst gefangen ist, wird es in unzähligen Bruchstücken widergespiegelt, von denen das Selbst jedes ergreifen und für sich behalten möchte. Das falsche Selbst erkennt die höchste Einheit nicht und ist außerstande, all seine Wünsche in irgendeinem Teilstück zu finden. So huscht das falsche Selbst von einer falschen Liebe zur nächsten. Das liegt daran, dass es nur Falschheit erkennt und nicht Wahrheit. Leidenschaft ist deshalb der Schatten der Liebe. Sie ist nicht zu verurteilen. Es ist vielmehr die Selbstsucht, die beseitigt werden muss.

27. FEBRUAR

Glaube an Gott mit kindlichem Vertrauen, denn Einfachheit
gepaart mit Intelligenz ist das Kennzeichen der Heiligen.

Komplexität ist von Menschen gemacht; die Menschen lieben Komplexität. Dies liegt am Gedankengewebe, das die Wahrheit in Bruchstücke zerlegt, deren Schatten dann als Tatsachen erscheinen. Weder werden alle Tatsachen zusammen die Wahrheit ergeben, noch können alle Tatsachen zusammengefügt werden, bis das Wesen der Wahrheit erkennbar ist.

Das Wahrnehmen der Einheit – an sich ganz einfach, gut verständlich, doch schlicht nicht analysierbar – ist der natürliche Aspekt des Herzens, kennzeichnend für Kinder und Engel und möglich für alle Seelen, die dem Netz des Gedankengewebes entkommen sind.

28. FEBRUAR

Wer dem eigenen Ideal gerecht wird, kann das Leben lenken. Wer ihm nicht gerecht wird, muss sich abplagen.

Es ist besser, einem einfachen Anspruch zu folgen, als für ein unerreichbares Ziel zu kämpfen. Erfolg hängt nicht vom Ziel ab, sondern davon, wie wir Hindernisse überwinden. Viele denken, dass sie ihre Pflicht im Leben erfüllen, wenn sie sich edle Ideale und moralische Ansprüche abfordern. Dies ist eine menschliche Schlussfolgerung. Erfolg kommt vom Meistern unserer eigenen Schwächen. Wenn wir unsere Bemühungen des Denkens, Redens und Handelns nicht aufeinander abstimmen, können wir nicht viel erreichen. Es ist die Einheit unseres Selbst mit unserem Selbst, die uns früher oder später zur vollen Verwirklichung der Einheit bringt.

29. FEBRUAR

Jeder Augenblick unseres Lebens ist eine unschätzbare Gelegenheit.

Jedes Einatmen bringt etwas vom Himmel mit und jedes Ausatmen trägt etwas zum Himmel hin. Es gibt Gedanken, die wir erhalten, und Gedanken, die wir geben. Es gibt Worte, die wir erhalten, und Worte, die wir geben. Und es gibt Dinge, die wir erhalten, und Dinge, die wir geben. All dies gehört zum Leben, aber es gibt noch mehr: Je nach unserer Vereinigung mit Gott ist jeder Augenblick unseres Lebens ein bleibender Erfolg, den wir gewinnen oder verlieren können.

MÄRZ

1. MÄRZ

Die Natur spricht lauter als der Ruf vom Minarett.

Der Ruf vom Minarett ist ein Ruf von Mensch zu Mensch im Namen Gottes, doch in der Natur finden wir den Ruf Gottes zum Menschen im Namen Gottes. Es ist in Wirklichkeit der Ruf Gottes zu Gott im Namen Gottes. Durch das Sprechen oder Rufen Gottes wurde das Universum erschaffen, und ein Grund für das Erschaffen war, dass Gott es als Instrument für die ewige Musik benutzen konnte. Dass unsere Ohren verschlossen sind, ist nicht Gottes Fehler.

Doch wir fühlen diesen Ruf auf andere Weise: durch unsere Freude am Sonnenschein, am Gesang der Vögel, an einem Wasserfall, an stürmischen Wellen, am Gefühl der Ausgelassenheit im Frühling, an der erfrischenden Atmosphäre nach einem Regen und so weiter. In Wahrheit ist die Musik Gottes überall, aber unser künstliches Leben hat unsere Ohren betäubt. Deshalb muss uns jemand zu Gebet und Gotteslob rufen, was die natürlichsten Angelegenheiten der Seele sind.

2. MÄRZ

Der Priester erteilt den Segen der Kirche.
Die Zweige der Bäume erteilen in ihrem Neigen den Segen Gottes.

Was ist die Kirche? Es ist nicht falsch, in die Kirche zu gehen und in der Kirche Gott zu loben. Die Kirche hat Recht, sofern sie Männer und Frauen in Gebet und Gotteslob verbindet und auf diese Weise Einheit und Zugehörigkeit fördert. Sie hat Unrecht, wenn sie Menschen aus der Gemeinschaft ausschließt oder Feindschaft sät und so die Menschheit entzweit. So eine Spaltung kommt von Menschen, nicht von Gott. Gott verurteilt nicht, wie Menschen behaupten und ist an keinerlei Beschlüsse menschlicher Gremien oder Institutionen gebunden.

Ein Priester, der im eigenen Namen oder im Namen der Kirche mit dem Gedanken an sich selbst spricht, kann keinen göttlichen Segen geben. Ein Baum, der keinen Gedanken an sich selbst hat und versunken in der Liebe zu Gott ist, kann den höchsten Segen spenden, und viele Menschen – Gläubige und Ungläubige gleichermaßen – spüren es.

3. MÄRZ

Die Seele bringt ihr Licht vom Himmel mit; der Verstand erlangt sein Wissen von der Erde. Während die Seele also bereitwillig glaubt, mag der Verstand noch zweifeln.

Die Seele ist immer im Licht und kann nie in etwas anderem sein als im Licht, weil sie Licht ist. Der Verstand bietet sowohl dem Licht als auch der Dunkelheit Unterkunft – Licht vom Himmel und Dunkelheit von der Erde. Wenn der Verstand sich seine Inhalte von der Erde holt und Schatten-Gedanken und Schatten-Wörter aufnimmt anstelle der Licht-Substanz, die in diesen Gedanken und Wörtern verkörpert ist, kann er keine Sicherheit haben. Denn Schatten ist nicht nur kein Licht, sondern er neigt auch dazu, seine Form zu verändern, kleiner oder größer, trüber oder dunkler zu werden, wenn das Licht näher kommt oder sich entfernt. Unter solchen Umständen kann sich der Verstand der von der Erde stammenden intellektuellen Ansammlung von Gedanken, genannt „Wissen", nie sicher sein, denn das ist nur eine Sammlung von Namen und Formen und kein wahres Wissen.

4. MÄRZ

Wer der Sonne Staub entgegenwirft, dem fällt er in die eigenen Augen.

Dies ist wörtlich genommen richtig, aber es gibt eine noch viel tiefere Bedeutung. Als jemand dem Buddha eine Verletzung zufügen wollte, verweigerte er die Annahme der Verletzung, indem er sie als Gabe einstufte. Eine Gabe, ob annehmbar oder unannehmbar, kann abgelehnt und dem Gebenden zurückgegeben werden. Die gleiche Idee liegt in den Worten von Christus: „Widersetze dich nicht dem Bösen." Wenn wir uns weigern, Böses als böse zu nehmen, indem wir ablehnen, irgendetwas als schädlich für das Selbst anzuerkennen, dann fällt der beabsichtigte Schaden oder das Böse auf den Ränkeschmied zurück.

Das gleiche Gesetz finden wir im Leben des großen Sufi Bayazid Bistami. Als er die Universalität Gottes in einer Weise verkündete, als ob er am großen Geheimnis Verrat üben würde [‚Wie groß ist meine Herrlichkeit!'], forderte er seine Schüler auf, ihn zu töten. Doch ihre Messer drehten sich um und richteten sich gegen sie selbst. Mit anderen Worten: Wenn wir uns über die Dualität erheben, wenn wir das Unendliche berühren, sind wir dem Endlichen nicht mehr unterworfen. Und wenn jemand den Weisen

Gutes tun will, widerfährt ihm Gutes, doch wer Böses ausführen will, dem widerfährt Böses. Wenn eine weise Person sich über die Dualität erhoben hat, ist sie Meisterin über das Karma, jenseits der Wirkung des Karmas.

5. MÄRZ

Der Mensch erschafft seine Disharmonie selbst.

Dies geschieht durch den Gedanken des Selbst, das *Nafs*. Undifferenzierter Klang existiert oberhalb des Gedankengewebes, doch auf der gedanklichen Ebene existiert er als all die verschiedenen Klänge. Diese müssen nicht unbedingt klirrend zusammenstoßen. Aber wenn sie auf bestimmte Ohren abgestimmt sind und auf bestimmte Gedanken fokussiert – insbesondere durch das *Nafs*, dann beeinflusst der Gedanke des Selbst ihren wahren Rhythmus und ihre Schwingung und sie werden als Disharmonie wahrgenommen. Solche Disharmonie ist nicht wirklich vorhanden, sie ist nicht objektiv, sondern subjektiv – das Ergebnis davon, die Wirklichkeit mit dem falschen Selbst in Beziehung zu bringen.

6. MÄRZ

Die wahre Wohnung Gottes ist das menschliche Herz.
Doch wenn es in Bitterkeit oder Hass erstarrt ist,
sind die Türen des Schreins verschlossen und das Licht verborgen.

Die Folge dieser Erstarrung kann auf dreierlei Weise wahrgenommen werden. Körperlich beeinträchtigt sie den freien Blutstrom durch die Adern und verursacht verschiedene Krankheiten – Arthritis, Rheuma, Angina und alle Arten von Trägheit. Mental hemmt sie den Übergang der Gedanken-Schwingungen in die Nerven und führt zu Sarkasmus und Verbitterung beim Sprechen und zu plumper Selbstbezogenheit bei den Ansichten über das Leben. Spirituell tötet sie jeden Wunsch nach Liebe, Wachstum und Ausdehnung. Die Person erkennt keine Liebe oder Freundlichkeit, weder bei sich selbst noch bei anderen, und ohne in Hass abzudriften, lässt sie doch keinen Raum für die Äußerung des Geistes. So steht sie sich selbst im Licht und alle ihre Neigungen und Tätigkeiten ziehen sich zusammen – was Niedergang und Tod hervorbringt, was auf die Abwesenheit des Lebens zurückzuführen ist. Auch Krebs und ähnliche Krankheiten können den Körper zerstören, weil es keinen Raum für die höheren Aspekte des

Lebens und keinen Schutz gegen schlimme Einwirkungen von innen und außen gibt.

7. MÄRZ

Es ist falsche Liebe, die den Anspruch des „Ich" nicht beseitigt. Die erste und letzte Lektion der Liebe lautet: „Ich bin nicht."

Es ist schwer, darüber zu sprechen, da Liebe nicht erklärbar ist. Die Natur der Liebe ist Licht, Ausdehnung, Helligkeit, Schönheit, das Leben selbst. Gedanken, Worte, Beschreibungen jeder Art, die aus Tätigkeiten inner- und unterhalb der Begrenzung des Gedankengewebes hervorgehen, können in keiner Weise das Grenzenlose beschreiben. Der Gedanke des Selbst und jede Äußerung des Selbstseins rühren von Namen und Formen her, die Schatten der Wirklichkeit sind. Diese Namen und Formen können nur durch die Spuren, die sie hinterlassen, zum Ausdruck kommen, doch ihre Essenz bleibt verborgen. Echte Liebe drückt sich im Leben aus, in der Atmosphäre, im Fühlen, in Herzqualitäten, in Selbstlosigkeit; dies sind ihre Eigenschaften, die sowohl bei Bejahung als auch bei Verneinung verschwinden. Das Leben ist es, das lebt, und Liebe ist das Leben selbst.

8. MÄRZ

Du kannst nicht gleichzeitig Ross und Reiter sein.

Du bist entweder Plus- oder Minuspol, Lehrer oder Schüler, *jelal* oder *jemal*, Anführer oder Nachfolger. In anderer Hinsicht steht das Ross für das Denken und der Reiter für den Willen: Entweder überschattet das Denken den Willen oder der Wille führt und lenkt das Denken. Es gibt keine andere Möglichkeit. Doch wenn du in *Darud* und in der Einheit mit Gott bleibst, ist es egal, welche Rolle du in der Welt spielst. Du kannst vermuten, dass du empfänglich (‚negativ') bist, doch deine volle, ehrliche und wirkliche Empfänglichkeit existiert einzig gegenüber Gott und den Botschaftern Gottes. Zum Rest der Welt begibst du dich innerlich in eine positive Atmosphäre und Haltung, wenn du etwas weißt, und eine ‚negative' (d.h. empfängliche), wenn du nicht weißt.

9. MÄRZ

Es ist wichtiger, die Wahrheit über sich selbst zu kennen, als zu versuchen, die Wahrheit über Himmel und Hölle herauszufinden.

Himmel und Hölle sind ihrerseits Ergebnisse von Taten. In der Bibel wurde die Gestalt der Erde noch vor Sonne und Mond ersonnen. Sonne und Mond stehen für höhere und niedrigere Aspekte des Himmels, und die Dunkelheit des Mondes entspricht der Hölle. Indem wir das Selbst finden, das wahre Selbst, das Gott ist, erheben wir uns sowohl über den Himmel als auch über das (kleine) Selbst.

Aus anderer Sicht, metaphysisch betrachtet, ist die Wirklichkeit des Seins oberhalb des Gedankengewebes, jenseits von *Malakut* – und Himmel und Hölle sind Abschnitte des Lebens in *Malakut.* Solange wir über *Malakut* nicht hinauskommen, reichen wir an die Welt der Prinzipien nicht heran.

10. MÄRZ

Das Streben jedes Menschen entspricht seiner Entwicklungsstufe.

Es geht um das Streben nach Vergnügen, nach Reichtum, nach Wissen, nach Gott und nach Liebe. Was ist die Grundlage des Strebens? Es ist ein unbefriedigtes Verlangen der Seele. Ganz gleich, was der Lebensweg ist, wo es ein Streben gibt – dies zeigt, dass die Seele ein unbefriedigtes Verlangen hat. Der Weise weiß, in welche Richtung das Streben gehen soll, der gewöhnliche Mensch weiß es nicht. So gelangt der Weise zur Zufriedenheit und findet Frieden des Denkens, des Herzens und der Seele, was für die Allgemeinheit unerfüllt bleibt.

11. MÄRZ

Wir sehen, was wir sehen. Darüber hinaus können wir nicht sehen.

Die Sicht des Menschen (als Mensch) ist begrenzt durch das Gedankengewebe, zugleich es ist wahr, dass Gott den Menschen nach seinem Bild erschaffen hat. Mit Mensch ist hier gemeint, was die Hebräer *Aish* nannten, den intellektuellen Menschen. Aber dieser war wiederum ein Aspekt von Adam, dem universalen Menschen, dessen Sicht über die mentale Ebene hinaus reicht.

Das Potenzial des Menschen übersteigt jeden Bereich in allen Aspekten der Schöpfung oder des Daseins. Unser physisches Auge ist wie das der Tiere, begrenzt in der Reichweite, besser als das von einigen und nicht so gut wie das von anderen. Aber die menschliche Sehkraft ist enger mit dem menschlichen Gehirn und dem Denken verbunden, und unser „mentales Auge“ ist anders als das der Tiere. Einige Tiere können vielleicht die Sonne und den Mond sehen und von ihnen beeinflusst werden, doch sie denken niemals über sie nach und sie vergleichen ihre Entfernungen und Größen nicht mit Gegenständen um sich herum. Tatsächlich ist das Gehirn von Tieren in gewisser Hinsicht völlig anders als das von Menschen, besonders in den höheren Aspekten. Die Vorstellungskraft befähigt uns, die Zeit zu überwinden, während die Tiere dem Ablauf der Zeit vollkommen unterworfen sind.

Das Auge unseres Herzens besitzt jedoch eine Fähigkeit, über die Begrenzung hinauszusehen. Diese Fähigkeit, obwohl es nicht nötig ist, sie grenzenlos zu nennen, reicht über den Bereich des mentalen Sehens und der Messbarkeit hinaus. In dieser Hinsicht ist das Auge unseres Herzens weder unbegrenzt noch begrenzt und weder quantitativ noch qualitativ; es unterliegt nicht Raum und Zeit und ist von ganz anderer Natur als Raum und Zeit. Obwohl das Herz sich ausdehnt und zusammenzieht, öffnet und schließt, ist es doch nicht von irgendeiner geometrischen oder mathematischen Eigenart.

12. MÄRZ

Die Quelle der Wahrheit ist in uns.
Wir selbst sind der Gegenstand unserer Erkenntnis.

Die Fähigkeit des menschlichen Verstandes zu unterscheiden macht das Leben so interessant und bewirkt die ganze Vielfalt und Abwechslung, doch gleichzeitig verursacht sie jede Art von Schwierigkeit. Die höchsten und die niedrigsten Schwingungen sind grundsätzlich gleich, aber durch die analytische Fähigkeit des Intellekts erscheinen sie verschieden. So macht diese Fähigkeit es uns schwer oder unmöglich, die Einheit zu erkennen. Die Erkenntnis der Einheit erhebt einen Menschen über die Abgrenzungen und Unterschiede. Wenn dies erreicht ist, erkennen wir sofort unsere wesensmäßige Einheit mit allen Dingen und aller Dinghaftigkeit. Aber dies hebt uns auch über das Reich der Worte und Gedanken hinaus; Worte und Gedanken treffen nämlich Unterscheidungen und legen fest und haben nicht die Natur vollständiger Einheit.

13. MÄRZ

Während das Leben sich uns enthüllt, lernen wir als erstes Demut.

Dieses lebendige Enthüllen ist ein Prozess und nicht etwas Vollendetes. Es erwächst nicht aus Bücherwissen, Gebet, Askese, Änderung der Lebensweise oder selbstgefälligen Atemübungen. Es geschieht einzig und allein durch das Begreifen des Lebens. Und wie begreifen wir das Leben? Entweder durch konkrete Schmerzen und Leiden, durch Erfahrungen in der Welt oder durch inneres Erwachen durch die Gnade Gottes, wie in der Meditation und im *Zikr*.

14. MÄRZ

Gott ist Wahrheit und Wahrheit ist Gott.

Es gibt zwei Arten, dieses Thema zu besprechen, dessen Natur und Wesen in Wahrheit über das Sprechen hinausgeht. Aus einer Sicht ist das Erkennen der Wahrheit zuallererst ein lebendiges Herzerwachen und Wachstum. Selbst dann kehrt die wirkliche Vollendung erst ein, nachdem das Herz voll erwacht und das Selbst erforscht ist. Wort, Form Gedanke, Symbolik, Wirkung oder Erklärung – sie können nur auf eine Art von *Neti* („nicht dies") hinweisen, wie die Hindus es beschreiben. Das heißt, Wahrheit wird als eine Realität beschrieben, die verschieden von allem ist, was beschrieben werden kann.

Aber aus metaphysischer Sicht, theosophisch gesprochen, ist Wahrheit als vollständige Einheit all das, was *Rupa* und *Arupa* genannt wird: Alles, was Name und Form hat und alles, was ohne Name und Form ist – eine Einheit, die als Einheit jede Stufe und jede Variante der Vielfalt einschließt. Also ist die Wahrheit nicht nur das Leben oberhalb des Gedankengewebes; sie ist die Erkenntnis, dass das Leben jenseits des Verstands, *Buddhi* genannt, auch jede Art von Zustand einschließt, tatsächlichem oder potenziellem, so dass jeglicher Himmel und jegliche Hölle als Teil des eigenen Seins erscheinen. Dies kann nicht leicht besprochen werden, da es von jedem Vorgang überschattet wird, außer den höchsten Formen der Meditation und Kontemplation.

15. MÄRZ

Bis ein Mensch sich selbst in der Vision Gottes verliert, kann man nicht sagen, dass er wirklich lebt.

Das besagt, das begrenzte Leben ist kein Leben. Sterblichkeit, von der es heißt, Leben und Tod seien zweierlei und nicht eins, ist kein Leben. Aus einer gewissen Sicht sterben wir nicht nur jeden Tag, sondern mit jedem Atemzug. Anhaftung ist Geburt und Freiheit von Anhaftung ist Tod. Deshalb müssen wir uns von jeder Art von Anhaftung oder Anklammern befreien. Wir müssen frei werden.

Und wie werden wir frei? Durch eine Ahnung von Gott, die durch Gottes Gnade zu denen kommt, die sich selbst in Gott verlieren. Gottes Gnade ist überall, aber wir schließen sie durch unsere Anhaftung aus. Das Lösen der Anhaftung bringt Gnade, und Gnade bringt Loslösung. Gnade und Loslösung sind eins, nicht zwei.

Baqa, das Erwachen zum wahren Selbst, ist nichts Außergewöhnliches oder Überragendes. Es ist Leben mit offenen Augen, mit offenem Bewusstsein und mit Verstehen. Es gehört nicht zu Raum oder Zeit oder Bedingtheit. Bis *Baqa* tatsächlich erfahren wird, ist jedes Nachdenken darüber vergeblich. Aber wenn wir das kleine Selbst draußen halten, entdecken wir *Baqa* von selbst.

16. MÄRZ

Bei jedem Entwicklungsschritt ändert sich die Gotteserkenntnis des Menschen.

Das Wesen des Verstandes ist es, zu suchen, sich zu bewegen und zu verändern. Strebt er danach, seinen Bereich zu erweitern, so führt das zu einer anderen Erkenntnis. Aber *Baqa* ist höchst wunderbar, denn es enthält beides zugleich, das Ändern und den unveränderlichen Zustand. Es bringt die himmlische Musik hervor, die aus einem Ton und aus allen Tönen besteht. Sogar die Erkenntnis Gottes verleiht keine Göttlichkeit. Dies ist in unserem Begriffssinn unmöglich, selbst wenn wir von *Parinirvana* sprechen würden. Es ist sinnlos für den Verstand, darauf näher einzugehen; jedoch höchst wertvoll, sich selbst zu erkennen.

17. MÄRZ

Wahrlich, siegreich ist, wer sich selbst besiegt hat.

Was ist das Wesen des Sieges? Wenn ich etwas von einem anderen bekomme, habe ich nichts erreicht – außer ich habe dabei an Stärke hinzugewonnen. Die Dinge, die ich jetzt in Besitz nehme, kann ich nicht halten, wenn ich diese Welt verlasse. Die Stärke jedoch, die in einem Kampf, in einer Auseinandersetzung, in der Liebe, in der Freundlichkeit oder in einer anderen Situation zu mir kommt – wenn es wirkliche Stärke ist –, kann ich aus dieser Welt mitnehmen. Dies zeigt, dass Stärke etwas ist, das erlangt werden kann, und eine siegreiche Person kann Stärke erlangen.

Stellen wir uns nun einen Athleten vor. Menschen, die wir als ganz normal ansehen, haben herausgefunden, dass gut trainierte Athleten – ob Ballspieler, Läufer, Ringkämpfer oder Boxer – eine ziemlich strenge Lebensweise einhalten müssen, insbesondere im Hinblick auf Rhythmus und Selbstbeherrschung. Wie groß ihre körperliche Leistungsfähigkeit auch sein mag, ohne Rhythmus und Selbstbeherrschung können sie nicht regelmäßig und andauernd gewinnen. Ihr ganzes Leben, auch wenn es ganz weltlich und materiell ist, hängt von ihrer Selbstbeherrschung ab.

Dies zeigt, dass das Wesen der Befreiung nicht abseits des endlichen Daseins ist und dass *Nirvana* und *Samsara* denselben Kern haben. Und was ist ein Weiser? Ein Weiser ist nichts anderes als jener Athlet oder Boxer, der die strenge Lebensweise von der körperlichen Ebene auf die gedankliche Ebene übertragen hat. Und was ist ein Heiliger? Er oder sie ist noch weiter gegangen und hat diese Disziplin ins Herz hinein getragen, mit anderen Worten, ins ganze Leben.

18. MÄRZ

Beten ist die größte Tugend,
der einzige Weg, von aller Sünde frei zu sein.

Was ist dieses Beten? Es ist die fortwährende Hinwendung zu Gott und das sich Fügen in Gottes Willen. Wenn wir nur ein bisschen beten, mag das Gebet beantwortet werden, aber im Fluss der Dinge wird die Antwort vielleicht nicht bemerkt, und dann wird der Wert des Gebets angezweifelt. Mohammed führte fünf Gebete täglich ein, was tatsächlich eine rhythmische Konzentration auf Gott bedeutete. Und es waren die aufrichtigen Gebete in der Moschee, die den Sieg der Armeen auf dem Schlachtfeld brachten. Mit dem Aufkommen der Unaufrichtigkeit begann der Misserfolg.

Für die Sufis bedeutet das Ende des Betens Niederlage. Jeder Atemzug, jeder Schritt und jeder Gedanke ist für sie ein Gebet. Dies ist das große Verdienst des *Fikr*, dass der Gedanke an Gott ständig auf dem Atem gehalten wird – mit nichts vergleichbar. Beten bedeutet für die Sufis *Fikr*. Gott allein ist weise, Gott allein ist gut, und deshalb ist das völlige sich Verlassen auf Gott die einzige und die größte Tugend.

19. MÄRZ

Der aufrichtig Hingegebene versteht es am besten,
sich vor Gott klein zu machen.

Aufrichtigkeit ist spirituelle Demut. Niemand kann sagen: „Ich bin demütig", denn jeder Satz mit „Ich bin" schließt Demut aus. Demut sagt: „Du bist", und sie relativiert nichts und besteht auf nichts. Sie verliert sich durch sich selbst.

20. MÄRZ

Es ist weise, alles zu sehen, und doch die Augen abzuwenden von dem,
was übersehen werden sollte.

Die Seele sieht und das Herz versteht. Der Verstand allein ist nichts, aber ein richtig ausgebildeter und beherrschter Verstand kann die ganze Welt gewinnen, ohne die Seele zu verlieren. In diesem Zustand sehen wir, weil Gott durch uns sieht. Wir müssen nicht um des Sehens willen oder für uns selbst sehen, sondern wir sehen für Gott. Wenn wir nun darüber nachdenken, was wir gesehen haben und viele Gedanken auf das Gesehene verwenden, ist es ein Sehen für uns selbst. Es ist dann kein Sehen für Gott, und selbst wenn wir es so nennen, können die Worte es nicht dazu machen.

Jenes Sehen, das Einsicht *(Kashf)* ist, sieht die Eigenschaften und die Essenz zusammen und hat es nicht nötig, Personen oder Situationen zu analysieren. Es sieht die vollständige Einheit mit allen Einzelteilen und gibt doch keine moralische Bewertung eines Zustands oder eines Gegenstands ab. Dies ist das richtiges Sehen, bei dem die Früchte der Wahrnehmung Gott überlassen werden.

21. MÄRZ

Immer wenn unsere Lippen Gott preisen,
wird unsere Seele mit dem Eindruck der Herrlichkeit Gottes gesegnet.

Dieses Preisen ist etwas, das mit Sicherheit das Gedankengewebe durchdringt. In erster Linie ist dieses Preisen, das wir Gott widmen, etwas, wofür wir keinerlei Gegenleistung erwarten können. Das Fehlen einer Erwartung, dass etwas zurückkommt, ist ein Zeichen von Selbstlosigkeit, und Selbstlosigkeit segnet die Seele.

22. MÄRZ

Es gibt nur einen Lehrer: Gott selbst. Wir alle sind seine Schüler.

Wissen ist nicht die Frucht des Verstandes. Wissen entsteht, wenn der Verstand selbst die Frucht vom Baum der Erkenntnis ist. Nicht einzelne Namen und Formen begründen das Wissen, sondern das erfolgreiche Ergreifen von Angelegenheiten durch die lebendige Intelligenz, welche die reine Essenz unseres Selbst ist.

Und was ist diese Intelligenz? Sie ist der Geist der Führung in uns, sozusagen der Abglanz Gottes, der allein uns Stärke und Inspiration verleiht. Und jenseits davon ist Gott in seiner Essenz, der unaufhörlich Liebe und Wissen ausströmt. Wenn wir empfänglich sind, werden wir Gottes Schüler.

23. MÄRZ

Alles irdische Wissen gleicht einer Wolke, welche die Sonne verdeckt.

Dies ist so, weil diese Formen aus Gedankenschatten hervorgehen. Das Verfestigen von Gedankenformen ermöglicht es uns Menschen, aus dem Stoff der physischen Sphäre materielle Gegenstände herzustellen. Das Gedankliche und das Körperliche sind dabei nicht trennbar, aber der Vorgang, der es dem Verstand ermöglicht zu arbeiten, übersteigt den Verstand. Wirkliches Wissen stellt sich ein, wenn der Verstand auf das Herz eingestimmt ist und das Herz auf das Allumfassende, das wir Gott nennen oder Allah oder Amitabha oder Brahma.

24. MÄRZ

Das erste Anzeichen der Erkenntnis der Wahrheit ist Toleranz.

Wahrheit gehört zur höheren Ebene des Geistes *(Buddhi)*, nicht zur äußeren Ebene des Geistes *(Manas)*, und wir können sie niemals passend mit Worten ausdrücken. Wir können Liebe nicht logisch erklären und Wahrheit nicht beschreiben. Schon der Versuch, Wahrheit zu beschreiben, ist in sich falsch. Alle Versuche sind falsch, weil sie Versuche sind, und doch sind alle Versuche richtig, weil sie Konzentrationen auf das Richtige sind – und damit eine Art richtiger Konzentration.

Von diesem Standpunkt aus können wir sehen, dass jedes Streben gut ist, doch jede Ausdrucksform unvollkommen. Der Unterschied zwischen richtig und falsch ist relativ und nicht absolut, und niemand hat immer recht. Deshalb kommt die spirituelle Toleranz aus der Einsicht, dass jede Ausdrucksform teils richtig und teils falsch ist. Die Quelle des Irrtums ergibt sich aus dem Ausdrücken als solches, und liegt nicht in dem, was tatsächlich ausgedrückt wird.

Dies unterscheidet sich sehr von der Toleranz eines Mentalisten, der trotzdem findet, dass seine eigene Sicht richtig ist. Es zeigt Herzensgröße, unvoreingenommen gegen die zu sein, die anders sind. Doch ein spiritueller Mensch weiß, dass es zum Wesen des *Nafs*, des Ego-Selbst, gehört, sich zu unterscheiden. Er weiß auch, dass jedes Sehnen nach Wahrheit falsch ist, und jede Ausdrucksform von Wahrheit nichts ist als dieses *Nafs* – obgleich es etliche Stufen und Seiten des *Nafs* gibt.

25. MÄRZ

Wer angefüllt ist mit dem Wissen von Namen und Formen,
hat keinen Raum mehr, das Wissen von Gott aufzunehmen.

Doch wer die Aufnahmefähigkeit für das Wissen von Gott gefunden hat, hat auch Platz für das Wissen von Namen und Formen. Das ist so, weil das Herz sehr viel größer ist als der Verstand und sogar die eigentliche Essenz des Verstands ist. Wachsen des Herzens, Erwachen des Herzens, Läutern des Glaubens sind die besten Mittel, um die Kapazität des Verstands zu vergrößern. Allerdings ist es die Aufgabe des Lebens, nach Wahrheit zu streben und nicht, den Verstand zu entwickeln. Sufis haben durch ihre spirituelle Entwicklung oft große intellektuelle Fähigkeiten erlangt; doch diese sind nicht erforderlich und sie haben keinen großen Wert, weil dieses Wissen als solches nicht über *Malakut* hinaus mitgenommen werden kann.

Nehmen wir an, eine Person lebt ein Leben des Herzens, entweder in *Djabrut* oder auf der Erde – und das ist wirklich das gleiche. Wie erlangt sie Wissen? Das braucht sie gar nicht! Denn sie kann es in den Gedanken anderer ablesen, nicht nur in den menschlichen Gedanken; wenn das Herz offen ist, werden auch Bäume, Hügel, Blumen, Steine, Vögel und Tiere ihr ihre Eindrücke übermitteln, und es gibt eine stille Sprache, die viel umfassender ist als alle Laute der Zunge.

Außerdem ist es im Herz-Zustand nicht nötig, sich in Gedanken zu verwickeln oder ein großes Gedächtnis zu haben. Das Wissen ist in den Atomen immer da und kann willentlich aufgenommen werden. Dies ist der höhere Raum *(Akasha)*, der alles Wissen des Lebens und der Formen enthält, sozusagen die physische Manifestation *(Prakriti)* von *Djabrut*, das Adamische. Dies wird aus einer anderen Sicht zum Himmel von *Malakut*.

26. MÄRZ

Der Mensch ist Gott näher als die Fische dem Ozean.

Nun sind die Fische im Ozean, aber der Ozean ist nicht in den Fischen – außer in einem bestimmten Sinn. Die Fische haben Gräten, Muskeln usw., die aus festeren Materialien bestehen als der Ozean. Aber alle Dinge sind von Gott: das Material, aus dem der Mensch geformt ist, der Raum von *Akasha*, der die Substanz und die Nahrung für den Intellekt liefert, der Strom des Lichts, der die Essenz des Herzens ist, und die Seele, die Gott ist.

27. MÄRZ

Wir beginnen unser Leben mit dem Versuch, Lehrer zu sein.
Es ist sehr schwer zu lernen, ein Schüler zu sein.

Schüler zu sein, ist nicht eine Art des Lernens, es ist ein sich Hingeben. Bis das Selbst sich ergeben hat, können wir von anderen nicht lernen. Solange wir am Selbst festhalten, ist die Tür zu anderen Selbsten geschlossen, egal ob es das *Nafs* eines Menschen, eines Tiers, einer Pflanze, eines Steins, eines Gedankens oder von sonst etwas im Himmel oder auf der Erde ist. All dies ist jenseits eines bestimmten Punktes ausgeschlossen.

Wird dem *Nafs* jedoch Einhalt geboten, übermitteln alle Schwingungen dem Herzen genau das, was es braucht. Dies ist der Beginn des Schülerseins. Selbst nach Jahren der Meditation und des Gebets erreichen wir nicht immer den Zustand des Herzens oder können ihn nicht aufrecht erhalten. Gleichwohl können Schmerz, Liebe oder Leid das alles in einem Moment bewirken.

28. MÄRZ

Solange das Herz nicht leer ist,
kann es nicht zur Erkenntnis Gottes gelangen.

Es ist der wahre Zustand des Herzens, nichts in sich zu tragen. Es kann nicht zwei Dinge enthalten, aber die Einheit, die es in Liebe hält, könnte einfach oder kompliziert, sehr groß oder größer als das Universum sein. Dies lehren die Upanischaden. Dort bedeutet Atman oft dasselbe wie Herzessenz, und diese Herzessenz kann beides ergreifen, das Große wie das Kleine; aber wenn sie etwas hält, kann sie nichts anderes halten.

Aus diesem Grund üben Sufis Herzkonzentration: zuerst, um dem Herzen die Fähigkeit zurückzugeben, etwas zu ergreifen, und dann, um das Herz vorzubereiten, das zu ergreifen, was allein ihm gut tut: nämlich, Gott zu ergreifen und Gott zu halten. Alle Sufi-Übungen verfolgen diese Absicht.

29. MÄRZ

Gemäß seiner Entwicklungsstufe weiß der Mensch von der Wahrheit.

Das heißt, in dem Maße, wie er sein Herz öffnet. Bis das geschieht, kennt er vielleicht Namen und Formen, aber das ist nicht die Wahrheit. Bis das eintritt, ist er vielleicht freundlich zu allen und hat Freunde oder Anhänger oder ist glücklich, aber das ist nicht die Wahrheit. Dies alles sind vorübergehende Phantasien der scheinbaren Essenz der Liebe oder der Wahrheit. Bis das Gedankengewebe durchstoßen und die Wirklichkeit wahrgenommen wird, ist es nicht die Wahrheit. Die Wahrheit liegt oberhalb des irdischen Wissens und der irdischen Moral. Wir selbst sind von der Wesensart her Wahrheit, und nichts außerhalb kann Wahrheit genannt werden.

30. MÄRZ

Wir können unser begrenztes Selbst
vor der grenzenlosen Vollkommenheit nicht klein genug machen.

Solange es Demut gibt, ist die Auslöschung, die Beseitigung des Selbst, noch nicht erreicht. Durch Demut machen wir unser begrenztes Selbst zu etwas sehr Kleinem; durch Auslöschung machen wir es zu nichts. Das kleine Stück hat einen Wert, vielleicht einen sehr kleinen, aber es hat noch einen Wert. Auf diese Weise hält Demut das Ego vom Wachsen ab, löscht es aber nicht aus.

In der Mathematik verhält es sich so, dass alle Zahlen wie nichts vor dem Unendlichen sind, und in der Wirklichkeit sind alle Dinge oder Gedanken wie nichts vor Gott. Dies entspricht der Demut. Doch in der Mathematik ist die Null wie nichts vor irgendetwas, das irgendeinen Wert hat. Dies ist die Auslöschung des Ego, wobei alle Dinge als unendlich erscheinen, da in allem Gottes Gesicht zu sehen ist.

31. MÄRZ

Bereits den Namen Gottes auszusprechen, ist ein Segen,
der die Seele mit Licht, Freude und Glück erfüllen kann,
wie nichts anderes es vermag.

Obwohl dies wahr sein und in der Wiederholung eines Gottesnamens in Gedanken oder Worten großer mantrischer Wert liegen mag, ist das Verdienst nichts, verglichen mit der Wirklichkeit, wie sie im *Zikr* bei der völligen Auflösung in der Erinnerung an die Einheit erfahrbar ist. Das heißt, diese Erinnerung ist keine karmische Aktivität, nicht das Ansammeln von etwas Gutem, für das es vielleicht eine Belohnung gibt, ob im Himmel oder außerhalb. Im *Zikr* geschieht dieser Segen tatsächlich. Deshalb ist es nicht so wichtig, zu diskutieren, warum dieser Segen geschieht, sondern zu wissen, dass er geschieht. Das große Verstehen kommt aus der und durch die lebendigen Erfahrung. Gott zu loben, ist eine Belohnung in sich.

APRIL

1. APRIL

Wenn wir die Schönheit Gottes preisen,
ist unsere Seele voller Glückseligkeit.

Die Beschaffenheit der Seele ist Frieden, doch in ihrem natürlichen, aktiven Zustand bewegt sie sich in der Sphäre des Herzens, das von Glückseligkeit bestimmt ist. Genauer gesagt, die Seele preist Gott. Das Preisen Gottes bringt Glückseligkeit und dieser Glückszustand ist nicht mit irgendeiner Ebene verbunden. Unser Geisteszustand ist es, der die Ebene festlegt, nicht die Seele, die jenseits der bedingten Existenz ist. Gleichzeitig wird immer, wenn der Verstand das Preisen Gottes in einem Gebet oder anderweitig zulässt, in höchstem Maße die ganze Stimmung der Persönlichkeit angehoben und der Atem gereinigt. Dies führt zu Glückseligkeit.

2. APRIL

Mitgefühl ist der Ursprung der Religion, und solange der Geist
des Mitfühlens in deinem Herzen lebt, hast du das Licht der Religion.

Religion ist das, was uns mit Gott verbindet. Sie ist keine gedankliche Angelegenheit – und darum kann sie keine Theologie [„Lehre von Gott"] und kein Glaubenssystem sein. Wenn eine Mutter ein Baby stillt, gibt es auch kein Glaubenssystem und kein intellektuelles Vorhaben. Die Mutter liebt ihr Baby, weil sie es liebt, und dies ist sehr viel einfacher zu erklären als die Liebe zwischen Gott und der Seele.

Das Gefühl zwischen Mutter und Kind, zwischen Gott und der Seele, das Liebe genannt wird – oder *Agape* von den Christen, *Ishk* von den Sufis und im Islam, *Karuna* von den Buddhisten und anderswo noch anders –, ist die große Antriebskraft im Universum. Diese Liebe ist auch die Kraft, die in der Physik als Kohäsion, Adhäsion oder Gravitation in Erscheinung tritt. Diese Kraft fördert alles Wachstum – körperlich, gedanklich oder geistig – und ist das Prinzip hinter vielen Fähigkeiten, die sich in der Welt der Schöpfung zeigen.

Da Religion ihrem Wesen nach über das Denken hinausgeht, kann sie geschätzt werden, ohne vom Kopf vollständig verstanden zu sein. Dies ist auch gar nicht nötig. Jede und jeder kann Mitgefühl ausdrücken oder es von anderen fühlen. Deshalb ist nicht mehr nötig als einzusehen, dass dieses Gefühl – und nicht irgendein Glaubenssystem – der wesentliche Ursprung wirklicher Religion ist.

3. APRIL

Für Egoisten ist das Leben ein Jammertal.

Wer ganz ichbezogen ist, macht aus jeder Erfahrung eine Last, indem er sie mit dem Ego verbindet. Auch ohne dieses Ego hat sich die Welt bewegt und wird sich weiter bewegen und Ereignisse werden geschehen. Und kein Mensch kann jemals so mächtig sein, dass er, ohne göttliche Hilfe, die Welt dazu bringen könnte, ihren Lauf zu ändern.

Schmerz fühlen wir nur, wenn wir an das Selbst denken; wir fühlen ihn nicht, wenn wir an Gott denken, insbesondere wenn wir Gott preisen. Gott zu preisen führt zu Glückseligkeit, und in der Glückseligkeit existiert kein Schmerz. Im Lobpreisen liegt eine spirituelle Medizin, die Leid heilen kann. Niemand ist mit allen in Harmonie. Wenn wir Gedanken und Gefühle aufnehmen, die andere über uns haben, greifen wir diese Disharmonien leicht auf, und diese Eindrücke erzeugen allerlei Leid im Verstand und im Körper. Aber wir brauchen uns diese Gefühle nicht zu eigen zu machen; wir brauchen nicht alle diese Gedankenwellen, die andere ausstrahlen, annehmen. Wir dürfen uns weigern, sie anzunehmen, woraufhin die karmische Wirkung zur Ursache zurückkehrt – ob gut oder schlecht.

Reisende auf dem spirituellen Pfad bemühen sich deshalb, das Ego aus dem Weg zu räumen, sodass sie solche Schwingungen nicht aufnehmen und sie die Gelegenheit für Krankheit und Leid aller Art verringern.

4. APRIL

Mitgefühl und Liebe für andere zu haben, macht uns unabhängig, sie von anderen zu verlangen, macht uns zu Gefangenen.

Ihk Allah. Liebe *(Ihk)* ist Gott, es gibt keinen Unterschied. Mit Liebe und Mitgefühl bringen wir Gott zum Ausdruck; wir haben Gott gefunden, ob wir dessen bewusst sind oder nicht. Doch wenn wir Liebe und Mitgefühl verlangen, haben wir sie noch nicht gefunden, dann ist die Suche noch nicht zu Ende.

Liebe ist die Ursprungskraft des Universums. Und wenn wir zum Kern der Sache kommen – der sich auch im menschlichen Herzen findet –, haben wir den Schlüssel zu allen Geheimnissen gefunden. Einen anderen verlorenen Schlüssel zu den Geheimnissen als Liebe und Mitgefühl gibt es nicht, und weiter nach einer Idee, einem Zauber oder einer Beschwörung zu suchen, wäre vergebliche Mühe. Indem wir aus Liebe und Mitgefühl und mit Liebe und Mitgefühl unser Ego entfernen, gelangen wir in den Besitz des goldenen Schlüssels.

5. APRIL

Gott spricht zu jedem Herzen, aber nicht jedes Herz hört ihn.

Alle Schwingungen, von Gottes Thron bis zur physischen Ebene, breiten sich im Universum aus und prallen zurück, wobei sie die Musik der Sphären erzeugen. Dies ist die Botschaft Gottes, die wirkliche Botschaft, die Gott ewig spricht. Das Thema dieser Botschaft sinnbildlich mit den Worten „Liebe", „Harmonie" und „Schönheit" benannt werden. Das heißt, das vollendete Prinzip von allem, was in diesen Worten enthalten ist, strahlt von diesen kosmischen Schwingungen aus.

Wir sehen Licht im Allgemeinen nur als physisches Licht an, doch eine Pflanze empfindet das physische Licht nicht nur als Licht, sondern auch als Leben und Liebe. Dies ist aus dem Wachstum nach oben ersichtlich, und auch in der täglichen horizontalen Bewegung der Pflanzen, die dem Lauf der Sonne am Himmel folgt. Ist das menschliche Herz offen, so entdeckt es, dass das spirituelle Licht auch Leben und Liebe ist. Der menschliche Verstand hat indes drei Wörter geschaffen und sieht sie sogar stellvertretend für drei Gedanken, was an seiner Neigung liegt, zu trennen und zu definieren.

Legen wir dieses Unterscheidungsvermögen beiseite und beginnen zu fühlen, so erkennen wir nach einer Weile, dass hinter jedem Wort und Gedanken ein Geist ist. Dieser Geist ist in Wirklichkeit das, was die Sufis den Geist der Führung nennen. Mit anderen Worten: Gott nimmt einen Namen oder eine Form oder ein Gefühl an, so dass auch ein einzelner Mensch spirituelle Führung empfangen kann. Dieser Vorgang beweist, dass Gott voller Liebe, Gnade, Mitgefühl und Zärtlichkeit ist.

6. APRIL

Mit offenen Augen können wir sehen, mit offenem Herzen verstehen.

Dieses Öffnen des Herzens geschieht nicht physiologisch, aber auch das physische Herz wird davon berührt. Wenn im Tod die Totenstarre, *rigor mortis*, eintritt, fließt das Blut nicht mehr und die Zellen werden nicht versorgt. Mit anderen Worten: das Herz ist geschlossen und zeigt keine Liebe für den Körper. Das Herz muss den Körper lieben, damit der Körper leben kann. Das Herz muss den Verstand lieben, damit der Verstand leben kann. Wenn Körper und Verstand das Herz geschlossen halten, sind es Körper und Verstand, die leiden.

Der spirituelle Zustand des Herzöffnens tritt ein, wenn der Wille nicht mehr vom Körper oder Verstand beherrscht wird. Dann kann die Willenskraft, die in Wirklichkeit Liebeskraft ist, sich in richtiger Weise durch das Herz ausdrücken. Wenn Willenskraft im Herzen ist, ist sie zu Hause. Und wenn sie zu Hause ist, ist sie überaus machtvoll und dabei sehr natürlich.

Mitgefühl und Liebe machen das Herz weit, lassen das Blut frei fließen, lassen die Gedanken aktiv und klar funktionieren. Und wenn wir die Vorstellung des Selbst beiseite räumen, gibt es nichts im Universum, das wir nicht erfassen können

7. APRIL

Für sich selbst tot sein, das ist Gotteserkenntnis.

Dies ist so einfach, dass die Einfachheit jene erstaunt, die Gott gefunden haben. Wir suchen immer nach Komplexität, aber diese entsteht aus dem Gedanken des Selbst. Licht ist einfach, obwohl daraus sehr komplexe Mischungen von Farben entstehen. Doch die Essenz all dieser Farben ist Licht, was viel einfacher ist. Um das Licht in den Farben zu finden, müssen wir uns vom Komplexen zum Einfachen bewegen.

Dies ist kein gedanklicher Prozess, wenn wir die spirituelle Entwicklung des Menschen betrachten. Es ist der lebendige Prozess, der eintritt, wenn wir aufhören, vom Standpunkt des „Ich" zu denken. Dies schafft das Denken nicht ab, sondern reinigt und läutert es. Anstelle des „Ich", das versucht, einen Gedanken zu denken, ist es das reine Denken, das denkt. Und wie denkt das Denken?

Auf der physischen Ebene geschehen natürliche Bewegungen der Materie, die manche dazu bewogen haben zu glauben, es gäbe keine Ursache, die Naturkräfte würden alles kontrollieren. In diesem Glauben steckt ein Körnchen Wahrheit. Jede Aktivität der Materie kann andere Materie zu Bewegung veranlassen, wie bei den Erscheinungen des Wetters. Analog verhält es sich in der Welt der Gedanken. Jeder Gedanke eines

Menschen hat Auswirkung auf viele andere Gedanken und kann mentale Phänomene hervorbringen. Gleichzeitig gilt: so, wie die physische Sonne, die das physische Licht verkörpert, der wichtigste Faktor der physischen Welt ist, so hat die Sonne der Intelligenz, die reines Denken verkörpert, eine größere Auswirkung auf die Welt der Gedanken als alles andere.

In der Welt der Gedanken gibt es alle Arten von Wolken. Sie werden vom Selbst hervorgebracht im Widerstreit zur Sonne der Intelligenz. Deshalb können wir die höheren Sphären nicht in Glückseligkeit betreten, bis diese Wolken wegbewegt sind. Doch dieses Beiseiteschaffen, dieses Auslöschen des Selbst, bringt uns automatisch in die Gegenwart Gottes, unabhängig von Zeit, Raum, Ebene oder Zustand.

8. APRIL

Wie das Sonnenlicht der Pflanze zu wachsen hilft,
so hilft der göttliche Geist der Seele vollkommen zu werden.

Licht hat drei Aspekte, welche die Erscheinung der Sonne in der physischen, der gedanklichen und der spirituellen Welt geformt haben. In der physischen Welt fördert die Sonne das Wachstum von Pflanzen, Tieren und Menschen. In der gedanklichen Welt bewirkt die Sonne, dass die intellektuelle Kraft der Tiere und Menschen zunimmt. In der spirituellen Welt erweckt die Sonne das Herz durch den Vorgang des Mitfühlens und Einstimmens. Dieses Prinzip ist auch beim Radio wirksam und überall, wo es sogenannte Mitschwingungen verschiedener Art gibt.

9. APRIL

Dinge sind wertvoll, wenn wir sie suchen;
erst dann erkennen wir ihren Wert.

Der wirkliche Wert liegt in der Suche, nicht in den Dingen. In der Geschichte von „Sir Launfall“ des Dichters Lowell ist der Gral eine Schale mit reinem fließendem Wasser. Er ist nicht magisch, aber die Suche und das Leiden führen zum Erwachen. Tatsächlich hat kein Ding großen spirituellen Wert. Aber wenn wir mit der Suche aufhören, nichts erreichen, nicht hinschauen oder uns bemühen wollen, hindert dies Gott daran, sich zu offenbaren und hält und davon ab, zu Gottes Quelle zurückzukehren.

10. APRIL

Wenn wir den Ozean anschauen, können wir nur den Teil sehen, der in unserem Blickfeld liegt. Ebenso ist es mit der Wahrheit.

Dennoch ist es möglich, durch selbstlose Konzentration eins mit dem Ozean zu werden, und es ist auch möglich, durch selbstlose Konzentration eins mit der Wahrheit zu werden. Wie viel Licht durch das Gedankengewebe dringt, hängt vom persönlichen Grad des Erwachens ab. Um das Licht zu vermehren, ist es nötig, die Persönlichkeit zu entwickeln. Dafür gibt es eine eindeutige spirituelle Methode, deren Hauptsache die Schulung des Herzens ist, die eigentlich ein Zuwachs an Lebenserfahrung ist. Je mehr wir vom Leben selbst in uns aufnehmen können, desto mehr können wir die Wahrheit schätzen. Und wenn wir die Stufe erreichen, auf der wir uns im Einklang mit dem ganzen Strom des Lebens fühlen, sind wir nicht mehr weit vom Ziel entfernt.

11. APRIL

Es kommt nicht darauf an, wie wir der Gottheit, die wir anbeten, Achtung und Verehrung erweisen; es kommt nur auf unsere Aufrichtigkeit dabei an.

Dies ist wahr, da Achtung und Verehrung durch den Grad der Aufrichtigkeit und Selbstlosigkeit bestimmt werden und nicht durch äußerliches Tun. Wir sehen dies in der Geschichte von der Witwe und dem Scherflein. Christus sagt, dass sie Gott am meisten gegeben hat, weil sie sich selbst gegeben hat und nicht einen Zehnten berechnet hat. So finden wir viele Arten des Gebets und viele Gottesdienstformen und diverse Namen und Formen vor, aber hauptsächlich, damit die Menschen es bequem haben. Um Gottes willen brauchen wir Aufrichtigkeit, das heißt das Gebet des Herzens, welches das wahre und vollständige Gebet ist.

12. APRIL

Das Gottesideal ist eine Brücke, die das begrenzte Leben mit dem unbegrenzten verbindet. Wer über diese Brücke geht, gelangt sicher vom begrenzten zum unbegrenzten Leben.

Die meisten Wörter bezeichnen das, was der Verstand vom begrenzten, endlichen Teil des Daseins erfasst hat. Aber dieser begrenzte Teil ist nicht die Wirklichkeit, er ist ein Schatten oder eine äußerliche Farbe und hängt von unserem eigenen Zustand ab und nicht von dem wahrgenommenen Ding, Zustand oder Prinzip. Wenn der Verstand erkennt, dass sein Gesichtskreis begrenzt ist, und herausfindet, dass der größere Teil des Lebens intellektuell nicht verstanden werden kann, benutzt er vielleicht das Wort Gott oder ein ähnliches Wort, um das *Pleroma* zu beschreiben – die alles umfassende lebendige Fülle, von der die Unwissenden fühlen, dass es sie gibt, und die Weisen wissen, dass es sie gibt. Dieses Gottesgefühl, das die großartigste Intuition ist, hilft uns durch den Glauben außerordentlich bei der Verwirklichung.

13. APRIL

Wer verstehen will, wird verstehen.

Hier geht es um den Willen, der den Verstand führt. Der Wille, der von der Seele ausströmt, möchte sich mit Gott vereinen. Das Denken möchte den Willen der Vielfalt zuwenden. Dies führt zu Kampf zwischen Frieden und Einheit auf der einen und Berauschtheit und Vielfalt auf der anderen Seite. Verstehen entsteht aus dem Erfassen der Einheit, was möglich wird, wenn wir die Selbstheit beiseitelegen und das Unterscheidungsvermögen zur Ruhe bringen.

14. APRIL

Wir sind das Bild des Widerscheins unserer Vorstellung.
Wir sind so groß oder so klein, wie wir glauben zu sein.

Solange sich unsere Gedanken um unsere Vorstellung eines begrenzten Selbst drehen, sind wir durch die Kraft der Gedanken begrenzt. Wenn wir zur Fülle des Lebens in der kosmischen Einheit aufbrechen und erkennen, dass allein Gott existiert und das wahre Selbst ist, sind wir nicht länger begrenzt. Und was hat uns begrenzt? Nichts als unsere eigenen Gedanken. So wie das Denken alles Wissen von der Materie erlangen kann, so kann der Geist alles Wissen vom Denken erreichen und so kann Gottes-Verwirklichung alles Wissen vom Geist geben.

15. APRIL

Die großen Lehrer der Menschheit werden zu Strömen der Liebe.

Historisch betrachtet ist das so, weil es Millionen von Menschen gibt, die den Botschaftern Gottes ihre Hochachtung erweisen, welchen Namen sie auch immer trugen und welche Form ihre Botschaft hatte. Von einer höheren Warte aus gesehen, können sie als Führer der Menschheit erkannt werden, die nicht mehr durch ihre körperlichen Formen begrenzt sind. Dadurch sind sie in der Lage, ihren Anhängern bei ihrem Streben nach vollständigerem Erkennen und größerer Hingabe an das Eine beizustehen, das sich jenseits von Begrenzung, Name und Form befindet. Schließlich, wenn wir in der wahren Fülle des Geistes mehr mit ihnen in Kontakt kommen, entdecken wir, dass sie genau diese Ströme der Liebe sind.

16. APRIL

"Gott ist Liebe" – drei Worte, die dem Denker,
der die Tiefen des Lebensgeheimnisses zu ergründen sucht,
einen unendlichen Bereich eröffnen.

Hier haben wir drei Begriffe, von denen der Verstand zwei teilweise erfassen kann, und den dritten – obwohl der Verstand ihm einen Namen gibt – gar nicht zu fassen vermag. Dies ist „Gott", über den in der Form, die von den Sufis *Zat* [göttliche Essenz] genannt wird, keine Aussage gemacht werden kann. Aber in Bezug auf Leben und Liebe kann über Gott etwas gesagt werden.

Wenn also „ist" gesagt wird, heißt das, dass Gott und Leben identisch sind. Allah ist Essenz, Allah ist ewiges Sein und folglich „ist" Gott. Gott ist und niemand sonst ist; Gott ist und nichts sonst ist. Nur Gott ist und es gibt nichts anderes. Aber was ist Gott? Was ist die Natur des Lebens? Es ist Liebe. Wenn es nicht Liebe wäre, dann könnte sich nichts an etwas festhalten – weder eine Zelle an einer Zelle im Physischen, noch ein Gedanke an einem Gedanken im Gedanklichen und auch kein Herz an einem Herzen im Spirituellen. Ohne Liebe würde nichts an irgendetwas haften bleiben und es würde nichts geben, was wir wissen könnten. Alles wäre Chaos. Dies bedarf intensiver Meditation.

17. APRIL

Die Oberfläche des Meeres bringt Wellen und tosende Brecher hervor. Die Tiefe ist still.

Die Oberfläche ist der physische Zustand, es gibt aber Ähnlichkeiten zwischen dem Physischen und dem Gedanklichen. Sprache arbeitet mit Wellen, die sich durch den Ozean der Luft bewegen und durch diese Schallwellen sind wir in der Lage, einen anderen teilweise zu verstehen. Aber Worte und Sprache wären nicht möglich, wenn es nicht eine Vereinbarung gäbe, diese Wortsymbole als Ausdruck von Gedanken entgegenzunehmen. Also teilt sich ein Gedanke durch Wellen mit, ob als Klang im Physischen oder als Welle, die wir telepathisch nennen können, im Gedanklichen.

Diese beiden Arten von Wellen rühren jedoch vom Unterscheidungsvermögen her. Was sie zu sagen haben, sagen sie nicht durch und in Grundsätzen, sondern durch und in Unterschieden. Alle diese Schwingungen sind Störungen des Mediums, durch das sie sich bewegen, und jede Störung verhält sich gemäß dem karmischen Gesetz. So ist alles Denken, wie auch alles Sprechen und alles Tun, das nicht in göttlicher Harmonie beginnt, geprägt von Kampf, Krankheit, Missklang und Störung.

18. APRIL

Unser Erfolg oder Misserfolg hängt davon ab, ob sich unser eigener Wille in Harmonie oder Disharmonie mit dem göttlichen Willen befindet.

Alles Denken, Sprechen und Handeln, das nicht göttlich ist, verursacht in seiner Tätigkeit Unruhe. Deshalb scheint Zurückhaltung im Denken, Sprechen und Handeln notwendig, um Ruhe und Frieden für uns selbst und das Universum herzustellen. Aber dies ist die Ruhe des Schlafes, nicht der Aktivität, und nähert sich vom Grundsatz her dem Tod an und nicht dem Leben. Die große Suche will die Ruhe in der Handlung, den Frieden im Ausdruck und den harmonischen Grundsatz in allem Tun finden.

Dies erlangen wir durch unsere Einheit mit Gott und ist seinerseits das natürliche Ergebnis von spirituellen Übungen, speziell *Fikr*. Es lässt Handlung zu, erlaubt dem Leben, die Oberfläche zu berühren und sogar die dichte Erde zu vergeistigen. Sobald der menschliche Wille den göttlichen Willen berührt, findet der göttliche Wille sofort durch das menschliche Wesen Ausdruck. Zu diesem Zweck wurde die Menschheit erschaffen, um auf der Erde zu erscheinen.

19. APRIL

Die Welle erkennt: „Ich bin das Meer",
und indem sie in das Meer zurückfällt, fällt sie vor Gott nieder.

Dies ist das *Nirvana* der Welle. Und alle Schwingungen haben ihr *Nirvana*, wenn sie sich wieder mit ihrem Ursprung vereinen. Alles, was einen Namen hat, findet sein Nirvana, wenn es wieder mit seinem Ursprung vereint ist – den wir angemessen nur als das Namenlose bezeichnen können, obwohl die Menschen ihn gerne Gott, Allah, Brahma und noch anders genannt haben. Das ist in Ordnung, solange wir die Wirklichkeit nicht mit der Vorstellung verwechseln.

20. APRIL

Das Geheimnis des Glücks liegt unter der Decke
spirituellen Wissens verborgen.

Was ist spirituelles Wissen? Es ist das Wissen um die Einheit, das heißt das Wissen, das höhere Prinzipien begreift, jenseits der Aufteilung in Aspekte, Eigenschaften und Merkmale. Dieses Wissen ist nicht getrennt von Prinzipien oder Realitäten, weil es nicht zu dir kommt, ohne dass du zu dem wirst, was du wissen willst. Mit anderen Worten: es bedarf der Einheit zwischen dem Suchenden und dem Gesuchten, und allein die Liebe vermag diese Einheit zu erreichen. Deshalb sind spirituelles Wissen und Liebe ein und dasselbe. Liebe ohne Wissen und Wissen ohne Liebe werden niemals Glück bringen, weil beide für sich unvollständig sind. Solange die Seele nicht vollständig zufrieden ist, wohnt kein beständiges Glück in ihr.

21. APRIL

Die Seele wird zuerst in das falsche Selbst geboren und ist blind. Im wahren Selbst öffnet sie ihre Augen.

Dies ist so, weil die Seele auf ihrem Weg in die Inkarnation von den Wundern der begrenzten Welten berauscht und verführt wird. Dann identifiziert sie sich in ihrem Traum mit dem, was sie träumt, und weiß nicht, dass sie träumt, bis sie aufwacht. Jede spirituelle Übung entwickelt dieses Aufwachen weiter und es tritt schließlich ein, wenn die Seele erkennt, dass das falsche Ego das Produkt der Gedanken und nicht ihr Urheber ist.

22. APRIL

Zu lernen, wie man leben soll, ist wichtiger als übersinnliche oder okkulte Studien.

Transzendentales Wissen, gebunden an das begrenzte Universum, unterliegt der Begrenzung. Wissen über den übersinnlichen Bereich mag uns über die Erde erheben, doch es bringt uns nicht zu Gott. Das Wissen über Verstand, Psyche und Körper mag grenzenlos erscheinen, doch es ist nichts verglichen mit dem Wissen, das diese Bereiche übersteigt. Auch das Herz – das Herz für sich allein, sogar wenn es vom reinen Strom des Lebens abgetrennt ist – vermag etwas zu geben, das dem Verstandesmenschen unbegrenzt erscheint. Doch selbst das ist nichts verglichen mit dem Verständnis des Lebens selbst, das wir durch das Selbstopfer gewinnen können, durch die Vereinigung mit der Quelle aller Dinge und Gedanken.

23. APRIL

Wissen ohne Liebe ist leblos.

Dieses leblose Wissen ist das Wissen der unteren Welten, die dem Tod unterliegen. Denn jedes Mal, wenn wir es vergessen, ist das der Tod dieses falschen Wissens. Und jedes Mal, wenn wir teilnahmslos werden, verliert etwas von diesem Ego-geprägten Wissen sein falsches, urwüchsiges Leben. Wenn wir diese urwüchsigen Gedanken beherrschen, wenn wir erkennen, dass wir Prinzipien nur durch das Einswerden mit diesen Prinzipien verstehen können und dass Einswerden nichts als Liebe bedeutet, erkennen wir die wirkliche Beziehung zwischen Kopf und Herz und den wirklichen Vorgang des höchsten Lernens und der höchsten Weisheit.

24. APRIL

Mystiker streben danach, nahe bei der Idee der Einheit zu bleiben und herauszufinden, wo wir uns vereinen.

Tatsächlich ist es die Absicht der Mystiker, immer nahe bei der Idee der Einheit zu bleiben. Dies ist möglich durch das ständige Konzentrieren auf die Worte: „Dem Einen entgegen". Wenn diese Übung auf den Atem ausgeführt wird, wird sie *Darud* genannt. Dies ist das wirkliche Tor zu Liebe und Einheit. Wenn du so weitermachst, wirst du schließlich spüren, wie die Gedanken auf unbeschreibliche Weise mit dem Selbst in Einklang kommen. Dann bringen dich die Intuitionen weiter ins Leben und das Vertrauen in diese Intuitionen bringt dich noch weiter. Jedes Mal, wenn der Atem aus der Harmonie gerät, kommt Schwäche auf, und wenn er harmonisch fließt, ist Stärke da. Dies ist das Zeichen des Lebens selbst.

Und wo ist diese Einheit? Sie ist im Strom des Herzens. Sie ist das Leben der Liebe und befindet sich jenseits der Sphäre des Denkens. Je mehr Leben des Herzens, desto mehr Leben der Liebe und desto mehr Einheit.

25. APRIL

Schlaf ist angenehm, aber Erwachen ist interessant.

Das stimmt für den Körper. Es stimmt auch für das Denken, das müde wird, aber manchmal, wenn wir zu Bett gehen, weiter von Gedanken verlockt wird. Es stimmt auch für das Herz, das seinen Frieden und seine Freude darin findet, jemanden zu lieben – sei es einen Menschen oder Gott –, und doch so viele Interessen beibehält, dass es möglicherweise den Glauben daran verliert. Der Glaubensverlust geht oft mit menschlicher Fürsorglichkeit einher, doch diese, obwohl gut gemeint, ist nicht auf Prinzipien gegründet und mag deshalb in Sentimentalität ausarten.

Schließlich schläft und erwacht die Seele selbst, aber ihr wahrer Zustand befindet sich dort, wo beides vereint ist. In dieser Welt schläft die Seele, mit Ausnahme von kurzen Momenten des Aufblitzens. Im inneren Leben vermehrt sich dieses Aufblitzen und schließlich ist das Erwachen da. Dieser ständige Wechsel von Schlafen und Aufwachen, von Zusammenziehen und Ausdehnen oder Nähe und Ferne, gehört zu denen, die auf dem Weg zu Gott sind, nicht zu denen, die bereits angekommen sind.

26. APRIL

Jeder Augenblick hat seine besondere Botschaft.

Dies ist so, weil Gedanken da sind, die wir ergreifen oder vorbeiziehen lassen können, weil der Atem etwas vom Himmel mitbringt, das wir aufnehmen oder sein lassen können, weil der Geist der Führung immer im Herzen gegenwärtig ist. Deshalb betet der Sufi: „Zieh uns näher zu Dir in jedem Augenblick unseres Lebens, bis in uns sich widerspiegelt Deine Gnade, Deine Herrlichkeit, Deine Weisheit, Deine Freude und Dein Friede."

27. APRIL

Gott zur Wirklichkeit werden zu lassen,
ist der wahre Zweck der Gottesverehrung.

Und wie machen wir das? Indem wir aufhören, als abgetrennte Persönlichkeit zu handeln, zu denken, zu sprechen oder zu fühlen. Einheit tun, Einheit denken, Einheit sprechen, Einheit fühlen und Einheit als Liebe verstehen – das ist ein Teil davon, Gott zur Wirklichkeit zu machen. Der andere Teil besteht darin, die Unechtheit all dessen zu erkennen, was von der begrenzten Persönlichkeit herrührt. Diese beiden Antworten zusammen verhelfen dir zu einer großartigen Entdeckung. Und was ist diese großartige Entdeckung? Dass es nichts zu entdecken gibt; dass das, was sich gesucht hat, genau das ist, was gefunden wird.

28. APRIL

Jede Leidenschaft, jede Gefühlsregung hat eine Auswirkung
auf das Denken, und jede Änderung des Denkens,
wie gering auch immer, hat eine Auswirkung auf den Körper.

Leidenschaften und Gefühle stammen aus zwei Quellen – dem Atem und dem Ego. Der Atem ist wie eine Mutter, denn wenn der Atem vergeistigt ist, kann dort kein Gefühl sein – es sei denn, wir sehen Gleichmut als Gefühl an. Aber je nach den vorherrschenden Elementen im Atem und je nach dem Zustand des Denkens und Fühlens sind Gefühle da. Wer nicht an das Selbst denkt, kennt diese Leidenschaften und Gefühle nicht, da sie einzig und allein aus dem Versuch des *Nafs* entspringen, „etwas oder jemand zu sein".

Jedes Gefühl hat seinen Sitz in einem Organ des Körpers, und unter seinem Druck wird entweder Flüssigkeit dieses Organs in das Blut befördert oder Blut dringt in das Organ ein. So wird der natürliche Rhythmus beeinträchtigt und der Körper leidet entsprechend. Aber das Denken leidet auch, da jede Aktivität eines Organs die Nerven schwächt. Die Gedankenkraft wird dorthin gerichtet und so wird das Denken als Ganzes beeinträchtigt und vielleicht verhindert.

Ebenso nimmt jeder Gedanke dadurch, dass er Nervenenergie und Gedankenkräfte verbraucht, mehr Blut anzieht und die Willenskraft lenkt, logischerweise die Kräfte von anderen Teilen des Körpers und des Denkens weg. Folglich sind bei tiefem Nachdenken körperliche Übungen nicht gut möglich, und bei sportlichen Übungen sind wir im Allgemeinen auch nicht in der Lage, gleichzeitig intellektuelle Aufgaben zu lösen.

29. APRIL

Wenn Seelen sich begegnen, welche Wahrheit können sie austauschen?
Der Austausch geschieht in Stille,
doch er erreicht immer und sicher sein Ziel.

Wenn Seelen sich begegnen, geschieht das nicht über Sprache, denn zu sprechen bedeutet, dass Gedanken sich begegnen. Aber die Essenz aller Seelen ist eins und deshalb ist die Begegnung der Seelen die Vereinigung der Seelen. Diese Vereinigung kann nicht verstanden oder erklärt werden. Sie ist ein Prozess, bei dem Vielfalt zur Einheit wird, in welcher es keine Unterschiede und Abgrenzungen gibt, kein „Ich" und „Du". Es ist ein Überwinden aller Umstände, die Vielheit erzeugen. Wenn Seelen sich begegnen, sind dort keine Seelen, vielmehr ist Gott da und nur Gott.

30. APRIL

Alles, was wir erlangen – ob materiell, spirituell, moralisch
oder mystisch –, ist das Ergebnis unseres eigenen Charakters.

Entweder kommt der Ertrag durch die Wirkung des karmischen Gesetzes, wonach wir aufgrund unserer Veranlagung etwas anziehen oder abstoßen. Oder er kommt durch die Gnade Gottes, die – obwohl immer gegenwärtig – nicht entgegengenommen wird, bis das Selbst zur Seite gelegt ist. Dies bedeutet, den Charakter mit Duft zu erfüllen.

MAI

Du kannst alle guten Dinge haben – Reichtum, Freunde, Freundlichkeit, Liebe geben und Liebe empfangen –, wenn du gelernt hast, dich nicht von ihnen blenden zu lassen; wenn du gelernt hast, Enttäuschungen zu entgehen und einzusehen, dass die Dinge nicht so sind, wie du sie haben möchtest.

Zu Beginn gilt es, unsere Vorstellung von „guten Dingen" zu ändern; aber nicht, um etwas Wertvolles zu entfernen, sondern vielmehr, um viele Dinge einzubeziehen, die wir nicht wertvoll nennen. Was uns wertvoll ist, muss einigen Wert besitzen, sonst würden wir es nicht schätzen. Das Streben nach Reichtum ist nicht verkehrt an sich, aber es wird verkehrt, wenn es an die Stelle höherer Ideale tritt. Das Streben nach Idealen ist ein allumfassendes Streben, das die Nahrung für Körper, Herz und Seele nicht vernachlässigt.

Zuerst geht es darum, in den Begriff Reichtum nicht nur materielle Güter einzubeziehen, sondern auch intellektuelle Gaben und die Schätze des Geistes. Außerdem ist es wichtig, diese Dinge zu besitzen und nicht von ihnen besessen zu sein. Solange wir nach ihnen streben, werden wir von ihnen besessen sein. Wenn wir auf unserer Suche nach dem Höchsten die zeitweilige Verfügung über Sachen bekommen, dann heißt das nicht, dass wir sie besitzen, sondern Gott besitzt sie.

So ist es auch mit Freunden. Um Freunde zu haben, müssen wir die höchste Freundschaft verstehen, und dies ist nur mit der Gotteserkenntnis möglich. Andernfalls wären unsere sogenannten Freunde wie ein Besitz, den wir in unser Besitzdenken einbeziehen wollen, bis wir schließlich selbst von diesem Gedanken besessen sind. Dasselbe gilt für die Freundlichkeit, die Fähigkeit, mit der wir Freunde gewinnen und behalten. Geheuchelte Freundlichkeit ist unecht, doch Freundlichkeit, die natürlich aus dem Herzen hervorbricht, ist wahr.

Diese richtige Haltung im Leben erweist sich erst recht als wahr, wenn wir Liebe von verschiedenen Standpunkten aus betrachten. Wir können nicht alle lieben, es sei denn, die spirituelle Liebe Gottes ist in unserem Herzen. Wir können zwar das Wort „Liebe" verwenden und einen Anspruch erheben, aber darin wird kein Leben sein. Und wir werden im Testfall versagen, denn es wird sich um das *Nafs* drehen. Der Gebrauch des Wortes „Liebe" ist etwas ganz anderes als die Liebe selbst.

Deshalb stellt sich die Frage, ob wir von unseren Wünschen oder

Idealen geblendet sind – oder ob wir sie unter Kontrolle haben. Wenn wir sie kontrollieren, kann uns nichts hoch emporheben oder tief enttäuschen. Beides sind Formen der Berauschung – die Berauschung an Idealen durch Licht und die Berauschung an Wünschen durch Dunkelheit. Bisweilen mag die Dunkelheit dem Licht sogar vorzuziehen sein, da das Licht manchmal so stark blendet, dass wir die Sehfähigkeit von Herz und Seele nicht so leicht wiedererlangen können.

Schließlich müssen wir in Betracht ziehen, dass der Zustand der Dinge das Ergebnis sämtlicher Gedanken aller Wesen ist. Wir können die Gedanken anderer nicht kontrollieren. Vielleicht können wir sie teilweise beeinflussen, doch Gott hat allen Menschen Willenskraft gegeben. Daraus bilden sich Gedanken und durch diese Gedanken werden die materiellen Angelegenheiten der Welt festgelegt.

Die Konsequenz daraus, dass jeder Einzelmensch nur einer von Milliarden ist, die alle mit ihren Gedanken und ihrem Karma auf die Welt einwirken, ist gewaltig; doch der Einfluss der Vergangenheit ist sogar noch größer. Nicht nur unsere Verehrung für Menschen aus der Vergangenheit, sondern auch Verfassungen, Verträge und Vereinbarungen aller Art binden uns. Es sollte deshalb offensichtlich sein, dass unser kleines individuelles Wollen in diesem Strudel wie nichts ist. Wenn wir die Absichten der Pflanzen, Tiere und Steine, der Planeten und interplanetaren Kräfte und der unergründeten Aktivitäten im Unsichtbaren noch hinzu nehmen, dann erscheint sogar die ganze Menschheit ziemlich klein im Vergleich zum Universum.

Dies sollte uns wahre Demut lehren. Es sollte uns auch Verzicht lehren – doch es gibt einen richtigen und einen falschen Verzicht. Der falsche ist Fatalismus. Der richtige Verzicht besteht darin, nicht an irgendwelche Beschränkungen gebunden zu sein, sondern die Freiheit zu suchen durch das Entdecken des freien Laufs für den Geist jenseits der materiellen und gedanklichen Fesseln. Dies allein schon wird der Welt mehr als alles andere helfen. Auf diese Weise können wir ein *Bodhisattva* oder *Nabi* werden.

2. MAI

Die Wahrheit braucht nicht verhüllt zu werden,
denn sie verhüllt sich selbst vor den Augen der Unwissenden.

Die Augen der Unwissenden sind verhüllt, weil sie auf die dichte Erde und die groben Schwingungen des Universums gerichtet sind. Folglich können sie die feineren Teilchen und Schwingungen nicht erkennen, für die sie aus Gewohnheit blind sind. Genauso ist ein Höhlenbewohner anfangs nicht in der Lage, Gegenstände im Licht auseinanderzuhalten, und auch ein Baby braucht eine Weile, um die Gegenstände der Erde deutlich wahrzunehmen.

3. MAI

Wir sollten nicht zulassen, dass andere unseren Verstand als Mittel benutzen. Wer seinen Verstand nicht selbst leitet, dem fehlt es an Meisterschaft.

Dies hat vier Aspekte, von denen drei den drei *Gunas* der Hindus entsprechen, und der vierte der diabolische Zustand ist, in welchem jemand den Verstand eines anderen kontrolliert und benutzt. Dies ist möglich durch Hypnose, schwarze Magie und andere Praktiken.

Einige Menschen werden unwissentlich und unabsichtlich von anderen kontrolliert. Wenn es aus Liebe geschieht, macht das nicht viel, aber wenn nicht, hat das schreckliche Folgen. Die Sufis können durch spirituelle Atemkontrolle nicht nur ihren eigenen Verstand und ihr eigenes Gemüt schützen, sondern auch über den Verstand und das Herz anderer wachen. Diejenigen, die der spirituellen Hierarchie in höherer Funktion dienen, können auf diese Weise sogar große Gebiete beschützen.

Diejenigen, die emotionaler Kontrolle unterworfen sind und in der Masse durch andere gelenkt werden, können als von *Tamas* bestimmt gesehen werden. Sie sind blind und unwissend. Die von *Rajas* Bestimmten entgehen der Kontrolle durch andere, aber ihr Wille ist vom Verstand geleitet und ihr wahres Selbst deshalb nicht frei. Diese Freiheit haben nur die von *Sattva* Bestimmten, deren innerer Geist die Führung hat. Dies bedeutet nicht, dass das Denken aufhört, sondern dass es gemeistert wird, so dass die Person das Denken entweder unterlassen oder daran festhalten könnte, genauso wie sie essen und trinken kann oder auch nicht. Das wirkliche spirituelle Fasten besteht darin, auf das Denken zu verzichten durch Konzentration auf Gott. Dies wird ehrfurchtsvolle Kontemplation genannt – *Mushahida*.

4. MAI

Ruhe ist für den Verstand genauso nötig wie für den Körper, und doch halten wir den Verstand ständig in Aktivität.

Dies ist der hartnäckigste Fehler des Lebens und kein Fehler ist so groß wie dieser. Er ist die Quelle aller Sünden. Und was ist Sünde? Es ist die mangelnde Aufmerksamkeit für Gott. Wenn wir die Gebote Moses und die spirituellen Gebote anderer Religionen studieren, werden wir entdecken, dass im Mittelpunkt aller Religionen die Anbetung oder Liebe für dieses Wesen jenseits alles begrenzten Seins ist. Nur in der Sphäre der Begrenzung existieren Fehler, Betrug, Achtlosigkeit und Sünde.

Wie können wir dann der Sünde entkommen? Dadurch, dass wir uns über diese Begrenzung erheben und aufhören, den Verstand in ständiger Bewegung zu halten. Wenn der Körper zu viel Essen aufgenommen hat, wird das Blut zum Magen und zu den Verdauungsdrüsen gezogen, und der Rest des Systems wird kurz gehalten. Dies ist eine Form von Ausbeutung. Dies gilt umso mehr, wenn das Denken übermäßig aktiv ist, sei es als Erinnerung, als direktes Denken oder als Vorstellung. Dann wird das Blut zum Gehirn gezogen und der Rest des Systems wird benachteiligt für den scheinbaren Nutzen des Denkens. Doch dieser Nutzen des Denkens existiert gar nicht. Du kannst zwar ein wunderschönes Dach auf ein Haus mit einem schlechten Fundament bauen, aber das ist ein vergebliches und kostspieliges Unternehmen, denn es ist total sinnlos. Früher oder später wird das Haus zusammenbrechen und das schöne Dach wird nur die Eitelkeit beweisen.

Der Verstand sollte aber ein Hilfsmittel sein, das Aufträge ausführt, aber nicht eigenständig handelt. Wenn wir ihn als Diener behandeln, kann er höchste Leistungen erbringen. Dafür helfen uns die Übungen der Meditation und Konzentration, und kein Verstand kann so leistungsfähig sein wie einer, der spirituelle Beherrschung gelernt hat.

5. MAI

Jene haben der Menschheit die tiefsten Gedanken geschenkt, die die Aktivität ihres Verstandes beherrschen.

Genauso wie die ständige Aufmerksamkeit auf den Körper unser Interesse vom Leben im Allgemeinen weg und zu uns selbst im Besonderen hin zieht, so zieht die ständige Aufmerksamkeit auf den Verstand uns hin zu unseren Gedanken und weg von der Welt. Aber da dieser Umstand noch subtiler ist, können wir nicht erkennen, dass wir dadurch in einer selbst geschaffenen Welt leben. Wir senden Schwingungen aus und messen ihnen einen Wert zu – aber es ist kein echter Wert, denn er stammt von genau diesen Schwingungen.

Nichts hat irgendeinen Wert, außer durch ein universelles Richtmaß. Deshalb suchen die Weisen nach diesem universellen Maßstab und finden heraus, dass er nur entdeckt wird, wenn die eigenen Gedanken beiseite gelegt und durch den Vergleich mit den Gedanken anderer und den Schwingungen des Universums im Allgemeinen ausgemessen werden. Um dies zu tun, erwies es sich als notwendig, zuerst alle Aktivitäten des Verstandes zu beherrschen, dann festzulegen, welche Aktivitäten wertvoll und wichtig sind und schließlich jede Tätigkeit des Verstandes auf diesen Zweck zu richten und ihm nützlich zu sein. Dies bedeutet, den Verstand in den Dienst zu nehmen und dem Verstand nicht zu erlauben, fälschlicherweise das Selbst in den Dienst zu nehmen.

6. MAI

Die wirkliche Einheit ist weit größer als die Einheit in der Vielfalt.

Diese Einheit ist die denkbar größte Leistung. Um genau zu sein, ist es höchst schwierig, die Einheit in der Vielfalt zu finden. Es gibt Geräusche von Insekten, die das menschliche Ohr nicht hören kann. Es gibt viele Schwingungen von Licht und Energie, die für unsere Augen und Ohren nicht wahrnehmbar sind, weil sie so fein sind und fortwährend neue entdeckt werden. Dies zeigt, dass, obwohl es eine Einheit in der Vielfalt geben mag, sie nicht immer zu fassen ist, selbst wenn wir sie sehr schätzen.

Sobald die Gedanken beruhigt sind, können wir die wirklichen kosmischen Schwingungen bemerken, die durch das menschliche Herz fließen und auch den Blutkreislauf berühren. Wenn vom Blut die Rede ist – in der Bibel, den Upanischaden und dem Koran –, hat das immer einen tieferen Sinn. Denn Herz und Blut halten den Körper als Einheit zusammen; und die Liebe Gottes hält das Universum als Einheit zusammen, andernfalls wäre es ein Chaos. Es heißt sogar, wenn *Parabrahm* [Gott der Götter, jenseits von Brahm] aufhört zu atmen, wird das Universum zerstört. Das bedeutet, die Abwesenheit Gottes bringt Zerstörung – eine Wahrheit, die gleichermaßen für das Universum, für uns selbst und für unsere Gedanken und Gefühle gilt.

Das Leben nach dem Tod gleicht einem Grammofon und der menschliche Geist bringt die Schallplatten mit. Wenn sie rau sind, bringt das Gerät schrille Töne hervor; wenn sie schön sind, spielt es schöne Lieder. Es wird genau das wiedergeben, was die Menschen in diesem Leben erfahren haben.

Dem Verstand wird im irdischen Leben ganz viel Aufmerksamkeit geschenkt und folglich zieht er alle lebendige Energie auf sich. Dies allein schon beschleunigt das Auflösen des physischen Körpers und lässt auch das mögliche Leben in der mentalen Sphäre, in *Malakut*, wachsen. Jahrelange Gewohnheiten erzeugen zwischen den Atomen des Körpers Eigenheiten, die von viel längerer Dauer sind als der Körper selbst. Die Gedanken einiger Menschen sind so stark, dass es ewig dauert, sie auf die Harmonie des Universums einzustellen.

Der Zustand, der nach der Auflösung des physischen Körpers eintritt, unterscheidet sich vom irdischen Zustand nur darin, dass dort der grobstoffliche Körper, der Aktivität und Fortschritt erschwert, nicht mehr vorhanden ist. Nach der Auflösung des physischen Körpers formen sich unsere Gedanken und Wünsche viel schneller, sie sind nachgiebiger. Dies macht es möglich, in viel kürzerer Zeit Ergebnisse zu erzielen, obwohl das Leben sehr, sehr viel länger ist. Dadurch werden Himmel oder Hölle geformt – nicht neu geschaffen, sondern aus der Sphäre heraus geformt.

Dies erweckt den Anschein, dass wir Willenskraft haben, sogar gewaltige Willenskraft; doch das stimmt nicht. Wahr ist aber, dass das Konzentrieren auf einen Wunsch immer die Schwingungen der Gedanken beeinflusst. Während wir auf der Erde sind, können wir das wegen der Schwere der Erde nicht erkennen. In der mentalen Sphäre erkennen wir es und können es scheinbar kontrollieren. Es ist jedoch nichts anderes als das Wirken eines Gesetzes. In jener Sphäre können wir das Gesetz direkt erkennen, wohingegen es hier in dieser Sphäre hinter der groben Materie verborgen ist, ebenfalls wirksam, aber sehr viel langsamer.

8. MAI

Wer auf seine Augen angewiesen ist, um zu sehen,
auf seine Ohren, um zu hören und auf seinen Mund,
um zu sprechen, ist noch nicht lebendig.

Die Natur der Nerven ist ganz wunderbar, da jeder Nerv ein Leiter von Gedankenenergie ist, was ihm Macht über alle Arten von physischer Energie gibt. Das ist es, was das Auge sehen kann; aber wenn kein Schädel da wäre, dann wäre das ganze Gehirn Auge. Ebenso wäre das ganze Gehirn Ohr, da jeder Teil davon Töne wahrnehmen könnte (obwohl vielleicht nicht genau auf die gleiche Art, wie das spezialisierte Organ mit Namen Ohr es kann). In der Tat können Wahrnehmung und Verstand nicht voneinander getrennt werden, aber jede Wahrnehmung ist eine spezifische Tätigkeit des Verstandes. Trotzdem ist die Spezifizierung oder Spezialisierung ein Opfer des Verstandes für einen Zweck. Dieser besondere Zweck bringt dann den allgemeinen Zweck des Verstandes zur Geltung, der darin besteht, ein Vehikel des Lebens selbst zu sein.

Der Verstand sieht viel weiter als das Auge und hört viel mehr als das Ohr. Aus diesem Grund konnten Wissenschaften wie Astronomie und Geologie entstehen. Aber es gibt sogar eine noch höhere Tätigkeit des Verstandes, die erlaubt, in die Dinge hineinzusehen und mehr zu erkennen als das, was nur an der Oberfläche ist. Sie kann in die Dinge eindringen; denn was sind Dinge? Sie sind das Ergebnis des Zusammenspiels von Gedanken und Materie. Sie sind die Geschöpfe des Verstandes, und falls der Verstand nicht größer ist als seine eigenen Geschöpfe, verfehlt er seinen Zweck.

9. MAI

Wir verhüllen unseren Geist mit dem Körper
und stellen unser Licht unter den Scheffel.
Wir erlauben dem Geist nie, sich seiner selbst bewusst zu werden.

Das heißt, solange der Geist als „unser Geist", der Körper als „unser Körper" und das Licht als unser Besitz oder unsere Eigenschaft aufgefasst wird, verhindert der sich ständig wiederholende Gedanke des Selbst, dass der göttliche Geist – *der* Geist, nicht *unser* Geist – sich seiner selbst bewusst wird. Wir befürchten, dass wir am Ende sind, wenn wir diesen

Gedanken des Selbst loslassen. Ja, „wir" sind am Ende, doch dieses Ende ist die einzige Möglichkeit für den göttlichen Geist, sich durch uns zu offenbaren. Dies ist der Beginn des Lebens und nicht sein Ende.

10. MAI

Wenn wir uns ganz dem Gedanken an Gott widmen, ist alle Erleuchtung und Offenbarung unser.

Denn es ist der Gedanke an Gott, der den Gedanken an das Selbst auslöscht, wie das Licht, das in ein Zimmer fällt, die Dunkelheit beendet. Das Praktizieren von *Wazifa, Darud, Fikr, Zikr* und *Shagal* bringt die Offenbarung – nicht irgendeine philosophische Betrachtung darüber, sondern die tatsächliche Praxis. Dies kann nur durch die Erfahrung verstanden werden.

11. MAI

Die Verbindung mit Gott ist die beste Verbindung, die wahrer Spiritualismus uns lehren kann.

Die gewöhnliche Verbindung mit Geistern führt uns nicht über Namen und Formen hinaus. Sie mag uns vielleicht in der Zeit vorwärts bringen, aber sie bringt uns nicht jenseits der Zeit; sie mag uns vielleicht rückwärts im Raum führen, aber sie bringt uns nicht jenseits des Raums. Tatsächlich bindet sie uns sogar noch mehr an die bedingte Existenz. Außerdem trägt die Verbindung mit Geistern nicht zur Entwicklung der Persönlichkeit bei. Sie kann vielleicht etwas zu unserem Wissensschatz hinzufügen, aber dies ist „unser" Wissen, nicht göttliches Wissen, und es wird zu einer zusätzlichen Last für den Geist, der unter Trümmern begraben liegt, solange wir uns im Bereich der Endlichkeit aufhalten.

12. MAI

Der Mystiker sehnt sich nach dem, was Omar Khayyam Wein nennt – den Wein Christi: Wer davon trinkt, wird niemals mehr Durst leiden.

Dies ist die Liebe Gottes, die in *Djabrut* in Erscheinung tritt, d.h. in der Sphäre des Herzens. Sogar auf der irdischen Ebene fließt dieser Wein mit jedem Herzschlag. Er ist das, was uns hier lebendig hält, uns im Jenseits lebendig hält und uns ehemals vorwärts trieb auf unserem Weg in die Manifestation. Er ist das, wonach sich jede und jeder sehnt: reine Freude und Glück. Er ist das, was alle Wonnen des Paradieses ausmacht. Was ist dieser Wein? Er ist nichts anderes als Allah, in der Art, wie Er Sich Seinen Geschöpfen zeigt. Die Praxis des *Zikr* bringt ihn uns nahe, hier und jetzt. Jede Berauschung der Seele ist genau dieser Wein und er ist nicht mit irgendeinem menschlichen Vergnügen vergleichbar.

13. MAI

Unser begrenztes Selbst ist eine Mauer,
die uns vom göttlichen Selbst trennt.

Jede spirituelle Schulung und Disziplin hat allein den Zweck, von diesem begrenzten Gedanken des Selbst wegzukommen, sich über das Gedankengewebe zu erheben und frei von aller Begrenzung zu werden. Es ist unser eigener Gedanke des Selbst, der uns in der Begrenzung einsperrt. Wenn wir diesen beiseite legen, legen wir alle Lasten ab. Gib dir aber keine Mühe, das Denken an das Selbst einzustellen; denke an Gott und lass diesen Gedanken alle anderen Gedanken anlocken. Dies ist der Weg zur Befreiung.

14. MAI

Die Weisheit und Gerechtigkeit Gottes sind in uns, und doch sind sie weit weg, verborgen hinter dem Schleier des begrenzten Selbst.

Das heißt, wenn wir dieses „Ich“ beiseite legen, ist alles andere unser. Was auch immer wir nicht mehr als unseres betrachten, wird unseres; und etwas, das wir weiterhin unser eigen nennen, besitzen wir nicht, vielmehr besitzt der Gedanke daran uns.

15. MAI

Wer eine Belohnung erwartet, ist kleiner als die Belohnung.
Wer auf etwas verzichtet hat, ist darüber hinaus gewachsen.

Wir können nicht größer sein als unser Besitz. Wie Jesus Christus sagte: „Trachtet zuerst nach dem Reich Gottes und alles andere wird euch zufallen." Das heißt, hört auf, besondere Gedanken zu denken, hört auf, beschränkte Bindungen, Wünsche und Ideale zu haben. Gebt euer Herz dem All, und das All wird euch sein Herz offenbaren.

16. MAI

Die Armut dessen, der verzichtet hat, ist wahrer Reichtum, verglichen mit dem Reichtum dessen, der sich daran klammert.

Wahrer Reichtum, auch in materieller Hinsicht, wird am Gewinn gemessen, den jemand vom Leben erhält, das heißt, wenn die Mittel größer sind als die Schulden. Darin liegt eine große Wahrheit: Hat jemand viele Besitztümer, aber noch größere Schulden, ist er in Wirklichkeit arm, sowohl vom Standpunkt der Buchhaltung als auch der Metaphysik. Man kann vor einem weltlichen Gericht oder vor dem Gericht Gottes in Konkurs geraten.

Jene, die weltliche Dinge aufgegeben haben, gewinnen dadurch mentale Kontrolle über die Welt. Sie haben, was sie wünschen und brauchen, und was sie nicht wünschen oder brauchen, haben sie nicht. Wenn wir unsere Wünsche verkleinern, werden wir mit weniger genug haben, und wenn dieses Wenige uns alles gibt, was wir uns wünschen oder verlangen, sind wir reich. Dagegen ist der Besitzer von Reichtum, der sich über den Reichtum Gedanken machen muss, nicht der Eigentümer des Reichtums – er ist nur der Besitzer.

Ebenso verfügt jemand, der auf das Wissen der Welt verzichtet hat, über alles Wissen, denn das Herz kann bei allen in den Verstand blicken und aus der Sphäre alles nehmen, was es braucht. Dies gibt ihm jeglichen Reichtum: Reichtum an Wissen, Kultur, Schönheit, Macht und Besitz in der Welt von Namen und Form. All dies gehört denen, die zu Gott gehören.

17. MAI

Liebe zu Gott ist ein Weiten des Herzens, und alle Handlungen des Menschen, der Gott liebt, sind Tugenden; sie können gar nichts anderes sein.

Dass die Liebe zu Gott das Herz weitet, ist eine Wahrheit. Tatsächlich ist es ***die*** Wahrheit, denn ein Herz, das mit sich selbst zufrieden ist und keinen Anteil an anderen nimmt, ist kein Herz, es ist ein Stein. Wenn ein Herz sich weitet, hat es Mitempfinden mit allen Sphären, so dass seine Handlungen im Einklang mit dem Universum sind. Dies nannte der Buddha „rechte Tat", die aus dem Mitgefühl entspringt. Daraus gehen alle Tugenden hervor, denn sie stammen alle aus dem Mitgefühl und werden nur vom Verstand als verschiedene Tugenden betrachtet.

18. MAI

Gott ist das Ideal,
das die Menschheit zur höchsten Vollkommenheit erhebt.

Wenn wir die Ebenen in der Weise betrachten, dass sie übereinander angeordnet sind gemäß der Feinheit ihrer Schwingungen und ihrer Substanz, dann bedeutet das, dass die Anziehung zum Gottesideal uns in die Sphäre der feinsten Schwingungen führt. So gesehen, können wir das Höchste erreichen, indem wir die Überreste des Selbst abwerfen. Dies tritt ein, wenn wir uns bewusst und bereitwillig mit dem Ideal vereinen. Das ist der höchste Zustand, das ist *Nirvana.*

19. MAI

Wer einen Bekannten als Freund behandelt, ist klug,
und wer einen Freund als Bekannten behandelt, ist dumm.
Doch wer Freunde und Bekannte als Fremde behandelt,
ist unmöglich – dem ist nicht zu helfen.

Die höchste Idee von Freundschaft ist, dass Gott *der* Freund ist, nicht ein Freund, sondern *der* Freund. Anders gesagt, es gibt keine Freundschaft in irgendeiner Art von Getrenntheit, sondern nur im Sinne der Vereinigung, wie bei Liebenden. Eine falsche Sicht auf Freundschaft ist, mit dem unterscheidenden Verstand an sie zu denken und sie nur auf diese Weise zu betrachten. Dann entsteht keine wirkliche Verbindung, sondern nur die Verknüpfung von Egos *(Nafs)*; und obwohl darin zweifellos ein Körnchen Wahrheit enthalten ist – tatsächlich wird es eine Verbindung zwischen den beiden Herzen geben –, ist sie verdeckt durch die Vorstellung des Selbst.

Dies führt dazu, dass der Freund als ein „anderer" betrachtet wird, anstatt ihn als „ich selbst" anzusehen. Folglich gibt es eine Trennlinie durch diese Unterscheidung, die auf dem Einfluss des *Nafs* beruht, das die Herzensliebe dem Verstandesdenken unterwirft. Demzufolge ist der Freund kein Vertrauter, sondern ein Bekannter, selbst wenn eine Harmonie der Gefühle besteht.

Nach demselben Gesetz gilt: Wenn keine Harmonie der Gefühle besteht, würde man den Bekannten als einen Fremden ansehen und es gäbe kein Vertrauen, kein familiäres Verhältnis. Solch eine Person steht so sehr unter dem Einfluss des *Nafs*, dass nichts getan werden kann, bis das Wirken des Karma ein so starkes Leiden hervorbringt, dass sie aufzuwachen beginnt. Und was ist die Ursache dieses Leidens? Es ist das Durchbrechen einer Gewohnheit. Diese Gewohnheit hat eine Furche im Denken gebildet und nun, da diese Furche die Lebenskraft nicht mehr aufnehmen kann, wird durch die neue Erfahrung eine neue Furche gebildet – und dies verursacht Schmerz. Aber der wirkliche Schmerz ist die Trennung des Herzens von seinem Geliebten, der bei so einer Person sehr groß ist. Wenn also solch ein Mensch leidet, dann scheint der Schmerz größer zu sein als bei irgendeinem anderen.

20. MAI

Einsicht in das Leben ist die wahre Religion,
sie allein kann uns helfen, das Leben zu verstehen.

Religion ist nicht Glaube; Religion ist das, was uns mit Gott verbindet. Und was ist Leben? Leben ist ein Aspekt Gottes: Es ist der Aspekt, der es der Einheit ermöglicht, als Vielfalt in Erscheinung zu treten. Die Vielfalt entwickelt aus dem universellen Klang Harmonien, welche aus dem Stoff des Verstandes und dem Stoff der Materie schöne Formen gestalten.

Einsicht unterscheidet sich von Wahrnehmung dadurch, dass Wahrnehmung mit Vielfalt zu tun hat und Einsicht uns zur Einheit führt. Das Erfassen und Begreifen der Einheit führt zum Verstehen des Lebens. Dies geschieht im Herzen, nicht im Kopf.

21. MAI

Wer erkennt, dass das ganze Leben ein Geben und Nehmen sein muss, erkennt die spirituelle Wahrheit und das Wesen wahrer Demokratie. Erst wenn dieser Geist im Einzelnen entwickelt ist, kann die ganze Welt auf die höhere Stufe gehoben werden.

Dies ist eine Erkenntnis; und wie kann sie erlangt werden? Die spirituellen Übungen sind es, die uns vom Einfluss des *Nafs* befreien. Es ist das *Nafs*, das nimmt. Christus hat gesagt: „Umsonst habt ihr empfangen, umsonst sollt ihr geben.“ Dies ist der spirituelle Zustand, und das Erreichen dieses Zustands vergeistigt den Einzelnen und die gesamte Menschheit. Nicht die Philosophie, nicht die Ethik, nicht das Denken, nicht der Glaube, sondern allein die Erkenntnis wird die Menschen und das Universum hochheben.

22. MAI

Das richtige Leben folgt dem eigenen Ideal und überprüft nicht das von anderen. Lasst jeden seinem eigenen Ideal folgen!

Du kannst nicht das Essen anderer verdauen, warum solltest du also versuchen, ihre Gedanken zu verdauen? Es gibt keine stellvertretende Buße. Gott hat jede Form und jedes Ding geschaffen, damit Er durch diese Form und dieses Ding zur Erkenntnis gelangen kann. Überprüfen wir einen anderen, so überprüfen wir Gott; behindern wir einen anderen, so behindern wir Gott. Dies unterscheidet sich sehr von Führung. Führung hilft dabei, ein Ziel zu erreichen und behindert nicht. Mit anderen Worten: sie unterstützt eine Tätigkeit, und wenn diese Tätigkeit demjenigen, dem die Führung angeboten wird, nicht in die richtige Richtung zu gehen scheint, so liegt das daran, dass er die richtige Richtung nicht wirklich kennt oder nicht die Kraft und Einsicht hat, die richtige Richtung einzuschlagen. Jede Richtung ist richtig, wenn sie früher oder später zum göttlichen Ideal führt.

23. MAI

Das Verlangen jedes Menschen entspricht seiner Entwicklung. Wozu er bereit ist, ist für ihn das Begehrenswerte.

Du gibst einer Pflanze nicht die Nahrung, die für ein Tier begehrenswert ist, und einem Vogel gibst Du nicht ein Futter, das für ein Pferd oder einen Hund gut ist. Genauso ist es mit den Menschen. Ein kleiner Mensch muss kleinere Schritte machen als ein größerer und ein gebildeter Mensch wird wohl schneller lesen können als ein wenig gebildeter. Das *Nafs* soll nicht zerstört, sondern umgewandelt werden. Dies geschieht durch ein sanftes, geschmeidiges und zugleich feines Umdrehen und Abstimmen, aber nie durch direkten Widerspruch – außer wenn sicher ist, dass die Person von teuflischen Kräften beherrscht ist, was selten vorkommt. Sogar dann verwenden die Sufis *Wazifas* und andere Übungen, die sich an Gott wenden. Sobald jemand von sich selbst denkt, ein Akteur, ein selbständig Handelnder, zu sein und nicht ein Agent, ein Beauftragter, fällt er selbst in genau die Grube hinein, die er für andere gegraben hat.

24. MAI

Diskutieren ist für jene, die meinen: „Was ich sage, ist richtig, und was du sagst, ist falsch." Ein Weiser sagt so etwas nie; deshalb gibt es für ihn keine Diskussion.

Diskutieren ist eine Tätigkeit des unterscheidenden Verstands und geht aus dem *Nafs* hervor. Nicht einmal die Propheten diskutieren, wenn sie verurteilen oder anklagen. Sie äußern vielleicht eine heftige Kritik, aber sie streiten sich nicht. Es gibt für sie nur zwei Möglichkeiten: Entweder sie stehen fest zur Sichtweise Gottes, in dem Wissen, dass es die Sichtweise Gottes ist, oder sie kommen soweit wie möglich mit der Sichtweise des anderen in Einklang, ohne gegen ihn anzukämpfen. Letzteres ist die übliche Vorgehensweise eines Sehers, insbesondere wenn er es mit einem Einzelnen zu tun hat, egal wie böse dieser sein mag. Die erste Möglichkeit sollte im Allgemeinen nur Anwendung finden, um in Zeiten großer Gefahr eine breite Masse von Menschen in Bewegung zu setzen.

Tatsache ist, dass das „du" immer falsch ist: Die Vorstellungen von „ich und mein" und „du und dein" bilden die Essenz – wenn man so sagen kann – dessen, was falsch ist; sie sind der eigentliche Kern des Übels. Doch wenn wir Gott dienen, sind wir bestrebt, andere zu Gott zu führen, was am besten in einem Geist der Liebe und der Harmonie gelingt. Einen anderen zu kritisieren oder ihm Vorhaltungen zu machen, um zu beweisen, dass ich selbst recht habe, ist nicht die Art eines Sufi.

25. MAI

Toleranz entsteht nicht durch Lernen, sondern durch Einsicht: durch das Verstehen, dass es jedem erlaubt sein soll, den Weg zu gehen, der für sein Temperament geeignet ist.

Aus der Sicht Gottes entsteht wahre Toleranz. Dies ist die Stufe der Erleuchteten, die alles und alle verstehen können. Wenn eine Person ganz Herz wäre, dann würde sie herausfinden, dass sie auch ganz Auge wäre. Wenn wir in *Djabrut* von einem Körper sprechen können (lasst ihn uns spirituellen Körper nennen), dann sendet dieser Körper Licht aus und empfängt Licht von jedem Teil seiner Oberfläche. Seine Tätigkeiten sind nicht aufgeteilt. Und weiter, sobald eine Person an eine andere Person denkt oder eine liebt, sind sie augenblicklich „wie eins". Zu anderen Zeiten mögen sie getrennt erscheinen, aber hier sind sie eins.

Dies ist aus körperlicher oder gedanklicher Sicht schwer zu verstehen, weil auf diesen beiden Ebenen das Leben ganz anders ist. Daneben hängt das Handeln in einem gewissen Ausmaß von unseren Unterschieden ab, auch wenn diese Unterschiede Harmonien bilden. Doch solange es Unterschiede gibt, kann auch Disharmonie entstehen.

Für einen Weisen, der vom Herzen aus sieht, sind alle Meinungen das Ergebnis von Gedanken. Er weiß, dass spirituelle Entwicklung keine gedankliche Angelegenheit ist – vielmehr ist sie ein Abstreifen der Gedanken. Deshalb stellt sich der Weise nicht gegen irgendeine bestimmte Meinung, einen Gedanken oder einen Glauben, sondern gegen die gedankliche Ausrichtung an sich. Und die einzige Art, wie der Weise dagegen vorgehen kann, ist, allen Menschen Liebe und Sanftheit entgegen zu bringen, ungeachtet von Meinungen, weil er weiß, dass es so etwas wie eine richtige oder eine falsche Meinung nicht gibt, sondern dass das Meinen an sich zu Schwierigkeiten führt.

26. MAI

Solange jemand das Verlangen nach einer bestimmten Sache hat, kann er nicht darüber hinausgehen.

Dies ist nicht falsch an sich. Zum Beispiel kann ein Verlangen zu Konzentration führen. Oder genauer gesagt: Wenn ein Verlangen zu Konzentration führt, wenn es stark genug ist, uns vom hin und her Flattern abzuhalten, kann es nicht schlecht genannt werden. So gesehen ist nicht einmal Leidenschaft falsch, wenn sie uns dazu bringt, mit der Konzentration bei genau dieser Leidenschaft zu bleiben. Ein Verlangen wird dann falsch, wenn es zu Unstetigkeit, Selbstzufriedenheit und aus dem Auge Verlieren der gewünschten Sache führt.

Wenn wir alle Sachen als lebendig ansehen, ob sie von der Arbeit menschlicher Hände oder von Gott stammen, ist die Saat der Einheit schon gesät. Erst nachdem wir erkannt haben, dass keine einzelne Sache Glück und Zufriedenheit bringen wird, sind wir bereit zum nächsten Schritt. Deshalb wird der Weise sich nicht dem, was zum Laster zu führen scheint, entgegenstellen. Nicht das Laster an sich ist verwerflich. Was verkehrt ist, ist die ständige Neigung zur Vielfalt, der Mangel an Beständigkeit und das Fehlen von Antrieb und Konzentration im Leben.

Deshalb helfen Sufis anderen immer dabei, ein Ideal zu finden, das sie begehren oder lieben, um so ein Band der Zugehörigkeit zu knüpfen. Dann können sie lernen, sich zu konzentrieren, Kräfte zu sammeln und eine Absicht oder einen Antrieb im Leben zu gewinnen. Auch die höchste Moral wird ohne diese Konzentration nirgendwo hinführen. Jedoch wird die einfachste unentwickelte Seele, wenn sie einmal Absicht und Konzentration gewonnen hat, auf der Reise zum Ziel weit vorankommen, oft ohne zu merken, dass sie auf der Reise ist.

27. MAI

Jeder Mensch hat seinen eigenen Weg.
Lasst ihn seine eigenen Wünsche erfüllen, damit er fähig wird, sich über sie zu erheben, zum ewigen Ziel hin.

Jede Seele sammelt auf ihrem Weg in die Manifestation bestimmte Qualitäten aus dem Empyreum, dem höchsten Himmel, die mit ihren späteren Wünschen zusammenhängen. Dies ist der Same der eigenen

Natur eines Menschen, und durch die Entfaltung der Persönlichkeit – nicht durch ihre Unterdrückung – wird er einbezogen und voll entwickelt. Da das Wesen eines Wunsches aus unerfüllter Liebe geboren wurde, ist es nicht richtig, diesen Wunsch einfach zu vernichten, sondern das richtige Vorgehen ist, ihn umzuwandeln.

In gewisser Hinsicht wird jeder Wunsch vernichtet, doch in anderer Hinsicht ist das nicht so. Es ist nötig, durch das Leben selbst aufzuzeigen, dass Befriedigung nicht aus irgendeinem einzelnen Ding entstehen kann, sondern nur aus dem *Pleroma*, der gesamten Dingheit, kommt und nicht aus den Dingen selbst. Und was ist dieses *Pleroma*? Es ist nichts anderes als ein Aspekt Allahs, der Aspekt, der jede Seele zufrieden stellt.

28. MAI

Die Beherrschung des Selbst bedeutet die Herrschaft über alles.

Das ist so, weil die Selbstbeherrschung zum *Pleroma* führt, der Fülle der Dinge, der Essenz der Dingheit, und so alles enthält. Jedes Ding, das ein getrenntes Ding genannt werden kann, hat ein *Nafs*, das es von anderen Dingen unterscheidet. Doch diese Unterscheidung besteht auf beiden Seiten: sowohl das Ding als auch derjenige, der es begehrt, müssen ein *Nafs* haben. Ein Chemiker kann Atome beherrschen, indem er deren *Nafs* zerstört, und ein Seher beherrscht auf ganz ähnliche Weise die gedanklichen Atome. Auf diese Weise kannst du alle Gedanken beherrschen, indem du das *Nafs* der Gedanken zerstörst.

29. MAI

Gott ist Liebe. Wenn Liebe im Herzen erwacht, erwacht Gott darin.

Das heißt, wir erkennen, dass wirkliches Erfahren des Lebens nichts anderes als Gott ist, war und sein wird. Wir sind nichts anderes als Gottes Träume des Selbst, bis wir zur Fülle des wahren Selbst erwachen.

30. MAI

Jede Disharmonie in der Welt, die aus religiösen Unterschieden herrührt, kommt aus dem mangelnden Verständnis der Menschen, dass Religion eins ist, Wahrheit eins ist und Gott eins ist. Wie kann es da zwei Religionen geben?

Da Religion die Verbindung zwischen dem Menschen und Gott ist und diese Verbindung Einheit formt, kann es keine zwei Verbindungen geben. Welche Beziehung auch immer jemand zu Gott hat, es ist eine einzige und eine einmalige Beziehung. Du kannst diese Beziehung genauso wenig einem anderen unterschieben, wie du deine Eltern zu den Eltern eines anderen machen kannst. Für jede Seele kann Gott unterschiedlich erscheinen, aber es ist nur die jeweilige Erscheinung, die einzig ist, nicht die Wirklichkeit. Alles, was wir verstehen können, ist diese Erscheinung. Wie Gott uns erscheint, so werden wir ihn verstehen. Doch wir können einem anderen weder unsere Augen noch unseren Verstand oder unser Herz geben. Diese Dinge unterscheiden uns voneinander und verursachen die scheinbaren Unterschiede in der Religion. Es sind aber nur die unterschiedlichen Blickwinkel, die als unterschiedliche Religionen erscheinen.

31. MAI

Freundschaft für einen selbstsüchtigen Zweck zu benutzen, bedeutet, bitteres Gift in süßen Rosensirup zu mischen.

Freundschaft wird aus dem höheren Selbst geboren; sie ist eine Widerspiegelung der Liebe Gottes. Mit anderen Worten: Freundschaft ist das Licht selbst, das in eine bestimmte Richtung gedreht ist. Aber Selbstsüchtigkeit wird von Schatten hervorgebracht – und wenn Licht oder Farbe mit Schatten gemischt werden, dann wird entweder das Licht abgedunkelt oder die Farbe getrübt.

1. JUNI

Körperliche Begierden halten die Menschen von der Sehnsucht ihres Herzens fern und Herzenswünsche von der Heimat ihrer Seele.

Die erste dieser Lehren ist leicht zu verstehen, doch schwer zu erfüllen. Denn zum Verlangen des Körpers gehören nicht nur jene Begierden, die uns nach unten zu ziehen scheinen, sondern mehr noch die großen Verlockungen des Lebens: schöne Musik, Landschaft, Kunst, Poesie, hübsche Menschen. In ihnen können wir das Wesen des Ideals, die wahre Natur des Ideals finden. Wir können sogar sagen, dass die menschlichen Begierden die Schatten guter Dinge sind und der verzerrende Einfluss des *Nafs* in der Dunkelheit die Vereitelung herbeiführt. Aber in den meisten Fällen ist es für den Murid klar, dass der Einfluss der körperlichen Begierden ihn von seinen Herzenswünschen abbringt. Von Murshid können wir die Wege lernen, ihre Vorherrschaft über unser System zu beseitigen.

Die Wünsche des Herzens sind subtiler. Ist Schönheit nicht wünschenswert? Sind schöne Dinge nicht wünschenswert? Brauchen wir nicht Gegenstände oder Gedanken, mit denen wir das innerste Sein unserer Seele ausdrücken? Ja, vielleicht brauchen wir Gegenstände für den Ausdruck des Innersten. Doch es gibt noch eine weitere Seite des Lebens, die nichts mit Ausdrücken oder Unterdrücken zu tun hat. Sie tritt in Erscheinung, wenn Gott die göttliche Absicht im Menschen erfüllt, was an sich die Erfüllung des Lebenszwecks des Menschen ist.

Wir müssen bereit sein, sogar das höchste Ideal, die größte Harmonie und die wertvollsten Dinge im Universum zu opfern, wenn wir das wahre spirituelle Leben finden möchten, das Leben Gottes in Gott. Dafür dürfen wir nicht einmal beim Herzen aufhören, das wie eine Kugel die Seele umfängt, denn im Herzen ist die Einheit noch nicht vollständig erreicht. Solange sich noch nicht alle Wünsche in der Sehnsucht nach Gott, der Sehnsucht der Seele nach der Rückkehr zu ihrer Quelle, vereinigt haben, ist das Ziel der Reise nicht erreicht.

2. JUNI

Worte sind nur die Schatten von Gedanken und Gefühlen.

Das Wesen eines Gefühls ist Licht und das Wesen eines Gedankens ist der grundsätzliche Gehalt und das Abstimmen. Worte sind Mittel, um das Denken und Fühlen in der materiellen Welt zu konkretisieren. Diese Gedanken und Gefühle sind daher Materialisationen und von schattenhafter Art. Worte sind das auch, nur treten sie als Schwingungen in Erscheinung, die auf Ohren und Gehirn einwirken, und nicht als Sinnesobjekte erscheinen. Doch in dieser Sphäre und im Kosmos ist ihre Art schattenhaft.

3. JUNI

Je mehr die Seele erhoben ist, desto weiter ist ihr Ausblick.

Die Upanischaden lehren, dass *Atman* sich in der Mitte des Herzens befindet und das kleinste der Dinge und gleichzeitig das größte Ding im Universum ist – wenn es denn als „Ding" bezeichnet werden kann. Um dies besser zu verstehen, muss erklärt werden, dass es wenigstens zwei Arten von Wörtern gibt: jene, die definieren und beschreiben, was der Verstand wahrnimmt und versteht, und die ihrem Wesen nach endlich (oder manchmal unbestimmt) sind; und jene, die zum Unendlichen und Unfassbaren gehören, für das Worte nicht als Definitionen verwendet werden, sondern als Symbole. Zu dieser zweiten Art gehört der Begriff „Seele".

Es gibt noch eine Wahrheit in dieser Lehre der Upanischaden, die esoterisch genannt werden kann. Nämlich: je mehr du dich auf die Einheit konzentrierst, je kleiner also die Ausdehnung der Konzentration ist, desto größer wird der Ausblick, obwohl der Durchgang eng ist. Es ist wie bei einem Teleskop, das leistungsstärker wird, wenn das Blickfeld eng ist.

Gleichzeitig ist die Seele, da sie nicht vom Raum beherrscht wird, ganz anders als ein Teleskop, da sie sich wie ein Fächer verhält, der sich immer weiter öffnet. Und im Verlauf der Konzentration gibt es beides, ein ausgeweitetes Blickfeld und ein tieferes Sehen. Dies liegt jenseits der Sphäre des Verstands, und auch jenseits des Herzens, da die Seele sich auf alles und jedes, was es gibt, einstellen kann.

4. JUNI

Das Geheimnis eines Freundes sollten wir wie unser eigenes hüten und den Fehler eines Freundes sollten wir wie unseren eigenen verbergen.

Vom Sufi-Standpunkt aus bedeutet Freundschaft eine Verbindung, und diese Verbindung sollte zumindest über den Bereich des Denkens und der Gedanken hinausgehen. Betrachte den Freund nicht als Freund, sondern als dich selbst. Dies ist der Zustand in *Djabrut,* in dem Liebende wie ein Wesen sind. Dies sollte nicht mit „zusammengehörenden Seelen" verwechselt werden, denn so etwas gibt es nicht. Und alle Mitglieder der spirituellen Hierarchie bilden die Verkörperung des einen Meisters – in einem Zustand jenseits von *Djabrut,* der *Lahut* genannt wird und für den Verstand nicht zu fassen ist.

Nun ist es so, dass in Wahrheit alle Ebenen sich gegenseitig durchdringen. Für die irdische Ebene bedeutet das, dass alle Prinzipien hier und jetzt wirksam sind. Das heißt, was oben wahr ist, gilt es hier unten umzusetzen, wenn wir die Weisheit Gottes auf die Erde bringen möchten. Wenn wir also einen Freund als nichts anderes als uns selbst betrachten, lassen wir alle Kritikfähigkeit beiseite, auch wenn wir dabei aufhören müssen, den Freund zu loben. Mit anderen Worten, lege alles Denken und Prüfen beiseite. Dies führt zur Verneinung des Denkens, was dabei hilft, den Fehler eines anderen auszulöschen, indem nicht davon gesprochen wird. Dies wäscht den anderen nicht rein, aber es leistet einen Beitrag, ihm zu helfen.

5. JUNI

Es braucht Nachsicht, Geduld und Toleranz,
um zwei individuelle Herzen zusammenzuhalten.

Dies sind Fähigkeiten des Herzens, die ganz natürlich aus dem Herzen herausfließen und nicht ausgebildet werden müssen. Darin besteht der Unterschied zwischen dem Moralisten und dem Weisen: Der Moralist versucht, etwas in das Herz hinein zu gießen, und der Weise weiß, dass es schon da ist. Es ist das Herz, das diese Qualitäten besitzt, nicht der Kopf, und das Erwachen des Herzens bringt sie zutage.

6. JUNI

Wir beschuldigen andere für unsere Sorgen und Missgeschicke
und sehen nicht, dass wir selbst die Schöpfer unserer Welt sind.

Das Beschuldigen entspringt einer Gewohnheit, die wir anderen nicht so leicht zur Last legen können, weil sie dem Lauf der Welt entspricht.

Lässt aber jemand diese Gewohnheit hinter sich, wird er oft Zielscheibe der Beschuldigung durch andere, auch wenn er selbst anderen nie Schuld gegeben hat. Die Sufis nennen dies den Pfad von *Malamat* oder Tadel.

Es ist die begrenzte Sicht des *Nafs*, die alle Schwierigkeiten verursacht. Ereignisse an sich sind weder gut noch schlecht. Das Licht bringt den Tag und die Dunkelheit verursacht die Nacht – und dasselbe gilt für die Angelegenheiten des Lebens: Wenn das Denken von Licht erfüllt ist, gibt es nichts mehr, was uns böse erscheint. Was gewöhnlich böse genannt wird, ist durch den unwissenden Einfluss des *Nafs* bedingt, denn Unwissenheit ist die Quelle der Selbstsucht, die wiederum alle Zwietracht und alles Böse in der Welt hervorbringt. Die Welt erschafft sie nicht, sondern das falsche Selbst formt sie aus der Welt heraus.

7. JUNI

Niemand erscheint uns minderwertig, wenn unser Herz Güte ausstrahlt und unsere Augen für den göttlichen Blick zugänglich sind.

Minderwertig und überlegen sind Qualitäten, die mit Dualismus verbunden sind. Das Herz kennt nur Einheit und deshalb versteht das Herz keine Unterscheidung in Rangstufen. Die Sonne schaut auf die Erde, nicht auf Hügel, Berge, Täler und Meere. Von einem bestimmten Standpunkt aus gesehen, existieren diese Dinge, von einem anderen Standpunkt aus können sie nicht wahrgenommen werden. So ist es auch mit dem Ausblick des Herzens: Wenn es Gott sieht, nimmt es alles im Licht wahr, und so werden Freundlichkeit, Mitgefühl und alle Herzqualitäten ganz von selbst verwirklicht.

8. JUNI

Selbstsucht hält den Menschen ein Leben lang blind.

Nur das *Nafs* begrenzt unsere Sicht. Bildung, Moral oder äußerliche Vorgänge können das nicht ändern. Bis wir selbstlos werden, fehlt uns das tiefe Verstehen.

9. JUNI

Der entscheidende Sieg in seinem Lebenskampf ist erreicht, wenn ein Mensch sich über die Dinge erhoben hat, die er einst am meisten schätzte.

Materielle Dinge für intellektuelles Wissen aufzugeben, weltliches Wissen für Mitgefühl und Weisheit des Herzens hinzugeben, und dann Mitgefühl und Weisheit des Herzens abzulegen im Einswerden mit Gott, dem ewigen, unvergänglichen und allgegenwärtigen Sein – dies sind alles Schritte auf dem Weg. Mit anderen Worten: Wenn ein Ideal erreicht ist, muss es fallengelassen werden, um ein höheres Ideal und ein weiteres Ziel anzustreben. Alles, was erklärt, besprochen oder in Worte gefasst werden kann, ist irgendwann auch wieder abzulegen. Sogar unsere höchsten Prinzipien und Moralvorstellungen können zu Hindernissen werden, wenn sie die spirituelle Freiheit behindern, die Gott, und allein Gott, gewähren kann.

10. JUNI

Wenn die Kraft vorangeht und die Weisheit folgt, ist das Gesicht der Weisheit verhüllt und sie strauchelt. Doch wenn die Weisheit vorangeht und die Kraft folgt, gelangen beide wohlbehalten ans Ziel.

Weisheit und Kraft sind nicht notwendigerweise zweierlei. Sie weisen beide auf Kontrolle hin. Unter Kraft ist die Kontrolle über oder durch den Stoff der Schöpfung zu verstehen, die gröberen Schwingungen, aus denen Materie und Verstand entsprungen sind. Die Kontrolle über diese Atome und Schwingungen wird Meisterschaft genannt.

Mit Weisheit ist der Blick der Einheit gemeint, der aus wachsender Erkenntnis hervorgeht. Durch Erkenntnis können wir immer Kraft gewinnen. Doch die Kraft trägt uns nicht über die Sphäre der Aktivität hinaus. Durch Weisheit können wir das Geringere durch das Größere beherrschen und die Kräfte des Verstands mit dem Herzen überwinden, ebenso wie die Kräfte der Materie durch den Verstand.

11. JUNI

Die gesamte Lebensführung eines Menschen hängt davon ab, was er in seinen Gedanken hält.

Dies hat verschiedene Aspekte. Beispielsweise ist das gesamte materielle Leben abhängig von der Fähigkeit zu denken. Dies ergibt sich aus der Tatsache, dass ohne Nervenkraft keine Muskelbewegung möglich wäre. Noch klarer wird es, wenn wir die Tätigkeit der Sinne untersuchen, und noch einmal mehr, wenn wir die intellektuelle Seite des Lebens betrachten.

Konzentration ist ein Vorgang, bei dem der Wille den Verstand beherrscht. Dies führt zu einer Sammlung von Geisteskräften, die für alle möglichen notwendigen und ratsamen Absichten eingesetzt werden kann. Doch es gibt eine weitere Stufe, die erscheint, wenn wir von dieser Meisterschaft ablassen. Durch das Aufgeben bestimmter Fähigkeiten des Geistes können wir vielleicht zur *Buddhi*-Stufe fortschreiten. Dann wird der Verstand zu einem Garten, in dem etwas gepflanzt und gesät werden kann, so wie in einem physischen Garten etwas gepflanzt und gesät wird. Und weil wir uns nicht mit dem Stoff der Materie identifizieren müssen, brauchen wir das auch nicht mit dem Stoff der Gedanken zu tun – obwohl es vielen so erscheinen mag, dass das intellektuelle Leben das grundlegende Leben ist.

Moralische Qualitäten kommen zum Vorschein, wenn das Herz geöffnet ist. Das geschieht spontan durch das Aufgeben der Identifizierung mit dem Stoff der Gedanken, wodurch von selbst die Überreste des falschen Ego abgestreift werden.

12. JUNI

Wer so abgeklärt sein kann, dass er alle, mit denen er lebt, mit offenen Augen betrachtet und sieht, auf welche Weise er ihnen helfen kann, der wird reich und erbt das Reich Gottes.

Der Verzicht auf die Früchte des Tuns gewinnt die Kontrolle über jegliches Tun. Dies ist ein Rätsel, das in der Bhagavad Gita dargelegt wird, und es bleibt ein Rätsel, solange auf das persönliche Ego Wert gelegt wird. In gewissem Sinn stimmt es, dass es ein Ego und eine Individualität gibt, doch die Entwicklung der Persönlichkeit entsteht nicht aus dem Hervorheben dieses individuellen Egos, sondern aus der entgegengesetzten

Richtung. Die Persönlichkeit kann sich voll entwickeln, indem sie sich Eigenschaften aneignet. Diese Fähigkeit wird durch die Gedankenkraft begrenzt, die zu den vorhandenen Fähigkeiten keine hinzufügt, obwohl sie die vorhandenen stärken kann. Um eine weitere Fähigkeit zu erlangen, müssen wir die Quelle aller Zuteilungen anrufen, nämlich Gott.

Solange wir uns auf etwas richten – sei es materieller Besitz, intellektuelles Streben, Freunde, Anschaffungen oder Bindungen irgendeiner Art –, bedeutet das auch Trennung, nämlich Trennung von allem, was nicht in diesen Anschaffungen und Bindungen enthalten ist. Wenn wir keinen Unterschied machen zwischen dem, was wir haben, und dem, was wir nicht haben, öffnet sich in uns ein Raum für unendliche Errungenschaften, dann ist keine Tür verschlossen vor irgendetwas im Universum, und wir werden die wahren Treuhänder von Gottes Gaben.

13. JUNI

Wir können wahre Gerechtigkeit erst erkennen, wenn der Schleier der Selbstsucht von unseren Augen entfernt ist.

Solange das *Nafs* regiert, gibt es kein Gleichgewicht, keine Beachtung des Rechts und ganz sicher keine reine Liebe. Denn in dem Zustand, in dem das *Nafs* die Kontrolle ausübt, werden alle Ereignisse auf einen Gedanken bezogen – ob diese Ereignisse nun eine tatsächliche Beziehung zu diesem Gedanken haben oder nicht – und eine Reihe von Beziehungen tritt an die Stelle einer Reihe von Tatsachen. Gerechtigkeit, Barmherzigkeit, Moral und Weisheit sind die natürlichen Kennzeichen eines Lebens, das von diesen falschen Beziehungen unbeirrt ist.

14. JUNI

Unsere Gedanken haben das Glück oder Unglück, das wir erleben, für uns vorbereitet.

Zunächst einmal teilen Gedanken die Erlebnisse in angenehme und unangenehme auf. Indem wir etwas als angenehm denken, schaffen wir zugleich den Gedanken von etwas, das nicht angenehm ist. Das heißt, es gibt einen Dualismus, es gibt jetzt zwei Gedanken statt einem. Immer wenn der unterscheidende Verstand tätig wird, wird der Gedanke verdoppelt. Er hat zwei Aspekte, die gut und schlecht oder angenehm und unangenehm genannt werden können – dies sind die Früchte des Dualismus.

Alle großen Propheten haben das Reich Gottes als einen Ort oder einen Zustand beschrieben, an dem es keinen Tag und keine Nacht gibt. Das heißt, es ist eine Sphäre der Universalität, alles einschließend. Wenn wir auf die Früchte des eigenen Tuns verzichten, hören wir nicht auf zu handeln, aber wir haften nicht an bestimmten Eigenschaften. Daraus folgt: Indem wir ein Dasein überwinden, das irgendwie an Bedingungen geknüpft ist, erreichen wir einen Zustand der Glückseligkeit, der zur höchsten Entwicklung des Denkens führt.

15. JUNI

Liebe ist das beste Mittel, um das Herz fähig zu machen, die Seelenkraft widerzuspiegeln – dabei ist Liebe eher im Hinblick auf Schmerz als auf Freude gemeint. Jeder Schlag öffnet eine Tür, durch welche die Seelenkraft herausströmen kann.

Diese Liebe bedeutet das Aufgeben des *Nafs*, das Selbstopfer. Damit wird auf alle Früchte des abgetrennten Individualismus verzichtet. Der Schmerz der Liebe kommt vom Aufgeben einer Gewohnheit oder einer Anhaftung: Dies bringt immer Schmerzen mit sich, doch das ist nur die äußere Seite davon. Wäre dort keine Energie oder Kraft, könnte es keinen Schmerz geben. Je besser wir den Schmerz aushalten können, desto größer ist die spirituelle Kraft, die uns zur Verfügung steht. Dieses Anwachsen des Geistes ist nur möglich entweder durch esoterische Schulung oder durch längeres Leiden. Das erste ist eindeutig immer vorzuziehen, da es uns ermöglicht, die Erfahrung ohne Zerstörung zu durchleben.

16. JUNI

Jede Erfahrung auf der physischen, der astralen oder der mentalen Ebene ist für die Seele nur ein Traum.

Denn die Erfahrung auf diesen Ebenen ist nicht die Erfahrung unseres Selbst. Sie mag aus dem Gedanken des Selbst entspringen, doch die Erfahrung ist nicht unser Selbst: Handelnder und Handlung sind zweierlei, nicht eins. Was ist diese Welt? Was sind diese Gedanken, diese Empfindungen, diese Gewohnheiten, diese Sehnsüchte, dieses Wünsche? Sie sind die Veräußerlichung des innersten Geistes, der in der Materie und im Denken des Universums Gestalt annimmt. Ohne dieses höchste Selbst, das den ganzen Schauplatz der Schöpfung beherrscht, gäbe es keine Erfahrungen. Aber wegen des Göttlichen in uns, das unsere wahre Essenz ist, haben wir Erfahrungen. Dennoch sind es nur Fantasien von einem machtvollen Wesen, das der begrenzte Verstand nicht erfassen kann.

17. JUNI

*Das Feuer der Hingabe reinigt das Herz der Gottsuchenden
und führt sie zu geistiger Freiheit.*

Hingabe ist eine Konzentration und jede Konzentration führt zur Erfüllung einer Sehnsucht oder eines Ideals. Doch Hingabe ist auch wertvoll ohne das Selbst. Sie führt zum Verzicht auf das Selbst und wirkt deshalb reinigend.

18. JUNI

*Wenn das Feuer der Liebe zur Flamme auflodert,
erleuchtet es wie eine Fackel den Lebensweg der Gottsuchenden,
und alle Dunkelheit verschwindet.*

Dies kann nicht durch materielle Ereignisse oder körperliche oder gedankliche Widerspiegelung verstanden werden. Es ist ein natürlicher Zustand und Sufis erreichen ihn durch die Ausübung des *Zikr*. Der *Zikr* bringt die Atome zusammen und ordnet sie so an, dass ihr Pulsieren Funken aussendet und die Energie in uns und um uns herum verstärkt. Es ist ein natürlicher Vorgang, und was auf diese Atome einwirkt, wird dann auf die Atome und Zellen des Körpers einwirken, und diese wiederum werden sich positiv auf den Verstand und das Herz auswirken. Die Wunder des *Zikr* sind großartig und nur für den *Zakir*, den Ausübenden, erkennbar.

19. JUNI

*Misstrauen führt in die Irre
und Aufrichtigkeit führt immer geradewegs zum Ziel.*

Misstrauen gehört zum Dualismus. Indem es sich ohne eine Richtung auf den Weg macht und kein bestimmtes Ideal oder Ziel hat, kann Misstrauen nichts erreichen. Deshalb lassen sich die Weisen nicht auf eine

Beziehung mit jenen ein, denen sie nicht trauen, es sei denn, es könnte einen spirituellen Gewinn für eine oder beide Seiten bringen. Wenn kein Vertrauen zueinander da ist, ist es besser, die ganze Sache sein zu lassen, außer es kann alleine getan werden. Erfolg im spirituellen Leben besteht nicht im Erreichen einer bestimmten Sache oder Qualität, sondern im Meistern der Abläufe, die zum Erreichen des Ziels führen.

20. JUNI

Liebe liegt im Dienen. Doch nur, was nicht für Ruhm oder Ansehen, nicht für Wertschätzung oder Dank des Empfängers getan wird, ist ein Dienst der Liebe.

Es ist sehr schade, dass viele Taten, die aus echter Freundlichkeit heraus geschehen, als Güte der Persönlichkeit gedeutet werden. Persönlichkeit, Ansehen und Ruhm haben alle mit dem Verstand zu tun, nicht mit dem Herzen. Sie entspringen dem Verstand; und dem Verstand Güte oder Freundlichkeit zuzuschreiben, widerspricht der Wahrheit und stimmt nicht mit den Lehren der Heiligen überein. Jesus Christus hat gesagt, Gott allein ist gut, und Mohammed nannte Gott wohltätig und barmherzig.

Liebe ist weitaus beständiger, weitaus wirklicher als es Ansehen, Ruhm und sogar Persönlichkeit aus einer bestimmten Perspektive sind. Alle Dinge, die eigenständig sind, verändern ihre Form, verschwinden und sind nicht von Dauer. Was an Ansehen und Ruhm gebunden ist, kann nur Selbstliebe sein. Selbst wenn sie mit Güte, Freundlichkeit oder Frömmigkeit eingefärbt ist, mangelt es ihr an einer Vision und trägt sie den Keim der eigenen Zerstörung in sich. Denn wo der Verstand ist, wo es Selbst und Nicht-Selbst gibt, da gibt es Dualismus. Und wo es Dualismus gibt, da gibt es Übel. Ein Selbst, das zu einem Selbst freundlich ist, könnte zu einem anderen Selbst auch unfreundlich sein. Aber wo die Liebe die Fesseln des Selbst gesprengt hat, da kann es keine Lieblosigkeit oder Grausamkeit geben.

21. JUNI

Die Seele ist ganz und gar Licht. Dunkelheit wird durch ein abgestorbenes Herz verursacht; Schmerz macht es wieder lebendig.

Seele ist *Nuri Mohammed*, das universelle Liebe-Licht-Leben, das im

Herzen individualisiert wird. Das Herz umhüllt die Seele wie eine Kugel und kann in gewisser Weise das Licht nicht verbergen. Doch das Herz vollzieht eine Bewegung, die wie das Ausdehnen und Zusammenziehen einer Sphäre zwischen einem Punkt und einem Universum ist. Es kann sich zusammenziehen, bis es ganz winzig ist, und ausdehnen, bis es unermesslich groß ist.

Das Zusammenziehen des Herzens mag von der eigenen Sicht auf das Leben oder der eigenen Lebenserfahrung herrühren. Wird das Bewusstsein von äußeren Dingen angezogen und berauscht, dann hört das Herz auf, sich in natürlicher Weise auszudehnen. Dies stört das Licht der Seele, das dann die Oberfläche nicht erreichen kann.

Aber das Herz kann nicht ewig in diesem Zustand verharren. Wenn es nicht auf natürliche Weise zum Ausdehnen angeregt wird, wird die Erfahrung des Lebens es früher oder später durch das Gesetz des Karmas aufwecken. Im physischen Körper gilt, dass jeder Versuch, einen lange nicht benutzten Muskel zu bewegen, von Schmerzen begleitet ist. Dies gilt tausendmal mehr für jeden Bereich des Verstands und für das Herz ist es grenzenlos wahr.

22. JUNI

Vergebung, die alles außer dem Schönen verbrennt, ist Liebe.

Diese Liebe beseitigt die Grenzen zwischen Selbst und Selbst. Wenn es nicht länger das eine und das andere Selbst gibt, kann es auch den Schmerz der Trennung nicht mehr geben. Dies bewirkt echte Vergebung – nichts Gedankliches, keine geänderte Geisteshaltung, sondern eine geänderte Haltung des Herzens.

23. JUNI

Jeder einzelne Mensch komponiert die Musik seines Lebens.
Wenn er einen anderen verletzt, stört er die Harmonie
und bringt einen Missklang in die Melodie seines Lebens.

Die Musik unseres Lebens besteht nicht nur aus Klängen, Gedanken oder Gefühlen, die für uns angenehm sind, sondern auch aus Klängen, Gedanken und Gefühlen, die anderen keinen Schmerz bereiten. Wir haben im Leben zwei Arten von Beziehungen: zu uns selbst und zu anderen.

Wenn wir krank sind oder leiden, kann das daran liegen, dass wir uns selbst geschadet haben oder durch Unachtsamkeit zugelassen haben, dass ein anderer uns schadet. Aus spiritueller Sicht ist das erste Unwissenheit und das zweite Unachtsamkeit – also ist in beiden Fällen niemand anderem ein Vorwurf zu machen.

Das heißt, sobald unser Herz erwacht ist, ist es unser Fehler, wenn wir anderen erlauben, uns zu schaden. Und wir begehen einen noch größeren Fehler, wenn wir es sind, die anderen Schaden zufügen. Wenn das Herz rein ist, werden die Gedanken rein sein und der Klang der Stimme – ob gesungen oder gesprochen – wird rein sein, der Atem wird rein sein, die Atmosphäre wird rein sein und die göttliche Ausstrahlung, die durch die Persönlichkeit fließt, wird Frieden bringen.

24. JUNI

Wer aufrichtig nach dem wahren Zweck seines Lebens sucht,
wird selbst von jenem Zweck gesucht.

Die Suche ist ein Einstimmen; spirituelle Entwicklung ist ein Einstimmen. Das Gesetz der Konzentration besagt, dass nicht nur Wille und Verstand auf ein einzelnes Ziel gerichtet sind, sondern das ganze Bewusstsein und der Atem in Harmonie gebracht werden. Dies führt zu einer Einstimmung des Selbst. Ist diese Einstimmung erst einmal erreicht, so ist das größte Hindernis zur Erfüllung jedes Wunsches überwunden.

Tatsächlich gibt es außerhalb von uns nichts, das uns sehr im Wege steht. Das Universum ist so reich, dass jede Person leicht zufriedenzustellen wäre, ohne anderen zu schaden. Konzentration an sich zieht die gewünschte Sache an, und innerer Friede und Harmonie beschleunigen den Vorgang. Diese Eintracht ist der wahre Zweck unseres Lebens und schließt alle kleineren Absichten in sich ein.

25. JUNI

Durch Bewegung und Veränderung wird das Leben verständlich.
Wir leben ein Leben voller Veränderungen,
sind aber auf der Suche nach Beständigkeit.
Dieses angeborene Verlangen der Seele führt uns zu Gott.

Was auch immer unser Ziel und unsere Absicht im Leben sein mag,

Sicherheit bringt uns kein Glück. Es gibt einen ständigen Kampf zwischen unserem Hingezogensein zu Freude und unserem Hingezogensein zu Frieden. Dieser Kampf führt zu Rückbildung und Weiterentwicklung, und sein Ende ist erst erreicht, wenn die beiden Seiten in ein Gleichgewicht und eine Verbindung gebracht sind. Das heißt, das Wesen von Gott oder *Nirvana* ist nicht etwa eine Friedhofsruhe, sondern Leben in seiner Fülle, Liebe in ihrer Großartigkeit und Licht jenseits unserer Vorstellung. Wenn wir genug von wechselnden Erscheinungen haben und nur nach Gott suchen, dann finden wir jene Beständigkeit, jenen Frieden und jene Freude.

26. JUNI

Jedes Wesen hat eine bestimmte Begabung, und diese Begabung ist das Licht, das sein Leben erhellt. Wer seine Begabung nicht beachtet, ist wie eine nicht angezündete Lampe.

Das heißt, die Wurzel unsres Elends ist unsere falsche Haltung – und diese kommt hauptsächlich von unserer selbstsüchtigen Sichtweise. Interessant dabei ist, dass diese Selbstsüchtigkeit anderen einigen Schaden zufügen kann – wir mögen andere vielleicht überfallen, bestehlen, verletzen oder betrügen –, doch den größten und weitaus größeren Schaden fügen wir uns selbst zu. Sehr selten, wenn überhaupt, ist ein glücklicher Schurke oder Dieb anzutreffen. Das Gesetz, unter dem sie tätig sind, bringt ihnen vergiftete Früchte.

Reue vor Gott, die uns aus den Resten der Selbstsucht heraushebt, ist das Einzige, was die Menschen retten kann. Wenn jemand ein Dieb war, kann dies vielleicht dazu dienen, geschickt, klug, wach und genau in seiner Tätigkeit zu werden, die Fähigkeit zur Konzentration zu erwerben und so verschiedene Künste und Fertigkeiten auszubilden, die gut für ihn sind. Solche Aneignungen gehen niemals verloren, und ob jemand sofort, später oder in ferner Zukunft Reue zeigt, werden sie ihm irgendwann in seiner Entwicklung helfen. Verblendet durch seine Selbstsüchtigkeit, verbringt er lange Jahre mit dem Missbrauch der göttlichen Eigenschaften und findet deshalb keine Zufriedenheit.

27. JUNI

Das Herz schläft, bis es durch einen Schicksalsschlag zum Leben erwacht. Es gleicht einem Stein, aus dem verborgenes Feuer sprüht, wenn er von einem anderen Stein geschlagen wird.

Gummi ist ein Material, das für spirituelle Schüler sehr interessant ist. Es dehnt sich aus und wird für Ballons verwendet; es ist dehnbar, nachgiebig und findet Verwendung für bequeme Kissen. Ist das Material extremer Kälte ausgesetzt ist, wird es hart, brüchig und nutzlos.

In mancher Hinsicht verhält sich das Herz genauso. In seinem üblichen Zustand kann das Herz sich ausdehnen und zusammenziehen, sich nach außen freundlich verhalten oder seine Liebe innen zusammenziehen. Doch wenn es einmal kalt wird, wird es hart und nutzlos. Oft zeigt die zarte Liebe eines anderen keine Wirkung und es müsste vielleicht kräftig gerieben, gestoßen oder in Stücke zerbrochen werden. Das Leben selbst vollbringt dies – entweder durch die Tätigkeit einer kräftigen, jedoch boshaften Person, oder durch eine kräftige, aber freundliche Person, oder durch das Leid des Lebens selbst.

28. JUNI

Das erwachte Herz sagt:
„Ich bin reif zu geben und nicht zu verlangen."
Auf diese Weise geht es durch ein Tor, das zu dauerhaftem Glück führt.

Vielleicht weiß es das Herz nicht, aber die Seele enthält alle Qualitäten, alle Eigenschaften, alles Wesentliche. Wenn das Herz gibt, zieht es den grenzenlosen Schatz der Seele an, auch wenn es vielleicht um die Unbegrenztheit dieses Schatzes gar nicht weiß. Das Ausdehnen des Herzens belebt es und das Zusammenziehen dämpft es. Das Ausdehnen des Herzens bringt jegliche Freude und Harmonie hervor. Dies geschieht im *Zikr* und im *Fikr*, wenn wir realisieren, dass unser Herz den Schrein Gottes bildet, welcher vollkommen Liebe, Leben, Licht und Güte ist.

Die Welten werden durch die Hitze der Sonne zusammengehalten. Wir alle sind winzige Teilchen und werden durch die ewige Sonne, die wir Gott nennen, am Platz gehalten. In uns ist die gleiche zentrale Kraft, die wir das Licht oder die Liebe Gottes nennen. Durch sie halten wir die Menschen in unserem Wirkungskreis zusammen – oder wenn sie uns fehlt, lassen wir sie fallen.

Der menschliche Verstand ist so veranlagt, dass er jede Eigenschaft mit einem eigenen Namen versieht. Das Ergebnis ist, dass eine Essenz, die mehrere Eigenschaften haben kann, vom Verstand in verschiedene Teile aufgespalten wird. So hat Liebe die Eigenschaften Wärme, Feuer und Hitze. Sie sind aber nicht getrennt. In der physischen Welt sind abgekühlte Metalle spröde und zerbrechlich: obwohl ihre Teilchen enger zusammen sind, ist die Kraft, die sie zusammengeschweißt hat, vergangen. Wenn wir Metalle vermischen wollen, erhitzen wir sie; wenn wir einen Kuchen backen, vereinen wir die Zutaten durch Hitze. Hitze und Liebe sind die Kräfte, die immer nach Einheit streben.

Bei dem, was wir Gravitation, Kohäsion und Adhäsion nennen, handelt es sich nur um Aspekte des universellen lebendigen Liebes-Lichts. In den drei Welten gibt es einen Brennpunkt der Kraft, den wir als Sonne bezeichnen können. In diesem Brennpunkt und durch ihn wirkt die universelle Kraft. Gäbe es diese abstimmende Kraft nicht, würde Chaos herrschen – kein Gesetz, kein Rhythmus, keine Schönheit.

Die Zellen des Körpers werden durch genau dieses Gesetz zusammengehalten und nach diesem Gesetz bilden Menschen Gesellschaften. Diese Lehre wurde von Moses ausgezeichnet in Grundsätze gefasst, bei Plato war sie mehr stillschweigend inbegriffen und Swedenborg hat sie ganz ausdrücklich behandelt. Entsprechend seiner Entwicklungsstufe hat jeder dieser Männer dieses Gesetz mehr oder weniger deutlich dargestellt. Es ist die Liebesnatur, welche die Menschen zusammenhält; sie liefert die magnetische Kraft, die das Baby zur Brust der Mutter zieht, die Energie, die die Geschlechter anzieht und die bewegende Kraft und das Gefühl, die zu Einheit, Einigkeit oder Harmonie jeder Art führen.

Auch die Zellen unseres Körpers halten nicht mehr zusammen, wenn wir das Gesetz brechen. Sie halten auch nicht zusammen, wenn wir, dieses Gesetz beherrschend, lernen, wie dieser physische Körper aufgelöst werden kann. In diesem Fall kann eine höchste Konzentration auf die Liebe zu

Gott und den Dienst an Gott der Seele ermöglichen, frei zu werden von der eng begrenzten Sphäre und aufzusteigen in eine Sphäre viel größerer Freiheit.

Das Gesetz der Freundschaft, das Gesetz der Liebe und das Gesetz der Harmonie sind ein und dasselbe. Durch das Ego verlieren wir diese universelle Kraft, doch durch die Bereitschaft zur Hingabe gewinnen wir alles.

30. JUNI

Wenn ein Mensch in sein Inneres taucht, entdeckt er, dass sein wahres Selbst über die ständige Bewegung des Universums erhaben ist.

Genau genommen, gibt es jenseits des Gedankengewebes nur ein Selbst – wir können es *Atman, Dharmakaya*, Ruh, Seele oder wie auch immer nennen. Nur unser Blickwinkel gibt ihm einen Namen – teilweise von diesseits des Gedankengewebes aus gesehen und teilweise von jenseits durch Erkenntnis – doch die Wirklichkeit in uns ist nichts anderes als „Das".

1. JULI

Der Stolz der Menschen und die Zufriedenheit mit ihrem Wissen begrenzen ihren Horizont.

Stolz und Zufriedenheit halten die Aufmerksamkeit bei dem, was wir besitzen oder getan haben, und richten sie nicht auf das, was wir sehen, tun oder wissen könnten. Ohne diesen ichbezogenen Zustand gäbe es keine Grenze für unsere Fähigkeiten – menschliche oder übermenschliche – falls solche Worte hier – adäquat sind.

2. JULI

Wir müssen zuerst in uns selbst Frieden schaffen,
wenn wir Frieden in der Welt sehen wollen,
denn ohne Frieden in unserem Innern ist all unsere Mühe vergeblich.

Wir können mit den einfachsten Vorgängen des Körpers anfangen – wie wir unseren Körper gesund, fit und stark erhalten. Dabei können wir das Gesetz der Harmonie und die Gesetze des Atems lernen. Dieselben Gesetze versetzen uns in die Lage, das Denken zu verstehen und zu nutzen. Sie ermöglichen uns auch, das Denken und das Herz anderer zu verstehen und mit ihnen in Einklang zu kommen. Die Verknüpfung dieser allgemein gültigen Gesetze mit dem Erwachen der Liebe, die kein Selbst hervorhebt, bringt dem Einzelnen, der Gruppe und der ganzen Welt Frieden.

3. JULI

Selbsterkenntnis ist die wesentliche Erkenntnis.
Sie lässt uns das Menschsein erkennen. Im Verständnis
des Menschen ist jenes Verständnis der Natur zu finden,
welches das Gesetz der Schöpfung offenbart.

Alle Menschen wurden im Wesentlichen mit ähnlichen Körpern, ähnlichen geistigen Fähigkeiten und ähnlichen Herzen erschaffen. Einen Menschen zu verstehen, heißt deshalb, alle zu verstehen. Wir müssen nicht jeden einzelnen Magen sezieren – weder mit einem Messer noch mit dem analytischen Denken –, um Ernährung zu verstehen. Im besten Fall vermittelt uns das ein Teilwissen. Der menschliche Körper ist ein Universum im Kleinen und das menschliche Denken ist ein Superuniversum im Kleinen – wenn wir das nur erkennen würden. Aber bevor wir unseren eigenen Körper und unser eigenes Denken nicht verstanden haben, können wir die Gesetze der Beziehungen nicht verstehen.

Doch Körper und Denken sind nicht das Selbst. Sie sind nur die äußeren Teile des Selbst, das tief unter diesen Vehikeln verborgen liegt, von denen es umhüllt wird. Die gesamte Schöpfung strebt hin zum Menschen, sowohl die Geschöpfe der sichtbaren Welten, wie Steine, Pflanzen und Tiere, als auch die Geschöpfe der unsichtbaren Welten, wie Elementarwesen, Dschinns und Engel. Alle streben hin zum Menschen als höchstem Ausdruck Gottes.

4. JULI

Während die Menschen gewöhnlich andere beschuldigen,
ihnen Schaden zugefügt zu haben,
schauen die Weisen erst einmal bei sich selbst.

Denn die Harmonie eines Weisen kann sogar die Welt beherrschen. Ein *Nabi* bezieht jede Handlung in der Welt auf sich selbst, und durch die Herrschaft über sich selbst reguliert oder beherrscht er die ganze Welt außerhalb von sich. Dies ist durchaus möglich, wenn jemand sich mit ganzem Herzen Gott hingegeben hat und der Menschheit ohne Gedanken an das Selbst dient; er lehnt es grundsätzlich ab, zwischen sich und anderen, zwischen Selbst und Nicht-Selbst zu unterscheiden.

5. JULI

Was auch immer ihr Glaube sein mochte, die Weisen waren schon
immer fähig, sich jenseits der Grenzen äußerer Formen und
Konventionen zu begegnen, die im menschlichen Leben natürlich
und notwendig sind und dennoch die Menschheit trennen.

Diese Wahrheit, die tiefer ist als die geschichtliche und die philosophische Sicht, bedeutet, dass ein Herz, sobald es sich geöffnet hat, mit jedem anderen Herzen Kontakt aufnehmen kann. Es gibt nicht zwei Arten von Intuition, die sich widersprechen. Wenn ein Herz einen Eindruck übermittelt, kann dieser nicht im Gegensatz zu dem Eindruck stehen, den ein anderes Herz empfängt. Ist ein Mensch im Zustand der Herzkultur angekommen, sind alle Herzen der Welt dafür offen.

Dies ist der natürliche Zustand in *Djabrut*. Diejenigen, die durch eigene spirituelle Entwicklung auf der Erde die Fähigkeiten der Engel und der Dschinns wiedererlangt haben, können miteinander jenseits von Raum, Sprache und weltlicher Kommunikation sogar in Kontakt treten. Dies ist ganz natürlich für Menschen auf dem Pfad zu Gott.

Sie können sogar noch weiter gehen. Sie haben die Fähigkeit, in menschliche Herzen einzudringen, doch sie wenden sich in Taten oder Worten nicht gegen die Glaubensvorstellungen der Menschen in ihrer Umgebung; höchstens mit der Ausnahme, sie in ihrem Glauben einen Schritt weiter in Richtung Erkenntnis zu bringen.

6. JULI

Die Botschaft beweist den Botschafter, nicht sein Anspruch.

Diese Botschaft erfährt ihren geschichtlichen Beweis nicht durch die Anerkennung der Person, obwohl dies häufig der Fall ist, sondern durch die Ereignisse in der Welt. Zum Beispiel wurde der Prophet Zoroaster nicht von so vielen Menschen akzeptiert wie die anderen großen Propheten. Dennoch spielte er eine große Rolle in der Geschichte, und was er der Welt gab, kann niemals sterben.

7. JULI

Jede Seele hat eine bestimmte Aufgabe und nur die Erfüllung des eigenen Zwecks kann einen Menschen richtig leiten. Erleuchtung wird ihm durch seine eigene Begabung zuteil.

Es ist nicht nötig, einen Händler zu einem Musiker zu machen oder einen Künstler zu drängen, ein Mechaniker zu werden. Perfektion bei irgendeiner Aufgabe führt zur Perfektion der Qualität, und diese führt zur Verwirklichung des Wesens der Perfektion. Genau dies ist die Aufgabe jeder Seele, zusammen mit der Notwendigkeit, Gott auf jedem Schritt des Weges zu loben und zu preisen. Metaphysik und Theologie sind nur Formen – höhere oder niedrigere –, in welche die Lehren eingehüllt sind; doch die Lehren sind das Leben selbst.

8. JULI

Während die Menschen gewöhnlich andere vom eigenen moralischen Standpunkt aus beurteilen, achten die Weisen auch auf den Standpunkt der anderen.

Mit „gewöhnlich" sind Menschen gemeint, deren Bewusstsein im Gedankengewebe gefangen ist. Sie befinden sich im Strom von *Manas* [sanskr.: Wahrnehmen, Denken, Fühlen] und können nur das verstehen, was ihr Verstand sieht, und nichts darüber hinaus. Doch die Weisen haben den Zustand von *Buddhi* [sanskr.: intuitive Intelligenz, höherer Verstand] erreicht, der sie befähigt, über Namen und Formen hinaus zu schauen und das Leben vom Standpunkt eines jeden Menschen zu betrachten.

9. JULI

Während die Menschen gewöhnlich sich über ihren Aufstieg freuen und über ihren Fall klagen, nehmen die Weisen beides als natürliche Folge des Lebens hin.

Dies zeigt, dass die gewöhnlichen Menschen wie Bojen auf den Wellen des Lebens schwimmen und mit ihnen steigen und fallen. Sie können die Natur des Lebens nicht verstehen. Die Weisen, die den Rhythmus ihres Atems gleichförmig halten und ihr Herz auf die Einheit richten, werden vielleicht von diesen Wellen überspült, aber sie werden von ihnen nicht gezwungen, den Lauf ihres Lebens zu ändern. Sie befinden sich mit ihrer Vision der erhabenen Einheit jenseits von Gegensätzen und Dualität.

10. JULI

Wer Gott liebt und wessen Herz voller Hingabe ist, kann mit Gott Zwiesprache halten, aber nicht jener, der sich mit dem Verstand bemüht, Gott zu analysieren.

Alles, was jenseits des Gedankengewebes ist, entzieht sich der Analyse. Nur was der Verstand greifen und zu sich herunterziehen kann, ist diesem Prozess zugänglich, vergleichbar einem Fisch, der versucht, einen Teil einer Substanz von der Wasseroberfläche in die Tiefe zu ziehen. Der Fisch kann nur das verstehen, was er zu fassen gekriegt hat; der Rest der Substanz entzieht sich seinem Verständnis. So ist es auch mit dem Leben und der Wahrheit. Was der Verstand zu fassen bekommt, ist nur ein kleiner Teil dessen, was wirklich existiert, so dass der Verstand für sich allein niemals die Geheimnisse aufdecken kann. Doch wenn mit dem Erwachen des Herzens Erleuchtung geschieht, werden alle Dinge auch für den Verstand klar sein.

Dafür ist kein anderes Streben nötig als Liebe, Selbstaufgabe, Hingabe, das Wegwerfen aller anklammernden Gedanken. Doch du kannst dem Verstand nicht durch Belehrung vermitteln, dass er lieben soll, und auch das Herz kannst du nicht durch Überredung oder einen Talisman zur Liebe bringen. Das Herz liebt, weil es lieben muss.

11. JULI

Beklage nicht die Vergangenheit, sorge dich nicht um die Zukunft, sondern versuche, das Beste aus dem Heute zu machen.

Paulus sagte: „Ich sterbe jeden Tag". Damit kannst du dem Karma entkommen, besonders wenn das Herz in der Anziehung zu Gott gelassen bleibt. Die Vergangenheit, die du beklagst oder die dich stolz sein lässt, gehört zum Ego, zum *Nafs*, und wird zur Quelle von weiterem Leid. Ob die Vergangenheit damals nun Freude oder Leid brachte – wenn sie in Gedanken weiter getragen wird, bringt sie in der Zukunft Leid.

Ebenso sollte kein Gedanke an die Zukunft gebunden werden: „Macht euch keine Sorgen um den nächsten Tag", wie Jesus so schön gesagt hat. Jeder Tag, jede Stunde und jeder Atemzug ist unsere große Gelegenheit. Du kannst die Übung *Darud* nicht ausführen, wenn die Gedanken weit weg in Raum und Zeit sind.

12. JULI

Wer einen anderen zu Freude oder Dankbarkeit anregt, bereichert dadurch auch sein eigenes Leben.

Was aus dem Herzen fließt, ist Leben, Licht und Liebe. Für das menschliche Denken sind das verschiedene Dinge, obwohl sie nur verschiedene Eigenschaften ein und derselben kosmischen Substanz sind. Es ist Liebe, die das Herz oder das Selbst eines anderen anregt, und Liebe ist Leben. Wenn also Liebe dazukommt, kommt Leben dazu. Es ist ein und derselbe Vorgang, und er geht einher mit der Ausdehnung des Herzens.

13. JULI

Lob kann ohne Tadel nicht bestehen;
es existiert nicht ohne sein Gegenteil.

Ein Lob von anderen kann Wirkung auf uns haben – oder auch nicht. Wenn es auf uns wirkt, gibt es uns Auftrieb, es erhebt uns. Wenn wir im Gebet *Saum* sagen: „Lob sei dir, Gott", werden Hände, Gedanken, Herz und Stimme erhoben. Dies bedeutet eine Veränderung des Zustands. Und wenn solch eine Veränderung möglich ist – nämlich nach oben –, dann kann es auch eine Veränderung nach unten geben. Wenn wir den Worten anderer erlauben, uns zu erheben und zu berauschen, werden wir auch zulassen, dass die Worte und Gedanken anderer uns entmutigen und betäuben. Beide Zustände sind ein Rausch. Wer aber im Zustand der Nüchternheit ist, wird weder von Lob noch von Tadel beeinflusst.

14. JULI

Reichtum und Macht können vergehen, weil sie außerhalb von uns sind. Nur das, was in uns ist, können wir unser eigen nennen.

Alle Propheten haben dies gelehrt und die Menschen aufgefordert, diese innere Fähigkeit auszubilden. Eine Hand kann nicht mehr Gold halten, als sie greifen kann. Der Verstand kann nicht mehr Reichtum oder Macht halten, als er fassen kann. Doch grenzenlos ist die Macht, die Inspiration und die Liebe eines erwachten Herzens.

15. JULI

Die Welt entwickelt sich von der Unvollkommenheit zur
Vollkommenheit. Sie bedarf aller Liebe und Zuwendung.
Große Zärtlichkeit und Achtsamkeit sind von jedem von uns gefordert.

Die auf dem Pfad Gottes gehen, haben es nicht nötig, Freundlichkeit, Heiterkeit und Freundschaft von anderen zu erwarten, und sie brauchen auch nicht auf moralische Festigkeit oder Verständnis derer zu hoffen, denen sie begegnen. Es reicht, wenn der *Murid* versteht, dass Liebe und

Güte von Gott kommen und Zeichen der Gegenwart Gottes sind, und wenn er Gott lobt für jedes Zeichen Seiner Gegenwart.

Gleichzeitig ist es so, dass alles, was dem Murid gegeben wird, für die Menschheit ist und nicht für sein individuelles Selbst. Der unglaubliche spirituelle Magnetismus, der in und durch den *Talib*, den Schüler auf dem spirituellen Pfad, fließt, erreicht die ganze Menschheit, da er durch den menschlichen Atem in die Erdatmosphäre eintritt und um den ganzen Erdball reist. Dieser Atem wird getragen von all den Gedanken und Gefühlen von Zärtlichkeit und Liebe. Allerdings kann ein einziger schroffer Gedanke eines führenden Kopfes sehr viele in Bedrängnis bringen.

16. JULI

Das Herz jedes Menschen, ob gut oder böse, ist die Wohnung Gottes.
Wir sollten immer darauf achten,
niemanden durch Worte oder Taten zu verletzen.

Wenn nicht wenigstens etwas Gutes im menschlichen Herzen wäre, könnte es kein Leben im physischen Körper geben, weil das Blut zu jeder Zelle, jedem Muskel und jeder Drüse Gift tragen würde. Es wird sogar von seltsamen Todesfällen berichtet, die Herzversagen oder anders genannt werden, die von psychischem Gift herrühren, das den physischen Körper durchdringt.

Jeder schroffe Gedanke eines Menschen beeinflusst sofort zwei Arten von fließenden Kräften: die lebendige Energie, die *„Prana"* genannt wird und mit dem Atem ein- und ausfließt, und die universelle Lebens-Liebes-Essenz, welche die ganze Erde zusammenhält, also die Herzenergie. Ein schroffer Gedanke wirkt durch *Prana* hauptsächlich auf das Denken anderer, denn er ist auf andere gerichtet. Aber die Natur von *Prana* ist es auch, mit dem Ausatmen das Denken aller Personen, auf die es trifft, zu berühren. Und was auch immer es anderen gibt, gibt es auch sich selbst.

Die Herzenergie, die wir als universelle Lebenskraft betrachten, wirkt so, dass sie jeden Menschen auf der Erde erfassen kann, und auch andere Wesen auf der Erde und im Unsichtbaren. Der angemessene Gebrauch dieser Herzenergie wird von den Sufis *Ishk* genannt, von den Buddhisten *Karuna* und im Neuen Testament *Agape*, auch als „selbstlose Liebe" übersetzt.

Ein Unterschied besteht hier darin, dass Gedanken hauptsächlich auf den Denkenden und die Sache oder die Person, an die gedacht wird, einwirken, während das Gefühl der Herzenergie auf den ganzen kosmischen Körper von Adam, also auf die ganze Menschheit, Wirkung ausübt. Auf diese Weise, durch unsere Gefühle und Haltungen, erheben wir entweder die ganze Menschheit oder senken sie ab. Wenn also Jesus Christus sagte: „Liebt einander" und Mohammed im Koran lehrte, dass Allah uns aus Klumpen Blut schuf, nehmen sie Bezug auf die Realität der universellen Liebesenergie – die große Wahrheit der Existenz.

Ein Meister, ein Heiliger, ein *Bodhisattva* stellen ihr Bewusstsein in diesen großen Strom, in diesen Ozean der Liebe, und indem sie ihre Gedanken der liebenden Güte aussenden, tun sie Gutes für die ganze Menschheit. Wenn diese Gedanken sich an Einzelne richten, erreichen sie wenige; andernfalls erreichen sie viele. Dies ist der Grund für das Schweigen der Weisen.

17. JULI

Wir sollten sorgsam alle Dornen bei uns selbst entfernen, die uns in der Persönlichkeit anderer stechen.

Das Herz enthält alle Töne, also kann es mit jedem anderen Herzen in Harmonie kommen. Tritt Disharmonie auf, ist es ein Zustand des Kopfes. Wie begründet die Disharmonie auch sein mag, sie ist immer mit dem *Nafs* verbunden. Gott enthält in seinem höchsten Wesen alles Gute und Schlechte – oder nichts. Das bedeutet: Gott ist die Vollendung der Qualität, nicht etwa nur ihre Ausdehnung, wie groß sie auch sei. Gott ist nicht Vielheit oder Größe, sondern unendlich, und diese Kennzeichnung als unendlich entzieht sich dem Begreifen durch den endlichen Verstand.

Wenn ein spirituell Strebender mit dem *Fikr* atmet und *Ishk* im Herzen hält, kann er von anderen nicht ungünstig beeinflusst werden. Du bist entweder vereint mit allen Seelen – oder nicht auf diese Weise vereint. Dies bedeutet nicht, sich anderen gegenüber herablassend zu verhalten. Es bedeutet, entweder sich selbst zu verändern, um mit der anderen Person in Harmonie zu kommen, oder mit aller verfügbaren Kraft den bösen Geist aus der anderen Person auszutreiben und sie wieder ganz zu machen. Der Gebrauch dieser Kraft steht nicht im Gegensatz zu *Ishk*, wenn sie den anderen heilt.

18. JULI

In jeder Seele gibt es Licht. Wir müssen nur die Wolken, die es überschatten, zerteilen, damit es hervorstrahlen kann.

Wolken werden durch den Verstand verursacht, durch Gedanken an das Selbst – durch nichts anderes. Nicht wer uns begegnet oder uns Schmerzen zufügt oder im Weg zu stehen scheint, ist die Ursache dafür, dass dies Licht verdeckt wird. Das Licht wird im Herzen eines jedes verdeckt – nirgendwo sonst. Durch Schmerz wird es wachgerüttelt. Und deshalb hindern unsere Feinde und die Erschwernisse im Leben uns nicht etwa am höheren Selbstausdruck, sondern ermöglichen es uns, ihn voranzubringen – mehr als alles andere im Leben. Nur wenn wir die Fesseln des Selbst abstreifen – entweder freiwillig und mit Freude oder durch Schmerz und Not –, kann dieses Licht an die Oberfläche dringen.

19. JULI

Das wahre Glück der Seele liegt im Erleben innerer Freude. Mit äußeren, scheinbaren Vergnügungen wird sie niemals ganz zufrieden sein. Sie ist mit Gott verbunden, und nichts Geringeres als die Vollkommenheit wird ihr je gerecht werden.

Alle Erfahrungen der äußeren Welt können vielleicht das größte Hindernis oder die größte Hilfe sein – oder auch weder hindern noch helfen. Vergnügen steht uns im Weg, wenn wir so davon angezogen sind, dass das Herz eingelullt wird. Vergnügen steht uns auch im Weg, wenn wir Asketen werden und uns davon fernhalten. In diesem Zustand haben wir die materiellen Aspekte von Vergnügen vermieden, sind aber vielleicht umso stärker durch den Gedanken daran gebunden. Ob dieser Gedanke nun negativer oder positiver Natur ist, ob wir suchen oder vermeiden, wir sind gebunden.

Die Seele sucht nicht und vermeidet nicht. Die Seele befasst sich nicht mit Gedanken. Sie beschäftigt sich mit der Erfahrung Gottes, und sie kann diese finden, ohne auf Vergnügen zu achten. Jede Erfahrung kann zu Gott führen. Sie kann aber auch die Wolken über dem Verstand vermehren und das Herz hart machen. Nur wenn wir jede Anhaftung an die Erfahrung aufgeben – einschließlich der Idee der Anhaftung –, kann die Seele Frieden und Ruhe in Gott finden und sich mit Gott befassen, ganz gleich, wie die Umstände in materieller oder gedanklicher Hinsicht sind.

20. JULI

Jeder Schlag im Leben trifft uns ins Herz und erweckt unsere Anteilnahme an anderen. Und jedes Dahindriften in Wohlbehagen schläfert uns ein, so dass wir andere nicht mehr wahrnehmen.

Ishk, der Lebensstrom, der durch das Herz fließt und das Blut durchdringt, berührt alle Seelen. Es ist ein erstaunliches Gesetz, dass viele Menschen, die hart und ohne Anteilnahme sind, nach dem Erleiden großer Schmerzen oft anfangen, für andere Anteilnahme und Liebe zu empfinden. Dies ist im Wesen von *Ishk* begründet, das weder Selbst noch Nicht-Selbst kennt. Wenn also das Herz in *Ishk* ist, bringt es allen Wesen liebevolle Freundlichkeit entgegen und achtet nicht auf Unterschiede. Dies ist der ideale Zustand des Reisenden.

21. JULI

Das Studium des Lebens ist die größte aller Religionen, und es gibt kein größeres oder interessanteres Studium.

Was ist Religion? Sie ist das, was Mensch und Gott verbindet. Und was ist das Verbindende? Es ist *Ishk*. Ist *Ishk* Liebe? Ist *Ishk* Leben? Ist *Ishk* Licht? Es ist nichts davon und es ist alles das. Ohne das Erfassen von *Ishk* können wir das Licht nicht verstehen, das Leben nicht verstehen und die Liebe nicht begreifen.

Die Erkenntnis von *Ishk* wird von den Sufis *Ilm* genannt. Dies ist die wahrste und höchste Erkenntnis, die es gibt. Sie könnte Liebes-Erkenntnis genannt werden – nicht Erkenntnis der Liebe oder Liebe der Erkenntnis, sondern die vollkommene Vereinigung der beiden. Dies ist „das Studium" und „die Religion" in der wahrsten Bedeutung der Begriffe.

22. JULI

Vom größten Sünder können wir Tugend lernen, wenn wir ihn als Lehrer betrachten.

Wenn jemand vollständig böse wäre, könnte er nicht leben. Das Gift, das wir verbreiten, vergiftet auch uns selbst. Das Herz eines Menschen sendet – wie ein Radiosender – Schwingungen aus, die von anderen empfangen werden, aber es nimmt auch die eigenen Schwingungen auf. Was einen anderen berührt, berührt auch ihn selbst. Solange noch Leben in einem Menschen ist, gibt es dort auch noch etwas Tugend.

Das Wort „Tugend" bedeutet eigentlich Mannhaftigkeit, Lebenskraft, Mut, Stärke. Die Vorstellung von Güte, die mit „Tugend" verbunden wird, hat unser menschlicher Verstand erdacht. Dennoch ist sie ein glänzendes Konzept. Da Tugend den Besitz von Lebenskraft bedeutet und Lebenskraft die Macht Gottes ist – und die Macht Gottes ist Güte –, können Tugend und Güte als identisch betrachtet werden. Und wenn wir etwas Güte sogar an dunklen Plätzen finden können, können wir sie überall finden. Gott ist nicht nur im Himmel, sondern auch in der Hölle.

23. JULI

Wärme bringt zum Schmelzen, während Kälte gefrieren lässt. Ein Eistropfen schmilzt an einem warmen Ort und bedeckt eine große Fläche, während ein Wassertropfen an einem kalten Ort gefriert und sich zusammenzieht. Reue wirkt wie ein Tropfen in der Wärme, sie veranlasst das Herz, sich auszudehnen und umfassend zu werden. Verhärtung des Herzens verursacht dagegen Einengung.

Dies zeigt die Tätigkeit von *Ishk.* Die Ausdehnung von *Ishk* verwandelt gröbere Schwingungen in feinere und erschafft das, was Geist *(spirit)* genannt wird. Geist und Materie sind eins, doch die Kraft von *Ishk* wird geringer, wenn es von seiner Quelle entfernt wird, welche der Thron oder das Herz Gottes *(Arsh)* ist. Durch *Ishk* schmilzt Eis, wachsen Blumen, werden Tiere stark und entwickeln sich die menschlichen Fähigkeiten. Deshalb ist die Vorstellung falsch, dass *Allaho Akbar* eine bestimmte Wirkung hat und *Ishk Allah* eine andere – außer dass vielleicht *Allaho Akbar* den physischen Körper schneller und das Herz langsamer erreicht, während *Ishk Allah* das Herz schneller und den physischen Körper langsamer erreicht. Doch letzten Endes kommen sie zusammen, ihr Zweck ist derselbe – die Vergeistigung auf dem Gebiet des Strebens. Wenn der göttliche Atem und das göttliche Ausströmen auf eine Sphäre treffen, bringen sie Leben, Liebe, Kraft und Inspiration dorthin und lösen alle Härte im Herzen, im Denken oder im Körper auf.

24. JULI

In allem, was wir tun, sollte es ein Gleichgewicht geben. Extrem oder lauwarm zu sein, ist gleichermaßen schlecht.

Bindung an die Materie hält die Seele davon ab, ihren Weg zu finden, da sie sich in einem Gewirr von Erscheinungen verliert. Bindung an den Verstand *(mind)* oder den Geist *(spirit)* bewirkt, den Zweck von Materie und die Ursache der Schöpfung nicht zur Kenntnis zu nehmen. Alles, was uns begegnet, ist da, um uns zu prüfen. Außerdem gibt es uns die Gelegenheit, uns selbst, die Situation oder die Sache zu vervollkommnen. Das ist unmöglich, wenn wir lauwarm sind. Die wahre spirituelle Haltung ist, ungebunden zu sein und dennoch warm im Herzen.

25. JULI

Unser Geist ist unser wahres Sein, der Körper nur seine Kleidung. Beim Schneider werden wir keinen Frieden finden, nur weil der Mantel von dort kommt. Auch der Geist kann kein wahres Glück auf der Erde finden, nur weil sein Körper zur Erde gehört.

Ishk hält die Teile des Körpers zusammen, vereint das Denken und bringt Körper, Denken und Herz in Einklang. *Ishk* bringt Freude und *Ishk* führt zum Frieden. *Ishk* kann in der Materie gefunden werden und zugleich außerhalb der Materie. Ohne *Ishk* könnte es keine Materie geben, und doch hängt die Existenz von *Ishk* nicht von der Materie ab. Das spirituelle Leben ist das Leben in und von *Ishk*, mit anderen Worten von Liebe. Das ist hier und jetzt wahr und ebenso in der Vergangenheit und in der Zukunft. Das Wort *Logos*, das im Neuen Testament vorkommt, ist nichts als eine Variation von *Ishk*; nur schließt es Klang, Atem und Intelligenz in seine Bedeutung ein. Die beste Übersetzung für *Logos* ist Intelligenz – die Sufis sprechen von *Ilm*.

26. JULI

Jeder Zweck hat eine Geburt und einen Tod. Darum ist Gott jenseits von Zweck.

Gott ist jenseits von Zweck und Gott ist nicht Zweck. Doch wenn es keinen Gott gäbe, gäbe es auch keinen Zweck. *Logos* und *Ilm* enthalten die

Idee der Intelligenz. Es gibt Intelligenz mit einem Zweck und Intelligenz jenseits von Zweck, weil Zweck durch den Verstand wirksam wird und der Verstand allein nicht an den höchsten Freuden teilhaben kann.

27. JULI

Glaube und Unglaube haben die Menschheit in viele Sekten geteilt und unsere Augen blind gemacht für die Einheit allen Lebens.

Glaube und Unglaube sind Ergebnisse des begrenzten Verstandes, im Raum von *Manas* geboren, dem Feld des Zusammenbringens von Wahrnehmungen, Gedanken und Gefühlen. Unglaube ist nur eine andere Form des Glaubens und entspricht einer begrenzten Sichtweise, aber das Wesen von Glaube und Unglaube ist gleich. Dennoch kann der Glaube, wenn er auf Liebe beruht oder mit Liebe gefühlt wird, zum Erwachen des Herzens führen. Dies wird den Menschen sowohl vom Glauben als auch vom Unglauben befreien und zur Pforte der Erkenntnis führen.

28. JULI

Geist kann nur Geistiges lieben. Wenn er Form liebt, macht er sich Illusionen.

Geist, die wirklich existierende Substanz, verhält sich nicht so wie materielle Dinge – und doch wird sein Verhalten im Verhalten aller Formen der Materie widergespiegelt. Die Umwandlung von Geist in Materie ist ein Vorgang des Erstarrens oder Festwerdens. Mit anderen Worten: eine gefrierende und abkühlende Wirkung bringt die Schwingungen dazu, eine gröbere und zähere Form anzunehmen. Doch sobald sie diese Form annehmen, sind sie nicht mehr empfänglich für den schwächer gewordenen Pulsschlag des Geistes.

Dieses Spiel und Wechselspiel des Geistes hält das ganze Universum aufrecht und alles hängt davon ab, sogar die Gedanken der Menschen und die Erinnerung. Ohne diesen Vorgang würde nichts an etwas anderem haften bleiben. Der Geist in der Materie hält die Teilchen zusammen und der Geist im Verstand hält die Gedanken zusammen. Deshalb muss in der Konzentration ein Gedanke mit einem Gefühl gehalten werden. So werden sowohl die Materie als auch das Denken vergeistigt und Gott kann in Seiner Schöpfung erkannt werden.

29. JULI

Lieben ist eine Sache und Verstehen eine andere.
Wer liebt, gibt sich hin, doch wer versteht, ist ein Freund.

Dies ist der Unterschied von *Ishk* und *Ilm*. Der sich Hingebende ist berauscht von der Liebe und dem Licht Gottes und sehnt sich nur danach, im universellen Geist zu baden; er ist ein Liebender und manchmal ein Heiliger. Doch es gibt eine weitere Stufe: sich in diesem Ozean zu baden, von dem kosmischen Wein zu trinken – und nicht betrunken zu sein. Dies ist die höchste Stufe, die Nüchternheit, und das Ergebnis davon ist *Ilm*: das höchste Wissen oder die universelle Intelligenz. Wer sie besitzt, ist ein Weiser.

Der sich Hingebende, der von *Ishk* erfüllt ist, wird zu einem Nichts im Angesicht Gottes, da er nicht-existierend im Existierenden ist. Doch der Weise, der *Ilm* innehat, ist wie Gott im Angesicht des Nichts – er ist existierend im Nicht-Existierenden. *Fana* beschreibt den Hingegebenen in *Ishk* und *Baqa* beschreibt den Weisen mit *Ilm*.

30. JULI

Unter einer Million Gläubigen gibt es kaum einen,
der Gott zu einer Wirklichkeit macht.

Ja, Gott ist die Wirklichkeit in unseren Gedanken, die Wirklichkeit in unserer Wirklichkeit. Sofern es überhaupt eine Wirklichkeit in Gedanken und in unserer Sicht der Wirklichkeit gibt, ist es Gott. Doch dies ist nur ein Gedanke inmitten der Myriaden von Gedanken in unserem Kopf. Wenn Gott nun unendlich ist, kann er nicht einfach nur einer unter vielen sein; denn dann wäre Gott – egal, wie wir ihn beschreiben würden – nicht unendlich. Um unendlich zu sein, darf Gott in keiner Weise von unseren Gedanken beeinflusst werden. Deshalb ist die Wirklichkeit Gottes jenseits aller Gedanken. Und diese Wirklichkeit ist für uns erreichbar, wenn wir aufhören, über Gott nachzudenken und anfangen, Gott zu lieben.

Die Seele glaubt zu ersticken,
wenn die Tore des Herzens verschlossen sind.

Für das Herz ist es ganz natürlich, sich auszudehnen und zusammenzuziehen, sich zu öffnen und zu schließen. Dies spiegelt sich in den Bewegungen des physischen Herzens wider. Es ist aber ganz unnatürlich für das Herz, geschlossen und starr zu bleiben. Dies hat immer eine Rückwirkung auf das physische Herz: es wird härter, seine Bewegungen unrhythmischer, sein Puls verspannt und sein Inhalt giftig, wodurch langsam der göttlichen Tempel des physischen Körpers zerstört wird.

Betrachten wir dieses Zusammenziehen vom Standpunkt der Seele aus – die nichts anderes ist als *Ishk*, als Gott –, dann kann die göttliche Lebensenergie die Materie nicht erreichen. Die Seele ist auf sich selbst zurückgeworfen und ihre Entwicklung wird so verhindert. Genau genommen kann sich die Seele gar nicht entwickeln oder verändern, aber sie kann das Leben an der Oberfläche oder in der Tiefe erfahren. Um frei zu sein, darf sie nicht begrenzt sein. Wenn aber die Tür nach draußen geschlossen ist, entsteht Leid, weil die Freude ausgeschlossen ist.

1. AUGUST

Mit Verständnis können wir die Schwierigkeiten des Lebens leichter tragen.

Wir brauchen vor Schwierigkeiten und Schmerzen nicht verschont zu bleiben. Sie müssen hingenommen werden, solange wir mit dem Verstand befasst sind. Aber der Verstand ist nicht der Ort, an dem Verstehen zu Hause ist, sondern das Herz ist der Ort des Verstehens. Die Schwierigkeiten werden nicht aufhören, wenn das Auge des Herzens sich öffnet, aber der vergängliche Charakter der Störung wird dann deutlich. So ist manchmal schon allein die Zeit heilsam.

Einen Muskel zu trainieren und einen Muskel zu überanstrengen, kann beides Schmerzen verursachen. Doch von der ersten Art des Schmerzes lassen wir uns nicht groß beeindrucken, weil ein Zweck darin liegt. Wenn wir einen Zweck erkennen, erscheint uns das nur als eine Belastung beim Üben und der Schmerz verursacht keine Qual.

2. AUGUST

Die gleiche Pflanze wird unter verschiedenen Witterungsverhältnissen ihre Form jeweils anpassen, aber ihre Merkmale behalten.

Wir können einen Apfelbaum nicht in eine Dattelpalme verwandeln – wozu auch? Schönheit zeigt sich in Harmonie, nicht in Gleichförmigkeit. Jedes Ding und jede Form hat einen Zweck, der hinter der Form und der Erfahrung dieser Form verborgen ist. So enthält das menschliche Herz den Samen des Lebens – nämlich die Liebe. Und wie tief der Samen auch vergraben sein mag, er kann niemals ganz zerstört werden, da er die göttliche Essenz in sich trägt.

In der spirituellen Ausbildung wird dieser Samen im Herzen zum Leben erweckt und durch Meditation ein günstiges Klima geschaffen, das sein Wachsen ermöglicht.

3. AUGUST

Bevor du einen Mitmenschen um seine Stellung beneidest, bedenke, mit welchen Schwierigkeiten er sie erreicht hat.

Was ist der Mensch mit einer weltlichen Stellung? Wenn er kein höheres Wissen hat, muss er aufpassen, dass er nicht in einem unerwarteten Moment wie Spreu im Wind weggeblasen wird. Was ist der Mensch mit intellektuellem Ansehen? Wenn hinter dem Ansehen nicht Aufrichtigkeit und Bescheidenheit stehen, wird diese Person in einem unerwarteten Moment einen heftigen Sturz erleben.

Jene, die hochgeklettert und erfolgreich aufgestiegen sind, haben das durch die Schmerzen erreicht, die das Herz empfangen hat und die es geöffnet haben, so dass sich sein Lebensblut auf den Boden ergießt. In den Augen Gottes sind menschliche Ehren nichts wert, doch die selbstlose Liebe von Eltern, Freunden oder Gläubigen wird hochgeschätzt.

4. AUGUST

Das Leben ist, wie es ist. Du kannst es nicht ändern, aber du kannst dich selbst ändern.

Aus spiritueller Sicht ist das Leben endlos und kann von endlichen Kräften weder geändert noch beeinflusst werden. Es hat Merkmale, die von Menschen aufgezählt und beschrieben wurden, aber das Leben ist mehr als seine Merkmale. Es kann nicht geändert oder beendet werden, es ist in jeder Hinsicht ewig. *Ya Hayy!*

Von außen gesehen ist das, was wir Leben nennen, das Ergebnis des zusammengesetzten Karmas aller Geschöpfe, die in der Sphäre des höheren Lebens tätig sind. Das heißt, es gibt eine Art Leben, das von der Sphäre der Begrenzung ganz unabhängig ist, und eine andere Art Leben, in dessen Schoß sich alle geringeren Gestaltungskräfte betätigen. Aus der zweiten Form des Lebens entstehen Dunkelheit, Mühsal, Nacht und alles Schlechte. Das höhere Leben wird davon nicht beeinträchtigt, ebenso wenig wie die Sonne durch den Nebel vernichtet wird.

5. AUGUST

Das Leben ist eine stetige Serie von Erfahrungen, eine führt zur nächsten, bis die Seele an ihrem Bestimmungsort ankommt.

Es gibt drei offensichtliche Aspekte des Lebens, die nicht wirklich offensichtlich sind. Der erste ist das gesamte *Pleroma*, die Fülle aller Dinge, die Gott ist und die anderen beiden umfasst und sie von innen und außen berührt; trotzdem wird er nicht von ihnen berührt, wie auch die Sonne nicht von der Erde und von den Wolken berührt wird.

Dann gibt es das Leben in der Schöpfung – denn die Schöpfung oder die Natur *(Prakriti)* könnte nicht existieren, wenn kein Leben da wäre. In der Sphäre der Formen und Kräfte gibt es ein Wechselspiel der mineralischen, tierischen und pflanzlichen Welten. In diese Arena wird der Mensch gezogen und zur Beute von *Samsara.*

Und es gibt das Leben, wie es vom individuellen Standpunkt aus erscheint, wobei jede Seele als getrennt gesehen wird. Dies ist die menschliche Sichtweise, die zwischen den beiden anderen steht. Aber diese Sicht ist ein Trugbild – und der ganze Zweck der menschlichen Existenz besteht darin, uns zu befähigen, diese Illusion hinter uns zu lassen.

6. AUGUST

Das äußere Leben ist der Schatten der inneren Wirklichkeit.

Das unbedingte Leben ist Lichtnatur. Als Allah die Welt erschuf, zog Er die höchsten Schwingungen zu einem Zentrum, um damit sozusagen eine größere Bleibe des Lichts zu schaffen. Durch diese nach innen gerichtete, zusammenziehende Bewegung bewirkte Allah, dass sich das Licht aus bestimmten Sphären zurückzog, die dadurch vergleichsweise dunkler wurden. Durch diesen Vorgang und in dieser Sphäre wurden die gröberen Welten erschaffen. Und als die Menschen an der Reihe waren, kamen sie an diesen Ort, um zu helfen, das Licht zurückzuholen, das vorübergehend von dort abgezogen wurde.

7. AUGUST

Aus einem Versagen zieht ein Weiser die Lehre für sein ganzes Leben.

Es gibt nur ein Versagen: Achtlosigkeit gegenüber Gott. Anderes Versagen gibt es nicht. Wir versagen, weil wir blind oder unwissend sind. Und wenn wir ehrlich sind, wird das, was wie ein Versagen aussah, sich später als ein Test erweisen, der uns auf einen viel größeren Erfolg vorbereiten sollte, als wir uns während der Erfahrung erträumen konnten.

8. AUGUST

Je weiter du dich spirituell entwickelst,
desto weniger wirst du von aller Welt verstanden.

Die Menschen sind in wechselnden begrenzten Erfahrungen *(Samsara)* festgehalten. Bestenfalls nehmen sie Verbindung mit dem Strom ihrer Gedanken *(Manas)* auf und selten – wenn überhaupt – trauen sie ihrer Intuition. Sie erfinden ihre Formen der Logik und des Menschenverstands – die vor der Ewigkeit nichts bedeuten –, oft um ihr Unrecht zu rechtfertigen und ihre Missetat zu verteidigen. Ihre Gesetze, die weder auf die Natur noch auf Gott gegründet sind, unterliegen dem Wandel, dem Verfall und der Auflösung.

Die Weisen, die nach den ewigen Wahrheiten suchen, sind weder an solche Logik noch an solches Gesetz gebunden. Sie stehen vielleicht allein inmitten der Unwissenden, doch sie wissen zu stehen. Sie kennen die Grenzen der Unwissenheit und besitzen jenes Wissen, nach dem sich alle – bewusst oder unbewusst – sehnen.

9. AUGUST

Ein Wort kann kostbarer sein als alle Schätze der Erde.

Dieses Wort ist „Allah", obgleich es zahlreiche Formen davon gibt. Dieses Wort teilt dem Herzen mit, was nicht gesagt oder beschrieben werden kann. Es sagt dem Menschen etwas über Form, Gedanke und Ideal und zieht das Lebens-Blut des Herzens an. Hinter dem Ruf des *Muezzin* steht der ewige Ruf Gottes nach der Seele und der Seele nach Gott. Dies ist das verlorene Wort, die verlorene Musik, der verlorene Akkord. Diese sind verloren – und doch nicht verloren, da sie ständig in unserer Mitte erklingen.

10. AUGUST

Enge ist primitiv;
an der Weite des Herzens erweist sich die Entwicklung.

Ein Verstand, der ausgrenzt, aufteilt oder auf Unterschiede und Abgrenzungen achtet, ist ein unerleuchteter Verstand. Ein erleuchteter Verstand – angefüllt mit *Ishk* und besessen von *Ilm* – wird diese Unterschiede wahrnehmen, die Aufteilungen erkennen und die Ausgrenzungen bemerken. Er wird aber auch ihren Anfang und ihr Ende erkennen, ihre Unwichtigkeit für das große Ganze und den Bezug der Vorgänge zur Realität. Alles Wissen, das wir durch Analyse gewinnen, ist relativ. Nur die Intelligenz, die aus dem Herzen kommt, führt uns zum Höchsten.

11. AUGUST

Es ist einfacher, einen Weg zum Himmel zu finden
als einen Weg auf der Erde.

Auf der Erde gibt es so viele Kräfte und Verlockungen, die uns nach rechts oder nach links ziehen, Trugbilder, die uns ins Elend treiben und hinreißende Ablenkungen, die uns vom Weg abbringen. Es gibt den ständigen Kampf mit der Vorstellung, dass Erfolg darin besteht, andere zu beherrschen, auszubeuten oder zu besiegen.

All dies ist das dumme Spiel der Unwissenden, die in ihrer Unwissenheit so viel Elend verursachen. Die Idee des Himmels ist eine Welt, in der es Liebe, Miteinander und Überfluss für alle gibt und in der die Menschen die Begrenzungen hinter sich lassen können, die sie an die Erde binden. Doch den Unwissenden ist nicht bekannt, dass es möglich ist, dies bereits auf der Erde zu erreichen.

Wenn wir von uns selbst viel verlangen anstatt von anderen, wenn wir uns selbst beherrschen anstatt andere und wenn wir uns selbst überwinden anstatt andere, dann bringen wir den Himmel auf die Erde.

12. AUGUST

Gott entwirft und verwirklicht Seine angestrebten Pläne in der Natur durch menschliche Hände.

Im Leben gibt es folgende drei Aspekte: Erstens das spirituelle Leben, das Gott in göttlicher Fülle ist, nicht beeinträchtigt von irgendeiner Dunkelheit. Zweitens die Natur, die aus einer Bewegung des Zusammenziehens entstanden ist und als eine Welt relativer Dunkelheit in Erscheinung tritt; sie besteht aus den Verknüpfungen des materiellen Lebens. Um die Materie zurück in den Geist zu ziehen, wurde die Menschheit erschaffen, die zum Spiel zwischen den beiden anderen Kräften oder Aspekten wurde. Eigentlich stehen die beiden nicht im Gegensatz zueinander, doch für die Menschen erscheint es so, weil sie von dem einen oder dem anderen angezogen werden.

Aus der Menschheit heraus erwächst der dritte Aspekt, das gedankliche Leben *(Manas)*, das zwischen den beiden anderen steht und eine Mischung aus Licht und Dunkelheit ist. Hier überwiegt immer das Licht, es kann jedoch die Dunkelheit nicht ganz vertreiben, bis die Flut der spirituellen Intelligenz das ermöglichen wird. Hierdurch tritt Gott in die erschaffenen Welten ein und stellt für sich das wieder her, was Er sich selbst freiwillig durch Liebe und Selbstopfer entzogen hat.

Tatsächlich verhält sich das alles nicht so. Es ist nur ein Traum, doch es ist die einzige Erklärung, die für uns Menschen verständlich ist.

13. AUGUST

Der Naturliebende ist der wahre Gottesverehrer.

Die Natur ist der Aspekt Gottes, der Namen und Formen einbezieht. Doch sie ist immer noch ein Aspekt Gottes und die Dunkelheit in der Natur ist nur ein Schleier, der das verborgene reine Licht davon abhalten soll, die Augen der Geschöpfe, die nicht hineinschauen könnten, zu blenden. Nicht nur die Seher oder Weisen, sondern viele Menschen spüren das gewaltige Drängen in der Natur; nicht nur die Mystiker und Pantheisten, sondern auch viele Menschen von begrenztem Gesichtskreis werden von Bäumen, Bergen und Flüssen angeregt. Dies zeigt, dass in der Natur das gleiche spirituelle Leben pulsiert wie in der Seele der Menschen. Und in dieser Liebe gibt es den Ruf von Seele zu Seele – Gott erkennt Gott.

14. AUGUST

Auf dem Land siehst du die Herrlichkeit Gottes;
in der Stadt verherrlichst du Seinen Namen.

Auf dem Land ist es Gott, der uns Sein Selbst enthüllt, doch in der Stadt müssen die Menschen sich betätigen, um Zufriedenheit zu erlangen. Und es ist das Tun, das Zufriedenheit bringen soll. Durch die Übung *Darud*, das Preisen von Gottes Namen, können wir Schönheit und Liebe an öde und dunkle Plätze bringen. In Feldern, Wäldern und Wiesen jedoch treten Schönheit und Liebe ganz natürlich in Erscheinung.

15. AUGUST

Der Schmerz des Lebens ist der Preis für die Belebung des Herzens.

Das Herz dehnt sich aus und zieht sich zusammen. Das *Nafs* neigt dazu, das Herz zusammengezogen zu halten und hart zu machen. Dies entsteht aus einer falschen Sicht des Lebens, denn in Wirklichkeit hat das *Nafs* keine Kontrolle über das Herz; doch inmitten des Lebens lässt sich das Herz berauschen und folgt blind. Dies führt dazu, dass der Verstand den Willen beherrscht und schafft endlose Probleme für alle.

Um das Herz zu öffnen, gibt es ein ständiges Ziehen, und dieses erzeugt Schmerzen. Die Schmerzen sind nicht notwendig, das Ziehen schon. Doch wenn wir das Herz geschlossen halten und nicht freiwillig nach Gott suchen, werden der Zweck und die Natur des Lebens dieses Ziehen herbeiführen und es mit Schmerzen begleiten. Selbst das Gesetz des Karma dient nicht dazu, Menschen in den Abgrund zu ziehen, sondern ihnen zur Erkenntnis eines höheren Zwecks im Leben zu verhelfen.

16. AUGUST

Worte, die die Seele erleuchten, sind kostbarer als Juwelen.

Denn solche Worte können nie vergehen, nicht im Hier und Jetzt und nicht im Jenseits. Selbst wenn wir in Betracht ziehen, dass die Seele mitten in Gott existieren wird, ohne vom Herzen, vom Denken oder vom Körper umhüllt zu sein, werden jene Worte gnädig auf die leidende Menschheit herabregnen und anderen Menschen in ihrem Kampf um Befreiung beistehen. So hilft ein Mantra nicht nur dem Andächtigen, sondern hat für alle Menschen Wert – für jene auf der Erde, für jene, die noch kommen, und für jene, die schon gegangen sind.

17. AUGUST

Liebe ist die gängige Münze aller Völker zu allen Zeiten.

Ohne *Ishk* gäbe es keine Gesellschaft, keinen Staat, keine Familie, keine Verbindung oder Miteinander zwischen Seelen. *Ishk* ist das, was die Menschen zueinander zieht, und es ist das Wertvollste im Leben – es ist die Essenz des Lebens selbst. Krieg, Armut und Leid zeigen seine Abwesenheit an und Wohlstand, Frieden und Glück sind Zeichen seiner Anwesenheit.

18. AUGUST

Nimm nicht das Beispiel eines anderen als Entschuldigung für dein eigenes unrechtes Tun.

Für den *Talib* gibt es zwei Arten, ein Ideal auszuwählen – und vielleicht sind sie gar nicht verschieden. Die eine Art ist, einer spirituellen Person zu folgen, die vor dir gegangen ist – vorzugsweise einer, der du auf der Erde begegnet bist, aber das ist nicht unbedingt notwendig. Die andere Art ist, die Intuition zu entwickeln und auf das Herz im Innern zu hören. Dies sollte in dem Wissen geschehen, dass es wirklich das Herz ist, dem du Beachtung schenkst, und dass du ganz sicher bist, nicht unter dem Einfluss des *Nafs* zu stehen.

Die Unterscheidung, ob du dem *Nafs* oder dem Herzen folgst, ist einfach. Das *Nafs* spricht immer bezogen auf das Selbst und Nicht-Selbst. Das Herz erkennt nur Prinzipien und keine Personen. Wenn du dem Herzen folgst, kann nichts falsch sein, aber du solltest dich auch nicht an Prinzipien binden.

19. AUGUST

Sieh über den größten Fehler anderer hinweg,
aber beteilige dich selbst in keiner Weise daran.

Es gibt verschiedene Arten, über die Fehler von anderen hinwegzusehen. Eine Art entspricht dem Verzeihen oder Entschuldigen. Während dies äußerlich geschehen mag, müssen Mystiker, je mehr sie äußerlich einen Missetäter verteidigen, desto mehr innerlich für die Person beten oder sie verurteilen. Andernfalls würden sie sich an dem Fehler beteiligen und sich dafür verantworten müssen.

Eine andere Art ist das Sehen mit dem Herzen. Ohne die Person zu rechtfertigen, erkennen wir ihre Begrenztheit an und unterscheiden deutlich zwischen der Person und dem Handeln oder Reagieren unter mehr oder weniger schwierigen Umständen. Das Herz erkennt die Umstände an und bemüht sich, die Person von dem Unterworfensein unter diese Umstände zu entlasten. Das ist das wahre Wesen des darüber Hinwegsehens.

Trotzdem gilt es, damit vorsichtig zu sein, denn du bist nicht nur beteiligt, wenn du bei der Tat mitmachst. Auch wenn du jemanden öffentlich verteidigst, ohne alle Umstände zu kennen, beteiligst du dich an der Tat. Ebenso machst du dich schuldig, wenn du jemanden zu Unrecht verurteilst. Diese beiden Verhaltensweisen treten dann auf, wenn der Verstand durch das *Nafs* und der Wille durch den Verstand beherrscht wird.

20. AUGUST

Klugheit und Komplexität bedeuten nicht unbedingt Weisheit.

Diese Eigenschaften kommen aus dem Scharfsinn des Verstandes zu dir, aus der Fähigkeit, Gedanken in bestimmte Richtungen zu drehen und das Verstandesmaterial sozusagen zu formen, wie ein Töpfer den Ton formt. Damit bewegst du dich immer noch in der Sphäre des Verstandes. Weisheit dagegen strömt aus der spirituellen Welt herunter in die gedankliche Sphäre – wie ein heller Lichtstrahl, der dem Denken Leben und Erleuchtung bringt und alles sofort klar werden lässt, ungeachtet besonderer Einflüsse und Bedingungen.

21. AUGUST

Alle Schätze der Welt sind ein zu geringer Preis für ein Wort, das die Seele entflammt.

Die Schätze der ganzen Welt lassen sich nicht wegtragen, darüber hinaus wäre der Gedanke an sie eine furchtbare Last. Die Seele wünscht sich Freiheit und schon der Besitz einer einzigen Sache kann zu einem Hindernis für die Freiheit werden. Wenn du Befürchtungen und unangemessene Sorgen hast, empfindest du Schmerz und Last – und keine Freiheit.

So können weltliche Besitztümer und intellektuelle Fähigkeiten entweder zu einem Idealbild oder zu einem Hindernis werden. Wenn es da einen Zweifel gibt, muss er ausgeräumt werden. Einzig die Liebe öffnet die Tore zur Freude. Außerdem vergehen die Schätze der Welt, doch eine Seele, die entflammt ist, kennt ihren unvergänglichen Wert.

22. AUGUST

Lebendig ist, wessen Mitgefühl wach ist, und tot, wessen Herz schläft.

Das wirkliche Leben ist nicht durch Denken oder Tun begrenzt. Es erfährt seine Befähigung auch nicht durch Gedanken oder Materie. Es ist nicht eingeschränkt, weil die Persönlichkeit gewissen Gesetzen unterliegt. Und wie drückt sich das wirkliche Leben aus? Der Wesenskern des Lebens ist im Herzen und nirgendwo sonst im menschlichen Sein. Wenn wir das Leben einmal im Herzen entdeckt haben, können wir es auch in jedem Teil unseres Wesens und Aufbaus finden.

Ohne Herz ist der Mensch lediglich ein Tier – oder weniger als ein Tier. Doch mit Herz wird er wie ein Gott. Die Energie des Herzens ist das Leben selbst und das erwachte Herz bringt das Leben an die Oberfläche.

23. AUGUST

Durch unsere Gedanken haben wir das Glück oder Unglück, das wir erleben, selbst vorbereitet.

Ohne Anhaftung an Dinge oder Gedanken ist Glück unser natürlicher Zustand. Der Verstand kann vielleicht anfangen, nach Bedingungen zu suchen, die etwas mehr Glück versprechen. Doch sobald er dies tut, bleibt für die anderen Bedingungen weniger Glück übrig. Dies erzeugt Schmerz, Leid und Verlangen, und dieses Verlangen wird nicht befriedigt, bis das Herz offen ist.

Himmel und Hölle sind ein und dasselbe, aber wie wir Menschen die Erfahrungen aufnehmen, ist verschieden. Künstler, Wissenschaftler, Bauern und Musiker tun alle Gutes in der Welt, aber wenn jeder an der Stelle eines anderen tätig sein müsste, würden sie statt auf Schönes nur auf Elend stoßen. Dies zeigt, dass das Denken die verschiedenen Bedingungen von Glück oder Unglück erzeugt.

24. AUGUST

Vertraue auf Gottes Hilfe und sieh,
wie Seine verborgene Hand überall wirksam ist.

Für den *Salik*, den aufrichtigen Reisenden auf dem spirituellen Pfad, sollte dieses Vertrauen eine Grundwahrheit sein – nicht ein blinder Glaube an die Möglichkeit, nicht ein unbegründeter Optimismus, sondern ein Vertrauen, das auf Sicherheit gründet. Es gibt einen Riesenunterschied zwischen dieser Sicht und Schicksalsgläubigkeit. Um Gottes verborgene Hand zu erkennen, muss der *Salik* sehen – und nicht nur hoffen. Dann kann er durch das Erwachen des Herzens die spirituellen Kräfte in jedem Teil des Universums erkennen.

25. AUGUST

Glaube ist das ABC der Vergegenwärtigung Gottes;
dieser Glaube fängt mit Beten an.

Glaube schenkt Wissen ohne Anstrengung des Intellekts, ohne Verwendung des begrenzten eigenen Verstands. Das Herz weiß, weil es weiß, ohne eine besondere Erklärung für dieses Wissen. Bei solchem Beten geht es darum, uns vom Einfluss des Selbst zu befreien. Diese Befreiung kann Gott uns geben – und dafür sollten die Menschen beten. Wenn wir für Umstände oder Dinge beten, begrenzen wir das Beten, begrenzen uns selbst und halten Gott davon ab, uns seine Weisheit und seine Großzügigkeit zu zeigen.

26. AUGUST

Leidenschaft ist der Rauch und Gefühl die Glut des Feuers der Liebe. Selbstlosigkeit ist die Flamme, die den Weg erhellt.

Mache Unwissenden keine Vorwürfe wegen ihrer Laster. Jedes Laster ist der Schatten einer Tugend. Je mehr du Menschen ihre Laster vorwirfst, desto mehr bleibt die Saat der Laster in der Welt, wo sie sich von anderen ernähren können. Durch diese Aufmerksamkeit besteht das Schlechte in der Welt weiter. Aber wenn wir wissen, dass das Laster nur die Einwirkung des *Nafs* ist, um die Energie zu beherrschen, dann können wir die Hand Gottes sogar in der Schlechtigkeit wahrnehmen. Finde Gott, erkenne das Gute in allen Absichten – und du hilfst mit, das Universum zu läutern.

27. AUGUST

Die Seele Christi ist das Licht des Universums.

Der Ausdruck *Nuri Mohammed* beschreibt sowohl die Seele Christi als auch das Licht des Universums. Dieses Licht durchdringt den Kosmos und durch dieses Licht finden die Menschen Liebe, Weisheit und Freude.

28. AUGUST

Der Tod ist eine Steuer, welche die Seele bezahlen muss, weil sie einen Namen und eine Form hatte.

Die Seele stirbt nicht, nur die Form stirbt. Die Seele stirbt nicht, nur der Name stirbt. Das Leben ist eine Reise von Zeitalter zu Zeitalter – und dennoch ist es keine Reise. Die Umstände ändern sich, das Wesentliche niemals. Wir ziehen Mäntel an und aus, die wir Körper nennen, die aber nicht wir selbst sind. So ist das Wesen der Schöpfung.

29. AUGUST

Ein lauteres Leben und ein reines Gewissen
sind wie zwei Flügel der Seele.

Mit lauterem Leben ist ein Leben frei von Anhaftungen gemeint, ein Herz erfüllt mit Liebe, ein Verstand erhellt vom höchsten Gedanken. Beim reinen Gewissen kommt es auch auf die Einheit an, die weder gut noch böse kennt. Denn sobald das Handeln so eingeteilt wird, schafft das, was hochgehoben wird, auch Platz für Depression und entzieht der Seele dadurch Glück.

30. AUGUST

Der Gebende ist größer als die Gabe.

Das Geben selbst vermehrt die Größe von Herz und Verstand. Welcher Sache auch immer wir Wert beimessen, der Wert liegt in der Anhaftung und nicht in der Sache; und es ist ein falscher Wert. Nichts im Universum ist so wertvoll wie das, das weggegeben und doch im Geben bewahrt werden kann, wie die Herzqualitäten, die aus der Liebe entspringen. Alles andere ist nur deshalb wertvoll, weil die Menschen es dafür halten.

31. AUGUST

Wer ausgibt, verbraucht; wer ansammelt, verliert.
Doch wer gibt, bewahrt den eigenen Schatz für immer.

Der wahre Schatz ist im Herzen. Was wir ausgeben, ist nur ein Tausch von Werten, eine Art Tauschhandel. Was wir ansammeln, dessen Wächter und Sklave werden wir. Doch wenn wir etwas geben – materiell, intellektuell oder spirituell – haben wir etwas gegeben, dessen Meister wir sind, sei es Besitz, Wissen oder Liebe.

SEPTEMBER

1. SEPTEMBER

Freude und Leid sind füreinander da. Wenn es die Freude nicht gäbe, könnte das Leid nicht sein, und wenn es das Leid nicht gäbe, könnte keine Freude erlebt werden.

Das Herz verhält sich seiner Natur gemäß so, dass es sich ausdehnt und zusammenzieht, wärmer und kälter wird. Nach dem Zusammenziehen neigt die Natur des Lebens wieder zum Ausdehnen – und es gibt Leid, wir erleben Anspannung, Leblosigkeit und Dumpfheit. Das Entkommen aus dem Leid ist von Schmerz begleitet, doch das Ende des Schmerzes ist eine Ausdehnung in den Geist, was sicher zu Freude führt.

Bist du dann ganz von Freude hingerissen und haftest dabei am Selbst, wird die Freude zu neuem Leid führen. Spirituelle Entwicklung hat den Zweck, die Natur des Lebens zu verstehen, in Freude und Leid, und so in jeder Erfahrung Frieden zu finden, ungeachtet ihrer Ergebnisse.

2. SEPTEMBER

Selbstmitleid ist die Ursache aller Kümmernisse im Leben.

Das Leben mit dem Ego zu verknüpfen, bedeutet, den Wert des Lebens zu zerstören, ohne den Wert des Egos zu erhöhen. Hat das Selbstbemitleiden erst einmal angefangen, führt es von Schönheit und Glück weg. In der Schönheit erfahren wir kein Ausweiten des Selbst, sondern ein Vergessen des Selbst und früher oder später ein Aufgeben des Selbst.

3. SEPTEMBER

Wie könnte das unbegrenzte Sein begrenzt werden? Alles, was begrenzt erscheint, ist in der Tiefe jenseits aller Begrenzung.

Begrenzung entsteht, wenn der Verstand eine Prüfung vornimmt. Der Verstand setzt seiner Natur gemäß den Dingen eine Grenze. Wenn das Auge einen Raum ausmisst, sieht es nur ein Stück weit nach links und rechts und nach vorne; daraus ergeben sich die Gesetze der Perspektive, die in der Mathematik und der Kunst wichtig sind. Der Verstand kann in jede Richtung noch viel weiter sehen, dennoch ist er beschränkt und den Gesetzen der Perspektive unterworfen, denen nur der erleuchtete Verstand entkommen kann. Das Dasein ist nicht von der Einsicht des Verstandes abhängig, der nur ein Stück weit sehen kann. Alle Essenz ist unfassbar. So viel der Verstand auch suchen mag, ohne Unterstützung kann er das Ding an sich niemals finden.

4. SEPTEMBER

Vergnügen steht der Inspiration im Weg,
doch Schmerz macht ihr den Weg frei.

Für Vergnügen ist Begrenztes wichtig, wie Namen, Formen und Personen, während Inspiration vom Ausströmen des göttlichen Geistes lebt, mit anderen Worten von *Ishk*. Vergnügen vergrößert das Ego immer, und da Schmerz das *Nafs* zurückhält, eröffnet er die besten Möglichkeiten für spirituelle Entwicklung.

5. SEPTEMBER

Nirgendwo anders ist die Quelle des Glücks
als im Herzen des Menschen.

Alle materiellen und gedanklichen Dinge sind Wachstum, Veränderung und Verfall ausgesetzt. Sie sind ihrer Natur nach vergänglich und ihre Wirkung ist nicht von Dauer. Eine Freude, die den Moment betrifft, ist keine wirkliche Freude, da sie begrenzt ist. Die Freude des *Zakir* ist nicht begrenzt durch Zeit, Raum oder Umstände. Sie fließt aus der Mitte des Seins und Nehmen und Geben sind eins.

6. SEPTEMBER

Glücklich ist, wer anderen Gutes tut, und unglücklich,
wer von anderen Gutes erwartet.

Wenn das Herz handelt, reicht es an alles im Universum heran. Wenn ein Herz ein anderes nährt, nährt es sich selbst, da es keine Begrenzung des Selbst kennt. In seinem wahren Zustand dehnt das Herz sich aus und verströmt Liebe, und so, wie es gibt, empfängt es. Aber wer erwartet, vom Herzen eines anderen genährt zu werden, hat sein eigenes Herz geschlossen. Und da sein Herz geschlossen ist, kann er vom anderen auch nichts in Empfang nehmen. Das Wesentliche liegt genau in dieser Sphäre und Geben und Nehmen sind dort eins.

7. SEPTEMBER

Eine Tugend ist machtvoller als tausend Laster.

Das wahre Geheimnis der Tugend ist Stärke und Leben. Ein Laster bedeutet Schwäche, die Abwesenheit von Stärke und Leben. Eine Tugend wird vom wahren Selbst geboren, während ein Laster aus dem *Nafs* entspringt. Dies ist die einzige Regel, um Laster und Tugend zuzuordnen. Obwohl die Menschen oft bestimmte moralische und rechtliche Regeln auswählen, sind diese nur insoweit wissenschaftlich und gesichert, wie sie mit den hochspirituellen Regeln in Einklang sind, die von Moses, Rama und anderen Gesetzgebern gegeben wurden. Es ist keine große Tugend, ein Gesetz zu loben, und keine große Sünde, ein Gesetz zu brechen. Der Wert ergibt sich aus dem Verstehen des Gesetzes, während mangelndes Verstehen uns auf unserem Weg zurückhält.

8. SEPTEMBER

Die Seele wird von der Kraft des eigenen Denkens, Redens und Handelns entweder hochgehoben oder heruntergezogen.

Denken, Reden und Handeln sind alles Bewegungen. Sie hängen alle vom Atem ab, vom Aufsteigen und Abfallen der Lebensströme, die durch den Atem auf die Persönlichkeit einwirken. Wenn es keinen Gedanken gibt, gibt es auch keine Bewegung im üblichen Sinn. Und da die Seele nicht-räumlich ist, kann sie nicht nach oben gehoben oder nach unten gezogen werden. Nur wenn Taten, Worte und Gedanken entweder mit der Aufwärts- oder Abwärtsbewegung des Atems *(Uruj* und *Nasul)* in Einklang gebracht sind, kann die Seele nach oben gehoben oder nach unten gezogen werden. Ist der Atem im *Kemal*-Zustand ausgeglichen, ist die Wirkung völlig anders.

9. SEPTEMBER

Liebe gleicht den Armen der Göttlichen Mutter; wenn diese Arme ausgebreitet sind, sinkt jede Seele hinein.

Obwohl hier das Wort „sinken" benutzt wird, ist der Vorgang von umgekehrter Art. Das heißt, es geschieht eine Aufwärtsbewegung, wenigstens in dem Sinne, dass man über das Gedankengewebe hinaus erhoben und von der Unruhe und den Verwicklungen befreit wird, die sich aus dem gewöhnlichen Denken und Handeln ergeben. Liebe ist die reine Essenz der Seele und ist das Leben, das die Seele dazu bewegt, ihre wahre Natur zu erkennen.

10. SEPTEMBER

Die Früchte sind es, die einen Baum niederbeugen.

Wahre Demut ist das Kennzeichen des Weisen, der weiß und die Ernte eingebracht hat. Der Stolze hat Mühe, den Kopf oben zu halten; er hält sich nicht von selbst. Doch der Weise, der die Kraft dort sieht, und begreift, dass die Kraft eine Gabe Gottes ist, gibt diese Gabe zurück an den Geber aller guten Dinge.

Aus anderer Sicht sind Früchte eine Last, ob sie in der Form von Reichtum, Wissen, Macht oder Freunden daherkommen. Dies alles hat einen Zweck, aber wenn der Zweck mit der eigenen spirituellen Entwicklung nicht im Einklang steht, kann er zur Last werden.

11. SEPTEMBER

Um Vergebung zu lernen, müssen wir zuerst Toleranz lernen.

Dies gilt, ob wir Vergebung anbieten oder sie erbitten. Vergebung anzubieten, ohne Verständnis zu haben, ist keine wirkliche Vergebung, denn es entbindet den anderen nicht von der Sünde und befreit ihn nicht vom Karma. Wirkliche Vergebung – wie im Leben von Christus und Mohammed veranschaulicht – besteht darin, der verirrten Person etwas zu geben, ihr Leben und Liebe und eine Lehre zukommen zu lassen, damit sie nicht wieder auf Abwege gerät. Eine mittelmäßige sogenannte „Vergebung", die den anderen nicht von erneutem Irren abhält, hat keinen Wert.

Ebenso hat das Erbitten von Vergebung keinen Wert, wenn keine Reue vorhanden ist. Wenn wir nicht bereit sind, zu bereuen, dann bringt eine Bitte um Vergebung nichts, sondern schadet eher. Sufis haben der Reue immer eine große Wichtigkeit beigemessen und vergleichsweise wenig der Vergebung.

12. SEPTEMBER

Der erste Schritt zur Vergebung ist, zu vergessen.

Das heißt, wir entfernen jede Erinnerung an die Tat aus der Erinnerung. Wer etwas falsch gemacht hat, tut das am besten durch eine vollständige Verhaltensänderung, eine so große Änderung, dass der menschliche Geist einer ähnlichen Versuchung nicht wieder erliegt und dem Ego nicht erlaubt, in die falsche Richtung zu schwanken. Jene, denen Unrecht geschehen ist, sollten sich dagegen wappnen, dass ihnen erneut Unrecht geschieht. Auf der ersten Stufe löschen wir jede Erinnerung vollständig aus unserem Geist oder hören auf, die Tat als böse zu betrachten – besonders, wenn wir eine lebendige Lehre aus der Erfahrung gezogen haben. So bereiten wir uns auf den höheren Zustand vor, der darin besteht, uns von anderen nicht beleidigen, Unrecht tun oder verletzen zu lassen. Es ist ein Zeichen für einen wirklichen spirituellen Fortschritt einer Person, wenn sie von den Taten, Gedanken oder Worten anderer nicht mehr ergriffen oder verletzt wird.

13. SEPTEMBER

Die einzige Art, inmitten unharmonischer Einflüsse zu leben, besteht darin, die Willenskraft zu stärken und alles zu ertragen, und dennoch einen guten Charakter und ein großzügiges Verhalten zu bewahren, verbunden mit einem stets lebendigen Herzen voller Liebe.

Es gibt zwei Wege, diesen Zustand zu erreichen und zu erhalten. Einer davon ist durch *Darud*, das heißt, den Gedanken an das Göttliche auf dem Atem beizubehalten. Halte ununterbrochen die Konzentration aufrecht, egal was auftaucht oder Anlass zur Klage geben könnte. Bleibe fokussiert und konzentriere dich ganz auf Allah, so dass nichts, was jemand sagt, tut oder denkt, deine Gemütslage beeinträchtigen kann. Dann bist du innerlich geschützt und die karmische Wirkung trifft den anderen.

Dabei sollten wir unser Herz rein halten, denn schon der Gedanke, einen anderen für anders als uns zu halten, ja sogar eine dualistische Vorstellung mit positiver Meinung, ist für das spirituelle Wohlergehen der Beteiligten nicht dienlich. Ein Herz voller Liebe ist ein Herz, das sich keine Unterschiede vorstellt, für welches andere als es selbst gelten und das fühlt, dass alle Menschen Kinder Gottes sind.

14. SEPTEMBER

Die Hingabe an einen spirituellen Lehrer gilt nicht dem Lehrer, sondern Gott.

Durch die Einstimmung auf den Atem des spirituellen Lehrers stimmst du dich auf den göttlichen Atem ein. Und durch die Einstimmung auf das Herz des Lehrers wirst du vereint mit all den erleuchteten Seelen, die den Meister, den Geist der Führung, verkörpern.

15. SEPTEMBER

An der Kälte der Welt zu erkalten oder an der Härte der Welt zu zerbrechen, ist Schwäche. Aber in der Welt zu leben und gleichzeitig über ihr zu stehen, gleicht dem Wandeln auf dem Wasser.

Dies ist die wirkliche Prüfung des Lebens und sie betrifft den Menschen auf allen Ebenen. So erleben wir auf der Ebene des physischen Körpers oft, wenn wir Verlierer im Kampf des Lebens sind – durch wirtschaftliche Schwäche oder durch Unachtsamkeit –, dass wir kalte Gliedmaßen bekommen. Dies ist auf eine schlechte Durchblutung zurückzuführen, die ihrerseits auf einem Mangel an Lebenskraft im Herzen beruht.

Der Lebenskampf ist hart und sehr oft sind diejenigen, die nicht gegen andere kämpfen wollen, genauso wenig bereit, ihre eigene Schwäche zu überwinden. Darin zeigt sich die Abwesenheit von Leben und Kraft. Die Absicht, das Herz zu reinigen, ist aus dieser Sicht wissenschaftlich nachvollziehbar, da die Seele die Energie in allen Teilen des Körpers durch das Herz wieder auffüllt, bis hin zur entlegensten Zelle.

Aus emotionaler Sicht ist es notwendig, dass der Blutkreislauf Ordnung und Rhythmus hat. Das dient dazu, Gesundheit und Lebenskraft aufrecht zu erhalten und nicht von äußeren Kräften überwältigt zu werden. Im

Angesicht der Existenzkämpfe legen wir uns eine mutige Haltung zu, indem wir uns auf das Herz konzentrieren. Dieser Mut ist innerlich, nicht äußerlich. Es ist ein feiner Mut, der unter Sanftmut und wahrer Demut verborgen sein kann. Er kennt keine Furcht und verachtet auch nicht Ärger und Egoismus (bei anderen). Hierin zeigt sich die Kontrolle des Herzens und des Willens über den Verstand.

Und der Verstand kann, wenn er so behandelt wird, seine Meinungen behalten oder ändern. Denn der Verstand ist nicht die Meinung. Eine Meinung ist eine Festlegung des Verstands aufgrund des *Nafs*. Sie ist wie das Härten und Formen des Verstandesmaterials zu Bildern, um diese dann anzubeten. Das ist eine Art Götzenverehrung. Ein Verstand, der von Meinungen befreit ist, ist ein Meister-Denker (engl. *master-mind*). Dabei steht das Element Wasser symbolisch für das Verstandesmaterial (oder *Akasha*), das sich hebt und senkt, aber nie über den Kopf dessen schwappt, der Meisterschaft besitzt.

16. SEPTEMBER

Gott allein gebührt alle Liebe, und die Freiheit der Liebe besteht darin, sie Gott zu schenken.

Die Vorstellung: „ich liebe" oder „jemand liebt" ist gut, aber nicht vollständig. Erst wenn sie vollständig ist, ist das Leben vollständig. Besitz in der Liebe ist Entweihung der Liebe. Es geht in der Liebe nicht um Besitz, sondern um Hingabe. Doch dieses Hingeben ist kein Verlust. Man wird wie ein Magnet, der seinen Magnetismus auf alle Dinge überträgt, dabei aber keine Kraft verliert. So kommen Freiheit und Hingabe zusammen.

17. SEPTEMBER

Liebe hat die Macht, das Tor zum ewigen Leben zu öffnen.

Liebe ist Leben – sie sind nicht zwei, sondern ein und dasselbe. Die einzige Kraft in der tierischen Leidenschaft ist die Lebenskraft, und diese Lebenskraft führt zur Fortpflanzung der Arten. Die Umwandlung der Liebe aus dem Bereich der Fortpflanzung hin zur Schöpfung ist eine Umwandlung der Lebenskraft, die dann nach Belieben lenkbar ist. Doch unsere Verwendung dieser Lebenskraft sollte der größtmöglichen Erfüllung dienen, damit Schönheit zunehmen kann und jede Tat ein Kunstwerk wird.

Wenn wir diese Stufe erreichen, bringen wir das Paradies auf die Erde und leben unsere Unsterblichkeit. Unsterblichkeit, die ihrer Natur nach unbegrenzt ist, ist daher bedingungslos und kennt kein Selbst. Das wahre *Atman*, wenn das Ganze so genannt werden kann, ist Leben, aber nicht Leben in dem Sinn, wie es allgemein bekannt ist. Vielmehr ist es *Ishk*, die höchste Liebe, die alles in der Schöpfung verbindet und doch durch nichts gebunden ist.

18. SEPTEMBER

Liebe hat Grenzen, wenn sie auf begrenzte Wesen gerichtet ist.
Doch Liebe, die auf Gott gerichtet ist, ist grenzenlos.

Gerichtete Liebe gleicht fokussiertem Licht. Wenn auch nur ein wenig Sonnenlicht im Brennpunkt gebündelt wird, kann es ein Feuer entzünden, wie wir mit einem Brennglas erleben können. Deshalb mangelt es der Leidenschaft, solange sie viel Kraft hat, an Schönheit, und sie zerstört entweder ihr Objekt oder sich selbst. In der Liebe sind Kraft und Schönheit im Gleichgewicht und bleiben es, solange sie sich gegenseitig enthalten.

In wahrer Liebe, auf welcher Stufe auch immer, sind sie ausgeglichen, und die Liebe schenkt Freude, obwohl sie nicht wegen der Freude gesucht wurde. Sie ist das Leben selbst. Wenn jene Liebe, jenes Leben und jene Schönheit vor dem allwissenden Gott ausgebreitet werden, bringt das Gott in unser Sein und wir sind, wie die Bibel sagt, tatsächlich Götter.

19. SEPTEMBER

Ein Lehrer, wie groß auch immer,
kann sein Wissen niemals auf einen Schüler übertragen.
Der Schüler muss sich selbst sein Wissen erschaffen.

Wissen und Leben sind nicht getrennt. Dies ist die Bedeutung von *Ilm* bei den Sufis, das nicht wie das Wissen der Welt ist. Einen Namen geben, hören oder lesen ist kein Wissen. Erfahrung ist Wissen. Das Leben bringt Wissen, und das Beiseitestellen des Selbst befähigt uns, Wissen in allem zu finden.

Alles, was ein Lehrer tun kann, ist, den Schüler dies erkennen zu lassen. Doch sein Wissen muss der Schüler selbst verwirklichen. Deshalb ist es für den Durchschnittsmenschen schwierig, Leben und Lehren der großen Menschheitslehrer mit Verständnis zu studieren.

20. SEPTEMBER

Eins ist sicher: Obwohl ein Lehrer sein Wissen nicht übertragen kann, so kann er doch das Licht anzünden, wenn Öl in der Lampe ist.

Dieses Öl ist Liebe und die Lampe ist das Herz. Sobald die Flamme auch nur ein wenig aufflackert, beginnt eine Unruhe und eine Bewegung, welche die entferntesten Teile unseres Seins erreicht. Oft geschieht dies bei Sorge oder Beklemmung, doch es erweckt den eigenen Lebensfunken zu wahrem Leben. Dadurch verbindet sich das Aufwachen mit Mitfühlen und Verstehen. Wenn wir dann den Rhythmus des Herzens beibehalten und ganz auf das Herz achten, klären sich alle Dinge im Licht und Leben des Herzens, und genau diese Haltung facht die Flamme darin zu noch größerer Helligkeit an.

21. SEPTEMBER

Willenskraft ist der Schlüssel zur Meisterschaft, und Verzicht entwickelt die Willenskraft.

Diese Willenskraft ist sowohl Liebeskraft als auch Lebenskraft. Wenn sie sich als Kraft ausdrückt, wird sie „Wille“ genannt. Das heißt, in der Liebe – wahrer Liebe – sollten Kraft, Intelligenz und Schönheit im Gleichgewicht sein. Wenn Schönheit überwiegt, gibt es eine Anbetung, die zu Rausch führt, und wenn Kraft überwiegt, gibt es mehr Feuer, aber nicht immer mehr Licht.

Damit Willenskraft nicht zerstörerisch wird und sich mit Intelligenz und Schönheit verbindet, kommt das spirituelle Leben dazu, das alles zur Einheit hin ausrichtet. Zweifellos erreicht ein Leben der Entsagung in der Wüste dieses Ziel. Doch das ist so, als ob du die ganze Zeit Brennstoff für ein Feuer sammelst und es weder zum Essenkochen noch zum Wärmen von anderen benutzt. Der wirkliche spirituelle Verzicht erfolgt mitten in der Welt. Es ist ein freiwilliges Aufgeben, um einen größeren Nutzen für sich selbst und die ganze Menschheit zu erlangen.

22. SEPTEMBER

Wahre Großzügigkeit ist ein untrügliches Zeichen von Spiritualität.

Wahre Großzügigkeit zeigt an, dass das *Nafs* keinen Einfluss hat. Freigebig zu sein, heißt zu geben, ohne auf den Gebenden, das Geben oder die Gabe zu achten.

23. SEPTEMBER

Es gibt zwei Arten von Großzügigkeit: die wahre Großzügigkeit und ihren Schatten. Die erste entspringt der Liebe, die zweite der Eitelkeit.

Oft ist es schwer, eine Grenzlinie zwischen den beiden zu ziehen, da es auch bei der eitlen Großzügigkeit häufig einen Funken von Liebe gibt. Zum Beispiel ist der eigennützig Gebende nicht so schlecht wie der Geizhals, der gar nichts gibt. Der Geizhals muss noch lernen, überhaupt etwas zu geben und außerdem Freude am Geben zu finden. Er hat also noch einen langen Weg vor sich. Aber für den anderen, der schon gegeben hat und dem nur noch die Freude daran fehlt, wird es weniger schwierig sein.

Allerdings ist es keine wahre Großzügigkeit, wenn das Geben mit dem Gedanken an sich selbst verbunden ist. Jemand, der Geschenke zurückverlangt, wird auf Englisch „Indian giver" genannt. Ein eitler Mensch ist oft ein spiritueller „Indian Giver", der immer wieder sagt: „Denk dran, dass ich dir das Ding gegeben habe." In solchem Geben liegt kein Leben und folglich kein Segen.

Aus diesem Grund ist das, was viele tun, die Heilung ausüben oder übernatürliche Kräfte besitzen, keine wirkliche spirituelle Heilung. Zweifellos geben sie einigen Magnetismus weiter, aber das wirkliche Wesen des Lebens wird auf diese Weise selten übermittelt. Dies führt oft nur zu kurzzeitiger Entlastung – und für den, der die Behandlung durchführt, zu zusätzlicher Gefährdung. Die wirkliche Heilung ist die Heilung vom *Nafs*, das die Ursache aller Leiden ist.

24. SEPTEMBER

Es ist besser, selbst zu bezahlen, als von einem Eitlen etwas anzunehmen, denn solche Gefälligkeiten fordern das Zehnfache der Kosten.

Alles Lob gebührt Gott. Dank oder Anerkennung für sich selbst zu begehren, ist nichts als Götzendienst – und oft ein sehr böser Götzendienst. Sufis sagen nichts gegen jene, die Stöcke und Steine anbeten. Aber übel sind jene, die – auch wenn sie tausend Tempel und Kirchen besuchen – für sich selbst begehren, was allein Gott zukommt.

25. SEPTEMBER

Das Himmelreich ist in den Herzen derer, die Gott verwirklichen.

Denn nur sie besitzen alle Macht, Fähigkeiten und Gaben – und doch besitzen sie gar nichts. Besitztümer sind Lasten, die den Fortschritt hemmen. Besitztümer sind Hindernisse, die das freie Fließen der Energie aufhalten, indem sie den Strom des Lebens daran hindern, frei durch die Adern der Natur zu fließen. Ansprüche darf es hier nicht geben, weder den Wunsch zu geben noch zu empfangen. Freiheit ist notwendig – und Freiheit ist unmöglich, wenn wir nicht frei von Gedanken sind.

Ein Meister der Gedanken „denkt" nicht im üblichen Sinn des Wortes und liebt auch nicht im üblichen Sinn des Wortes. Welcher Gedanke durch ihn kommen und welche Liebe durch ihn hindurchgehen mag, sind die natürlichen Begleiterscheinungen seines Lebens und seiner Verwirklichung. Worte können darüber nicht viel sagen.

26. SEPTEMBER

Um den Hunger anderer zu stillen, müssen wir unseren eigenen Hunger vergessen.

Betrachten wir zuerst die physischen Bedürfnisse: Nahrung und Kleidung sollten wir mit einem Segen geben, mit einem Gefühl, dem anderen Leben zukommen zu lassen. Die bloße Übergabe von etwas ohne dieses Gefühl kann ein Geschenk in einen Fluch verwandeln, denn jedes Teilchen solcher Nahrung kann Leben oder Krankheit bringen. Nur wenn wir den Gedanken des Selbst vom Geben fern halten, können wir sicher sein, damit Leben zu bringen.

Derselbe Grundsatz gilt, wenn wir Wissen an andere weitergeben möchten, selbst wenn es das Wissen der Welt ist. Wir können andere nicht Geografie, Arithmetik, Sprachen oder sonst etwas lehren, wenn wir das Selbst ins Bild setzen. Das Selbst gehört nicht hierher. Und wenn es schließlich darum geht, den Hunger des Herzens zu stillen, nähren wir andere entweder mit unserer persönlichen Nahrung oder mit der, die aus dem Universum gezogen wird. Wenn wir diese Herzensnahrung geben, um dafür etwas zu bekommen, wird Gift übertragen, und auf Hunger folgt vielleicht Tod. Aber wenn wir das Geben als unseren Dienst ansehen – einen spirituellen oder ethischen Dienst –, kommt es anderen zugute, und vielleicht ziehen alle Beteiligten Nutzen daraus.

27. SEPTEMBER

Sobald wir die Vorstellung des Getrenntseins aufgegeben haben und uns mit der ganzen Schöpfung eins fühlen, sind unsere Augen offen und wir sehen die Ursache aller Dinge.

Dies ist die Einheit von Fühlen und Wissen. Wie Krishna so schön gesagt hat: „Wer sich mir ganz widmet und mir in Liebe dient, dem schenke ich die Weisheit, die ihn zu mir führt.“ Solche universelle Rede ist für sich schon wertvoll. Indem wir Selbst vom Selbst trennen, errichten wir Grenzmarken für Wissen und machen so Allwissenheit unmöglich. Es gibt Menschen, die von höherem Verstand und vollständigem Verstand sprechen. Solche Vollständigkeit ist ohne Liebe nicht möglich. Sogar wenn die Liebe jene abgekühlte Form annimmt, die Interesse genannt wird, ist das schon etwas, denn ohne Interesse gäbe es kein Wissen. Und was ist Interesse? Es ist ein Hin- und Herwenden und Abstimmen, ähnlich dem Vorgehen, mit dem jedes angestrebte Ziel erreichbar ist.

28. SEPTEMBER

Unter unser Ideal zurückzufallen, bedeutet, unseren Anteil am Leben zu verlieren.

Da das Ideal die höchste Vorstellung ist, kann die volle Lebenskraft solange nicht ausgedrückt oder gefühlt werden, bis Tun, Sprechen und Denken mit dem Ideal in Einklang sind. Die Sufi-Übungen *Tasawwuri Murshid*, das Einssein mit dem Lehrer, und *Darud* ermöglichen es, jederzeit eine Art Beziehung oder sogar innere Einheit mit dem Ideal zu behalten. Menschen, die diese Grundsätze nicht kennen, wissen oft nicht, wie sie ihren Zustand beibehalten können. Deshalb geht es bei ihnen auf und ab und sie sind Freude und Leid unterworfen.

Tatsächlich findet das Leben durch das Ideal Ausdruck und in diesem Fall steht das Ideal höher als die Idee. Eine Idee ist ein Gedanke, der mit dem *Nafs* verknüpft ist. Ein Ideal, auch wenn es nicht immer ganz frei vom *Nafs* ist, ist eher unabhängig vom *Nafs*. Um ein Ideal zu erreichen, egal welcher Art, müssen wir das *Nafs* aus dem Weg räumen. Deshalb steht Selbstsucht auch Leidenschaft, Verbrechen und Übertreibung im Weg. Glücklicherweise wissen die bösen Menschen das im Allgemeinen nicht, so dass sie sich in ihren eigenen schlechten Taten verfangen.

29. SEPTEMBER

Die Weisen aller Zeiten haben gelehrt, dass das Wissen vom göttlichen Sein Leben ist – und die einzige Wirklichkeit.

Das heißt, *Ilm* ist Wissen und Wissen ist nichts als *Ilm*. Weltliches Wissen ist symbolisch – das Anheften von Namen an Vorgänge. Doch das Verstehen der Vorgänge erfordert eine subtile Verbindung mit ihnen. Einem Ding einen Namen zu geben, verleiht kein Wissen von ihm. Wir können zum Beispiel Elektrizität von Magnetismus und Licht unterscheiden – doch was ist Elektrizität? Was ist Magnetismus? Was ist Licht? Unser Wissen reicht nur soweit, wie unsere Sinne uns etwas sagen oder unser begrenzter Verstand Gelegenheit hat, eine Vorstellung zu vermitteln.

Doch in gewisser Hinsicht haben Elektrizität, Magnetismus und Licht eine großartige Wirklichkeit jenseits ihrer Erscheinungsformen und auch jenseits der mit Namen versehenen Vorstellungen. Es gibt eine Wirklichkeit, die im *Zikr* erfahrbar ist, in der die drei eins sind. Ein Mensch wird dann – ohne immer in der Lage zu sein, es zu erklären – wissen, dass Elektrizität, Magnetismus und Licht bestimmte Aspekte des Lebens sind, die noch klarer erscheinen, wenn man sie in der mineralischen (oder chemischen) Welt betrachtet. Sie sind in lebendigen Vorgängen gegenwärtig, wenn auch mehr verborgen. Bei Menschen bemerken wir andere Formen magnetischer Verhaltensweisen, die eng mit der Persönlichkeit verwoben sind. Dies zeigt, dass wahrer Magnetismus mit dem Leben verbunden ist.

Jenseits der Sphäre des Verstandes befindet sich *Ishk*, die universelle subtile Energie. Sie ist das, was wir Liebe nennen. Das Verstehen von *Ishk* ist *Ilm*, doch weder *Ishk* noch *Ilm* sind ohne die Verbindung mit dem höchsten Sein möglich, zumindest in der Form, die in *Darud* enthalten ist. Diese Verbindung ist auch noch in Name und Form möglich, denn *Baqa*, das Erwachen des wahren Selbst, ist das Ziel von allem. Das heißt, das Ausdrücken des göttlichen Lichts und der göttlichen Liebe erwacht in und durch unsere Persönlichkeiten. Dies beschert alles Wissen und alle Gaben.

30. SEPTEMBER

Wenn der Strom der Liebe in voller Stärke fließt, reinigt er alles, was in seinem Weg steht, wie der Ganges nach der Lehre der Alten all jene reinigt, die in sein heiliges Wasser eintauchen.

Der wirkliche Ganges, der wirkliche Jordan, das wirkliche Rote Meer ist das menschliche Herz und seine Zuflüsse. Das Herz heilt den Körper, das Herz heilt den Verstand und das Herz heilt das Herz. Das Herz heilt alles, was zum Selbst und alles, was zu anderen (zum so erscheinenden Nicht-Selbst) gehört. Das Herz erhebt den Menschen über den Bereich von Selbst und Nicht-Selbst. Das Herz ist der Thron der Einheit.

Alle Lehren des Sufismus wollen den Menschen zu dieser großen Verwirklichung des Herzens führen. Dieses Geheimnis wird in Hazrat Inayat Khans Text „Nirtan" beschrieben, aber nicht enthüllt. Es kann auch nicht enthüllt werden, wenn damit gemeint ist, ein Rätsel für den Kopf zu erklären. Für den Verstand wird es immer ein Rätsel bleiben, doch für das Herz braucht es zu keiner Zeit ein Rätsel zu sein.

Diese Verwirklichung ist das Allerwichtigste im Leben. Das ewige Leben ist möglich, wenn wir das Ego niederlegen und uns freudig ergeben. Ohne diese Hingabe gibt es kein Untertauchen im Ganges, kein Teilen des Roten Meeres oder kein Taufen im Jordan. Diese höchste Einheit geht über den Verstand hinaus, jenseits des Gedankengewebes. In jenem Bereich werden *Bhakti* und *Jnana* – die Einheit durch Liebe und durch Erkenntnis – eins.

OKTOBER

1. OKTOBER

Jede Seele erreicht, was ihrer Entwicklung entspricht.

Das heißt, die Seele kann das Leben in dem Maße offen anschauen, wie sie aufgedeckt und nicht mehr von ihren Vehikeln zugedeckt ist. Die Materie aus dem Weg räumen, den Verstand aus dem Weg räumen und das Herz aus dem Weg räumen: dies sind die drei Stufen der (sogenannten) Entwicklung der Seele.

2. OKTOBER

Wenn Gottes Ruf erschallt, bedeutet das immer,
dass du etwas dir sehr Teures opfern musst.

Dies betrifft das Opfern aller Dinge, doch da selbst für die eigennützigste Person nicht „alle Dinge“ wertvoll sind, empfinden wir als Opfer nur das, was uns tatsächlich etwas bedeutet. Was jemand als wertvoll erachtet, könnte z.B. Reichtum sein, doch ein Reicher mag vielleicht bereitwillig sein weltliches Wissen aufgeben. Es könnte auch weltliches Wissen sein, doch ein Gelehrter mag bereit sein, seine Freunde aufzugeben. Es könnte Freundschaft sein, doch der Menschenfreund mag bereit sein, alles andere zu opfern. Doch Hand, Kopf und Herz – indem sie sich an etwas klammern – halten uns davon ab, die göttliche Gnade entgegenzunehmen, die allen frei gegeben wird.

3. OKTOBER

Entsagung hat immer einen Zweck. Sie soll die Seele derart entflammen, dass nichts mehr sie von Gott zurückhalten kann. Ist sie aber entflammt, so ist ein Leben der Entsagung nicht mehr nötig.

Entsagung ist das Loslassen von Dingen, doch dadurch verschwinden die Dinge nicht. Wir können das Eigentum an unserer Wohnung aufgeben, doch weiter darin wohnen. Genau diese Art von Entsagung ist für das spirituelle Leben bedeutsam. Die Bibel lehrt: „Die Erde ist des Herrn und die Fülle darin.“ Was ist mit dieser Fülle gemeint? Sie bedeutet, dass jeder Segen, den wir auf der Erde empfangen, von Gott kommt.

4. OKTOBER

Es gibt Menschen, die wie eine brennende Kerze sind. Sie können andere Kerzen anzünden, aber diese müssen aus Wachs sein. Wenn sie aus Stahl sind, können sie nicht entzündet werden.

Ein *Buzurg* kann die Herzen anderer Menschen sogar ohne Worte entzünden, allein seine oder ihre Persönlichkeit kann dies vollbringen. Jeder Mensch ist ein potenzieller *Buzurg* – was so viel heißt wie *Bodhisattva* –, denn die essenzielle Natur eines *Buzurg* bei den Sufis ist dieselbe wie die eines *Bodhisattva* bei den Buddhisten. Solch ein Mensch ist ein Instrument des Geistes der Führung, der Mensch gewordene Geist des göttlichen Meisters.

Ein *Buzurg* kann fast jeden Menschen beeinflussen, jedoch auf zwei Arten. Manche Menschen sind wie eine Wachskerze: ist ihr Herz einmal entzündet, brennt es weiter. Vielleicht braucht es ein bisschen Mühe, sie anzuzünden, doch wenn sich erst einmal die Flamme zeigt, ist alles klar. In diesen Menschen lebt das Feuer der Liebe. Aber andere sind wie ein Stück Eisen oder Stahl, das bei Anwesenheit entsprechender Kräfte magnetisiert wird, den Magnetismus jedoch nicht beibehält. Oft wirken diese Menschen strahlend oder sogar höchst begeistert in der Gegenwart des *Buzurg*, doch anderswo und ansonsten sind sie nicht anders als gewöhnliche Leute.

Wirklich hartherzige Menschen haben genauso viel Feuer, Energie und sogar Liebe wie andere, doch ihre Richtung im Leben ist falsch. Sie verbinden sich mit dieser falschen Richtung und verlieren schließlich jede Hoffnung und jeden bleibenden Erfolg.

5. OKTOBER

Es gibt keine größere Schrift als die Natur, denn die Natur ist das Leben selbst.

Natur beinhaltet die Formen, die wir sehen, und die Essenz, die diese Formen durchdringt. Ohne jenes Leben würden die Formen weder Schönheit noch Inspiration ausdrücken, denn der Verstand wird nur erleuchtet, wenn sowohl seine Gedanken als auch seine Essenz entzündet werden. Die Natur ist mehr als die Formen und doch von Formen abhängig. Gott schuf die Welt als einen Spiegel für Sein Selbst und die Schönheit des Spiegels der Natur ist die Schönheit Gottes. In diesem Spiegel der Natur, mit anderen Worten: des Lebens, können wir den Abglanz Gottes betrachten.

6. OKTOBER

Weisheit lässt sich nur allmählich erlernen und nicht jede Seele ist bereit, den Zweck des Lebens in seinem ganzen Umfang aufzunehmen oder zu verstehen.

Mit „Seele" ist hier in Wirklichkeit „Verstand" gemeint. Der Verstand lernt durch eine Folge von Schritten und Stufen, während das Herz mit einem einzigen Blick lernt. Wenn also einige Evolution lehren und andere Revolution, wenn einige allmählichen Fortschritt lehren und andere sich für Plötzlichkeit aussprechen, ist Wahrheit in beidem. Im Fall des allmählichen Voranschreitens ist die Seele mit dem Verstand gleichgesetzt, im Fall des plötzlichen Erkennens mit dem Herzen. Tatsächlich ist die Seele weder Verstand noch Herz, doch wenn wir von Weisheit sprechen, können wir uns auf diese Hilfsmittel beziehen. Weisheit ist das Leben selbst, gespiegelt in einem Einzelwesen.

7. OKTOBER

Es ist eine sehr hohe Stufe auf dem Pfad der Liebe, wenn ein Mensch wirklich lernt, den anderen zu lieben mit einer Liebe, die keine Erwiderung verlangt.

Dies ist die wahre Bedingung auf dem Pfad der Liebe: dass wir Liebe geben und keine Erwiderung verlangen. Solange wir von einem anderen Wesen Liebe erwarten, in welchem Maß auch immer, ist das widergespiegelte Liebe. Nur in Gott und von Gott sind Geben und Nehmen ein und dasselbe. Das Herz nährt das Herz und nichts sonst nährt das Herz. Das Herz kann das eigene Herz nähren und auch den eigenen Verstand und den eigenen Körper. Das Herz kann auch das Herz eines anderen nähren und auch den Verstand und den Körper eines anderen. Jede Heilung, jede Hilfe und jede Liebe kommt vom Herzen. Das bedeutet, sie kommt von Gott, der verborgen ist im Herzen jedes Menschen.

8. OKTOBER

Liebe allein ist der Springbrunnen, von dem alle Tugenden wie glitzernde Wassertropfen herabfallen.

Tugend ist das Leben selbst, wie es sich in der moralischen Natur des Menschen widerspiegelt. Mit moralischer Natur ist das gemeint, was dem Leben, Sprechen, Denken und Tun Qualität verleiht. Diese moralische Natur ist mit der Essenz des Verstandes verbunden und diese Essenz des Verstandes *(Citta)* gehört in Wirklichkeit zum Herzen.

Jede Tugend ist ein Ausströmen von Leben – d.h. von *Ishk*, da *Ishk* die Oberfläche des Lebens berührt. In der Tiefe ist es *Ishk* und an der Oberfläche wird es zu den verschiedenen moralischen Qualitäten. Shakespeare hat es so schön in Worte gefasst: „Für die Qualität der Gnade ist keine Kraftanstrengung nötig, sie tropft wie ein sanfter Regen vom Himmel."

9. OKTOBER

Der ganze Zweck des Lebens ist, Gott zur Wirklichkeit zu machen.

Leben ist nichts anderes als Gott. Gottes Absicht mit der Schöpfung war es, Sein eigenes Selbst zu kennen, Sein eigenes Selbst zu lieben und Sein eigenes Selbst zum Ausdruck zu bringen. Dies ist die höchste Absicht und die Essenz der Absicht: es ist der Same der Absicht jedes einzelnen Wesens, das auf irgendeiner Ebene Form annimmt.

10. OKTOBER

Suchst du das Gute in jedem Menschen, so wirst du es immer finden, denn Gott ist in allen Dingen. Mehr noch: Er ist in allen Wesen.

Die „Dingheit" der Dinge ist es, was die einzelnen Teile als Ganzes zusammenhält. Und was ist dies? Es ist Kohäsion, mit einem anderen Wort: Liebe. Und was ist es, das die Wesen als Wesen aufrecht erhält? Es ist eine Form von Kohäsion, die manchmal Leben genannt wird, doch in Wirklichkeit ist es *Ishk*. Ohne *Ishk* gäbe es keine Form, kein Einzelwesen, nicht einmal Gedanken. Es gäbe keinen Zusammenhalt, sondern nur Chaos. Und was ist *Ishk*? Es ist die essenzielle Qualität, welche die

Persönlichkeit Gottes beschreibt. Damit ist Gott nicht nur Leere, sondern auch vollständige Fülle.

11. OKTOBER

Die Gotteserkenntnis geschieht jenseits der Grenzen des menschlichen Verstandes. Das Geheimnis Gottes ist in der Erkenntnis der Einheit verborgen.

Die Gotteserkenntnis geht der Erleuchtung des Verstandes voraus und ruft sie hervor. Sie wird genau genommen nicht durch eine Methode des Sammelns erlangt. In diesem Sinne gibt es keine Evolution. Doch es gibt Evolution in dem Sinne, dass bei einem erwachenden Herzen der Verstand wächst. Erleuchtung des Verstandes ist das Ergebnis der Erkenntnis Gottes, nicht seine Ursache. Deshalb haben sowohl Mystiker als auch Gelehrte Meditation praktiziert.

Für einen Mystiker bedeutet Meditation die Konzentration des gesamten Bewusstseins auf die höchste Gottheit, deren Natur oder Kennzeichen eindeutig ist. Das heißt, Gott ist Liebe, Gnade und all die Eigenschaften. Während das Wissen von den Eigenschaften nicht Gotteserkenntnis ist, schließt jedoch das Erreichen des Höchsten solches Wissen ein. Das heißt, *Ilm* oder höchstes Wissen schließt *Hakma* oder universelle Wissenschaft ein.

Für Gelehrte ist es nun so, dass sie nicht immer das Herz als das Zentrum ihrer intuitiven Fähigkeiten erkennen und es oft nützlich finden, ihren Verstand von allen Vorstellungen zu befreien – nicht nur von den falschen Vorstellungen, sondern von allen –, um so die Arbeitsweise des Verstandes zu erleichtern. Deshalb können Forscher oft durch ihre eigene Tätigkeit auf eine höhere Stufe gelangen. Dies ist der Weg des *Jnana Yoga*, der Vereinigung mit Gott durch Wissen.

Sufis schließen alle Systeme in ihre Lehre ein und betrachten das göttliche Wissen nicht als das einzig wertvolle Wissen, sondern als das einzige Wissen. Mit anderen Worten: Jedes Wissen ist Wissen von Gott, doch viele Menschen wissen das nicht.

12. OKTOBER

Suche Gott in allen Menschen, guten oder schlechten, weisen oder törichten, anziehenden oder abstoßenden. In der Tiefe eines jeden ist Gott.

Da Gott das einzige Sein ist, ist Gott die Essenz und das Leben aller Seelen. Wer die Seele mit dem *Nafs* der Persönlichkeit verwechselt, bringt Verwirrung in den eigenen Verstand. Wenn gar nichts Gutes in der Persönlichkeit wäre, könnten Verstand und Körper nicht funktionieren. Das Schlechte ist schwach und das Gute ist stark – das gilt auch für die Stärke, die den Körper oder den Verstand als Einheit zusammenhält. Der Grund für Selbstmord ist Schwäche; und Mörder sind oft Selbstmörder, die ihre eigene Schwäche auf eine andere Person richten. Sie sind unfähig, sich selbst zu beherrschen, und deshalb möchten sie andere beherrschen.

Der Weg, diese Schwäche bei anderen zu überwinden, besteht darin, spirituelles Atmen in ihrer Gegenwart zu praktizieren und damit die Atmosphäre aufzubauen. Je positiver man in der Gegenwart solcher Menschen ist, desto mehr Achtung gewinnt man und so kann allen geholfen werden. Es ist nicht nötig, zu richten: ein Stein ist ein Stein, ein Baum ist ein Baum, ein Vogel ist ein Vogel, doch das Leben in allen ist Gott.

13. OKTOBER

Wenn in uns selbst Disharmonie ist, wie können wir dann Harmonie verbreiten?

Die beste Art Stärke zu entwickeln, ist, Einheit zu erreichen. Diese entsteht aus dem Üben von Konzentration. Konzentration muss nicht auf die wenigen Minuten des Tages oder der Woche begrenzt sein, in denen du vorgegebene Übungen ausführst. Konzentration kann in jeder Stunde, in jeder Minute, mit jedem Atemzug geübt werden – besonders durch *Darud*. Dann musst du die Einheit nicht suchen, vielmehr wird die Einheit dich suchen.

Wenn ein *Talib* zusätzlich noch in Musik oder Meditation geschult wird, erlangt er eine einheitliche Absicht und ein einheitliches Gefühl. Je mehr er dieser Einheit treu bleibt, desto besser kann er sich selbst schützen und anderen beistehen. Unterwirf dich nichts und niemandem und keiner Kraft außer Gott bzw. denen, die in der spirituellen Hierarchie Gott vertreten.

14. OKTOBER

Das innerste Sein des Menschen ist das wahre Sein Gottes.

Gott ist im Herzen, aber Gott ist nicht das Herz. Das Herz ist eine Behausung. Es ist eine Einstimmung durch eine Auswahl im Höchsten, wobei, indem ein bestimmter Ton hervorgerufen wird, sich ein Bewusstseinszentrum bemerkbar macht. Dieses Zentrum kommt aus der Liebe und kennt nichts als Liebe und seine Liebe ist sein Wissen und seine Liebe gebietet über alles Wissen. Dieses Herz ist nicht wie andere Herzen, aber auch nicht anders. Alle Herzen bilden Gott, aber Gott ist nicht durch sie bedingt. Das Licht ist überall, doch indem es sozusagen sich selbst bedeckt, bildet es unzählige Lampen – und deren Licht ähnelt einer gewaltigen, unvergleichlichen Harmonie.

15. OKTOBER

Die Liebe selbst ist eine heilende Kraft
und ein Mittel gegen jeden Schmerz.

Schmerz offenbart sich durch den Verstand und wird erst möglich, wenn das *Nafs* Einfluss ausübt. Wurde eine Hand abgeschnitten, ist eine Einheit zerbrochen. Wurden die natürlichen Bewegungen des Körpers behindert, ist eine Einheit zerbrochen. Jeder Schmerz zeigt, dass keine Einheit da ist, und Liebe zeigt, dass Einheit existiert. In Einheit ist Stärke vorhanden. Schmerz ist nur möglich, wenn der Atem einen Teil nicht erreicht. Aber der Atem kann einen Bereich des Körpers oder des Verstandes nicht aus eigener Kraft erreichen. Er muss vom Willen geleitet sein, der nichts anderes ist als Herz.

16. OKTOBER

Durch Lieben, Vergeben und Dienen kann unser ganzes Leben
eine einzige Vision von Gottes erhabener Schönheit werden.

Dies ist so, weil es in diesen Vorgängen kein *Nafs*, keinen Schatten gibt. Die Abwesenheit dieser Vorgänge verursacht den Schatten oder wird vom Schatten verursacht. Ihre Anwesenheit lässt die Schatten des Lebens verschwinden und die alltäglichen Schmerzen und Leiden gehen. Die höchste Vision kann nicht erzwungen, aber auch nicht ferngehalten werden, wenn wir die angehäufte Selbstsucht beiseite gelegt haben. Sie wird zur natürlichsten Sache des Lebens, weil sie das Leben selbst ist.

17. OKTOBER

Mystik ist für den Mystiker sowohl Wissenschaft als auch Religion.

In der Sprache der Sufis gibt es keinen Unterschied zwischen *Tasawwuf* und *Ilm*. Das heißt, Metaphysik, Wissen, Mystik, Wissenschaft und Religion sind für die innere Person ein und dasselbe. Der Verstand kann den verschiedenen Vorgängen verschiedene Namen geben, doch in der Sphäre des Herzens gibt es ein ewiges Streben, das wir Liebe, Wille oder Intuition nennen können. Dies sind nur verschiedene Bezeichnungen für denselben Vorgang, je nachdem, auf welchem Weg er auf den Verstand einwirkt.

Wenn wir bedenken, dass alle Liebe und alles Wissen von Gott stammt, alles Sein Gott ist – wie kann es da einen Unterschied zwischen Wissenschaft, Religion und Mystik geben? Im Reich der Dualität und beim universellen Werden scheint es Unterschiede zu geben, doch in der Sphäre der Prinzipien gibt es sie nicht. Wahre Wissenschaft ist Einsicht, die nur möglich ist, wenn das Herz erwacht ist. Wahre Religion ist Wissen von Gott. Mystik ist die Philosophie, dass Gott erkannt werden kann, entdeckt im Herzen des Menschen.

18. OKTOBER

Die Prinzipien der Mystik entstehen im Herzen des Menschen.
Sie werden durch Intuition gelernt und durch Vernunft bewiesen.

Die grundlegende Bedeutung des Herzens ist bewiesen durch die direkte Erfahrung des inneren Lebens. Ist dies geschehen, wird der Wert der Vernunft deutlich. Obwohl Vernunft wenig Wert hat, wenn das Ziel erreicht ist, so ist doch nichts ohne Wert. Wir können für die Vernunft streiten oder gegen sie, wir können mit der Vernunft streiten oder auf höchst irrationale Weise. Das alles bedeutet wenig. Doch wenn wir das Wissen erlangt haben, können wir es ganz vernünftig ausdrücken. Mit anderen Worten: Vernunft, die für gewöhnliche Menschen ein Schwert und kein Schild ist, ist für Mystiker in erster Linie ein Schild.

19. OKTOBER

Deine Arbeit im Leben muss deine Religion sein,
welchen Beruf du auch haben magst.

Mit anderen Worten: Deine Arbeit im Leben ist dein *Dharma*. Dies ist die Aufgabe im Leben jedes Menschen, für die er vorübergehend auf der Erde weilt. Das Leben in Teile zu zerlegen – ein Teil für Gott, ein Teil für uns selbst, ein Teil für Familie und Freunde –, ist eine Fehldeutung der Lebensaufgabe, die darin besteht, zuerst die Aufgabe des *Dharma* anzustreben und keinerlei Trennung vorzunehmen.

Es gibt einen großen Unterschied zwischen Frömmigkeit und wahrer Religion. Die Frömmigkeit zieht das Selbst und Gott in Betracht. Wahre Religion beachtet das Selbst nicht. Sogar Ungläubige, die von Unachtsamkeit und Rücksichtslosigkeit frei sind, befinden sich auf dem Weg zum Ziel, obwohl sie rückwärts oder mit geschlossen Augen gehen. Mit der Übung *Darud* übt ein Mensch jederzeit Religion aus.

20. OKTOBER

Die wahre Freude jeder Seele besteht im Erkennen des göttlichen Geistes.
Fehlt diese Erkenntnis, verharrt die Seele in Hoffnungslosigkeit.

Körperfreuden rühren hauptsächlich von rein leiblichem Vergnügen her, doch darin findet sich fast immer auch gedankliche Zufriedenheit. Gedankliche Zufriedenheit hängt von Zeit und Raum ab und lässt sich nicht von gedanklicher Unzufriedenheit trennen. Das heißt, es gibt Zeiten, in denen der eine Zustand vorherrscht, und Zeiten, in denen der andere Zustand da ist. Davon abgesehen, hängen Zufriedenheit des Denkens und des Körpers erheblich von etwas ab, das sich außerhalb des Körpers und des Denkens befindet.

Innere Zufriedenheit gründet sich nicht auf ein so schwaches Fundament. Die Seele ist entweder wach oder sie schläft. Ihr Wachsein bedeutet Freude und nichts als Freude. Die Zustände des Herzens, in denen es Gegenwart oder Abwesenheit spürt, beeinflussen die ganze Persönlichkeit. Sufis praktizieren *Zikr* und Kontemplation, wobei das Bewusstsein in die Einheit mit dem Höchsten eintritt. Dies ist die Freude, die Berauschtheit der Seele, das Trinken des göttlichen Weins.

21. OKTOBER

Jenseits der engen Grenzen von Ethnie und Glaubensbekenntnis können wir uns alle zusammenschließen, weil wir alle zu einem Gott gehören.

Ethnie, Glaubensbekenntnis und jede Grenze sind Produkte unserer Gedanken. Obwohl es geschichtliche Aufteilungen der Menschheit gibt und geografisch nicht alle Menschen am selben Ort sein können, besteht die wirkliche Grenze in Gedanken wie: „Ich bin anders und du bist anders." Was ist dieses Anderssein? Es ist, was wir empfinden und uns vorstellen. Jenseits der Begrifflichkeit und der Wahrnehmung, dort, wo Liebe ist, gibt es solche Unterscheidungen nicht.

Alle Menschen wurden auf die gleiche Weise geboren. Körper und Verstand haben bei allen Menschen den gleichen Aufbau. Gefühle werden nach den gleichen Regeln hervorgerufen. Und alle unterliegen den gleichen Gesetzen. Woher tauchen dann diese Trennungslinien auf? Sie entspringen der Unwissenheit und Selbstsucht der Menschen; in Wirklichkeit gibt es die Trennung nicht.

22. OKTOBER

Alle Formen der Verehrung oder des Gebets sollen uns näher zu Gott ziehen.

Weil sie uns von der Ichbezogenheit wegführen, verkünden sie ein Ideal. Und egal wie dessen Zustand oder Form sein mag, Sanftmut – oder „arm im Geist" sein, wie Jesus sagt – es wird immer Hindernisse aus unserem Weg räumen. So verleiht wahres Gebet Stärke, indem es die Schwäche in unserer eigenen Natur beseitigt, welche die größte Hürde für den Erfolg ist.

23. OKTOBER

Wenn ein Mensch in seinem Denken von Gott getrennt ist, hat sein Glaube keinen Nutzen und seine Verehrung nur geringen Wert.

Wie es bei der Elektrizität eines geschlossenen Kreises bedarf, damit Strom fließen kann, so bedarf es im gottgeweihten Leben in viel größerem Maße eines geschlossenen Kreises. Wenn Gott in Stücke geschnitten und vom Verstand zu etwas Anderem oder Getrenntem gemacht wird, kann es keine Verehrung und keine Liebe geben. Liebe vereint und die Verehrung eines Baumes oder einer Blume kann mehr Raum für das Göttliche haben als ein Gebet, in dem Gott als weit entfernt gedacht wird. Wenn Gott Liebe ist, wenn Gott wie ein Vater und eine Mutter ist, wie kann Gott da weit entfernt sein?

24. OKTOBER

Die Erkenntnis der Wahrheit stammt aus unserem Inneren.
Wir selbst sind der Gegenstand unserer Erkenntnis.

Anderssein und Unwissenheit sind dasselbe. Wir sehen mit den Augen, denken mit dem Verstand und fühlen mit dem Herzen. Ohne Augen könnten wir nichts wahrnehmen, ohne Verstand nichts verstehen und ohne Herz nichts erreichen. Erfolg besteht darin, den wahren Zweck des Körpers, des Verstandes und des Herzens zu finden. Er besteht nicht darin, etwas außerhalb von uns zu beherrschen, obwohl dies eine natürliche Folge sein könnte aufgrund der Gesetze der Einstimmung und der Entsprechung. Doch die höchste Befriedigung, der größte Erfolg, der einzig dauerhafte Sieg besteht darin, herauszufinden und zu erkennen, was wir sind.

25. OKTOBER

Wahre Absage an das Selbst bedeutet,
das eigene Selbst in Gott zu verlieren.

Dies besteht nicht darin, dass wir sagen: „Ich bin“ oder „Ich bin nicht“. Es besteht darin, dass wir nicht an das Selbst denken, sondern nur an Gott. Vielleicht fragt sich jemand: „Was möchte Gott, dass ich sage? Was möchte Gott, dass ich denke? Was möchte Gott, dass ich tue?“ Aber sogar dies ist unnötig, weil immer ein Gefühl von Leichtigkeit oder sogar Freude entsteht, wenn wir *Darud* ausüben, also alles Tun, Sprechen und Denken mit dem Atem in Einklang bringen. Dies ist leicht, einfach und ausreichend, und dafür brauchen wir auch kein Wissen über Metaphysik.

26. OKTOBER

Es ist bedeutsamer, die Wahrheit über das eigene Selbst herauszufinden, als die Wahrheit über Himmel und Hölle zu ergründen.

Was sind Himmel und Hölle? Sie sind Ergebnisse von Handeln, Sprechen und Denken – sie sind „Ergebnisse" und nicht selbstständig. Jede Hölle und jeder Himmel kann anders sein, derselbe Umstand kann für einen Menschen Hölle und für einen anderen Himmel sein. Deshalb können wir Himmel und Hölle nicht verstehen, bevor wir unser Selbst verstehen – nicht das *Nafs*, sondern das innerste Sein.

Sufis überlassen Himmel und Hölle bereitwillig Gott. Sie betrachten es als Freude, wenn Gott anwesend ist, sogar mitten in der Hölle, und als Verlust, wenn Gott abwesend ist, und sei es im Schoß vom Paradies.

27. OKTOBER

Entsprechend unserer Entwicklung erkennen wir die Wahrheit. Und je mehr wir wissen, desto mehr entdecken wir, was es alles zu wissen gibt.

Wahrheit steht über und jenseits von Fakten. Wahrheit bedeutet, das Leben selbst zu verstehen, also Gott. Dieses Wissen ist grenzenlos und wird höchste Erkenntnis genannt. Deshalb kann es mit Worten oder Gedanken nicht erklärt werden. Nur der erleuchtete Verstand kann es wahrnehmen. Der Verstand kann sich nicht selbst erleuchten. So wie das Licht des Mondes von der Sonne kommt und sich im Mond widerspiegelt, so stammt das Licht des Verstandes vom Herzen und spiegelt sich im Verstand wider. Sufis entwickeln das Herz, das heißt, sie leben aus dem Gefühl heraus und bleiben im Einklang mit Gott. Dies ist möglich mit den Übungen, die den einzelnen von seinem Murshid oder einer/m Beauftragten gegeben werden.

28. OKTOBER

Wer mit dem Wissen von Namen und Formen angefüllt ist, hat keinen Raum mehr für das Erkennen der Wahrheit.

Der Verstand ist Himmel und Hölle. *Akasha* – oder Raum – unterscheidet sich nicht so sehr vom Himmel. Wir sehen den Himmel bei Tag und bei Nacht: am Tag gibt es nur eine einzige Lichtquelle – die Sonne – und dennoch volle Beleuchtung. In der Nacht gibt es viele Lampen – die Sterne – und doch ist es dunkel. Der Himmel bei Nacht ist wie der Verstand, angefüllt mit dem Wissen von Namen und Formen, und er ist immer noch in Dunkelheit, während der Himmel am Tag dem erleuchteten Verstand gleicht.

Diese beiden Aspekte werden „*astral*" und „*buddhi*" genannt, was nicht so sehr Zustände des Verstandes sind, sondern Zustände, die mit dem Verstand in Beziehung stehen. Die astrale Welt ist das Ergebnis des geteilten Verstandes. Sufis können hierauf nicht begrenzt werden, da sie *Darud* praktizieren und damit Täuschungen und Fallstricke vermeiden. Der *Buddhi*-Zustand zeigt an, dass Herz und Verstand aufeinander abgestimmt sind, so wird Wahrheit möglich. Deshalb wurde Buddha manchmal als Sonnengott gesehen. Dies gilt in Bezug auf den Verstand und ebenso für jede/n im Rang eines *Rasul.*

Noch höher als dies ist der Zustand, in dem es weder Tag noch Nacht gibt.

29. OKTOBER

Der Mensch irrt, wenn er meint, sein Herz kultivieren zu können, indem er selbst den Samen sät, anstatt das Säen Gott zu überlassen.

Jede Form der Bindung an das Selbst neigt dazu, das Herz geschlossen zu halten, ganz egal wie groß das Verlangen sein mag. Sogar die Bindung an das Herz kann das Herz nicht öffnen. Kein Verlangen, kein Streben, kein Hoffen kann das erreichen. Es entsteht aus dem Aufgeben des Selbst – und dann öffnet sich das Herz fast von selbst. Entweder halten wir das Heft in der Hand oder der Geist der Führung weist uns den Weg.

30. OKTOBER

Wir beginnen unser Leben als Lehrer und es ist sehr schwer für uns, Schüler zu werden. Für viele besteht die einzige Schwierigkeit im Leben darin, schon Lehrer zu sein. Was wir lernen müssen, ist Schüler sein. Es gibt nur einen Lehrer, Gott selbst.

Lehrer ist der positive Pol und gibt, Schüler ist der negative Pol und empfängt. Viele möchten empfangen und gleichzeitig Lehrer sein. Dies ist aber nicht möglich und führt zu viel Kummer. Eine Person, die Anhänger sucht, ist kein Lehrer, sondern nur eine Person, die Anhänger sucht. Lehrer ist jemand, wer andere etwas lehrt und anderen etwas gibt. Es ist aber nicht notwendig zu lehren und es ist nicht notwendig zu geben. Dieser Zustand, das Lehren und Geben, ist verbunden mit *Nasul*, der aufsteigenden Energie.

Nasul, die aufsteigende Energie und das Ausatmen, hat ihren Zweck, und *Uruj*, die absteigende Energie und das Einatmen, hat auch ihren Zweck. Im Universum muss es Gleichgewicht und Ordnung geben. Zweifellos führt *Uruj* zu Selbstbezogenheit, aber *Uruj* führt auch zu Wachstum. Lediglich zu geben um des Gebens willen, hat keinen großen Nutzen. Dies setzt voraus, dass das Selbst die Fähigkeit zu grenzenloser Entwicklung besitzt. Ein derartiges Selbst hat jedoch nicht diese Fähigkeit.

Nur Gott existiert, und unsere Entwicklung ist Gottes Entwicklung, Gottes Chance ist unsere Chance. Daher sind *Uruj* und *Nasul* im Gleichgewicht, und wenn wir bereit sind zu lernen, ist Gott da, um uns zu lehren.

31. OKTOBER

Irdisches Wissen gleicht Wolken, die unsere Sicht trüben. Erst wenn die Wolken sich auflösen – mit anderen Worten, wenn das Herz rein ist –, gibt es Raum für Gotteserkenntnis.

Die „Sicht“, von der hier die Rede ist, ist stärker als das Augenlicht und feiner als der Verstand. Diese Sicht ist Einsicht, d.h. die Sicht der Seele, unabhängig von ihren Vehikeln. Im Bereich der Materie ist es notwendig, sich an getrübtes Licht zu gewöhnen. Diese Trübung des Lichts bewölkt den Verstand und hält ihn in einer Art Nebel.

Ein einheitliches Ziel, ein einheitlicher Charakter und die Befreiung des Verstandes aus der Unterordnung unter die Materie kann den Verstand aus diesem vernebelten Zustand herausführen. Reinheit des Körpers meint Körper als Körper, Reinheit des Verstandes meint Verstand als Verstand und Reinheit des Herzens meint Herz als Herz. Der Körper hat seine Musik und seine Gesetze, der Verstand hat seine Musik und seine Gesetze, und obwohl das Herz größer ist als jedes Gesetz, hat es immer noch seine Musik. Daher ist spirituelle Entwicklung eine Einstimmung. Es ist merkwürdig und zugleich großartig, dass diese Einstimmung jedwedes Wissen von jedweder Ebene mit sich bringt.

NOVEMBER

1. NOVEMBER

Das Selbst steht wie eine Mauer zwischen Mensch und Gott.

Die Bezeichnungen „größeres Selbst" und „kleineres Selbst" zu verwenden, ist nicht hilfreich, es sei denn, wir haben eine klare Vorstellung dieser Begriffe. Das *Nafs* ist nicht das Selbst, sondern ein Gedanke des Selbst. Versuche, das *Nafs* zu finden und dich darauf zu konzentrieren – oft lässt es sich in einem bestimmten Teil des Verstandes finden. Dies zeigt, dass das *Nafs* vom Verstand hervorgebracht wird, ihn aber nicht leitet. Versuche dann, das wahre Selbst durch Konzentration zu finden. Obwohl das Gefühl im Herzen am stärksten sein wird und dort seinen Mittelpunkt hat, wird das wahre Selbst jeden Teil deines Seins berühren. Dies zeigt, dass das, was die Menschen gewöhnlich als „Ich" ansehen, nicht das wahre „Ich" ist, und es vielleicht gar kein wahres „Ich" gibt. Ja, ein wahres „Ich" gibt es nicht – außer Gott, von dem die Hebräer sagten: „Ich bin, der ich bin".

Indem wir erkennen, dass das *Nafs* eine Begrenzung und nicht das Ganze ist, finden wir die Mittel, seine Macht zu vereiteln – durch Gebet, Meditation, Konzentration und spirituelle Hingabe.

2. NOVEMBER

Geduldiges Streben ist nötig, um Wasser aus der Tiefe der Erde nach oben zu bringen. Wir haben es beim Graben mit viel Schlamm zu tun, bevor wir das Wasser des Lebens erreichen.

Was ist dieser Schlamm? Die unreinen Gedanken des Menschen, die von der Gewohnheit des Verstands herrühren, sich so sehr von Materie und Form abhängig zu machen. Der Verstand könnte unabhängig von all diesen Formen handeln, indem er Wissen aus der Essenz aufnehmen würde. Ist die Fähigkeit der Intuition einmal erweckt, können wir alle irdischen Zustände verstehen und auch Möglichkeiten finden, diese Zustände zu verbessern – entweder direkt in unserem Leben oder bezogen auf die ganze Welt.

Reinheit des Denkens bedeutet, unser Denken Gott zu überlassen, mit dem ganzen Herzen in der Hingabe an Gott zu bleiben. So eröffnet sich uns alles Wissen. Solange wir unserem Denkvermögen, unserer Erinnerung und unseren Erfahrungen irgendeinen Wert beimessen, können wir den höchsten Zustand nicht erreichen. Diese bilden den Schlamm, die Wolken und die Trugbilder des Lebens.

Bei unserer Suche nach Wahrheit ist die erste und die letzte Lektion Liebe. Es darf keine Trennung geben, kein „Ich bin und du bist nicht.“ Bis wir diese Selbstlosigkeit erreicht haben, können wir weder Leben noch Wahrheit verstehen.

Wenn wir das körperliche Herz untersuchen, können wir feststellen, dass der Kreislauf des Blutes der beständige Lebensprozess ist. Das Blut berührt alle Teile des Körpers und sorgt dafür, dass sie als Einheit funktionieren. Wir können etwas über eine Person aussagen, wenn wir den Zustand ihres Blutes kennen. Das körperliche Herz trennt einzelne Teile nicht voneinander ab, sondern betrachtet das Ganze als eine Einheit.

So ist auch die Natur der Liebe. Sie kann nur im Sinne von Einheiten denken. Von einem Standpunkt aus ist dies kein Denken, doch aus einer tieferen Sicht ist es das einzig wahre Denken. Was wir Denken nennen – das Bemühen, etwas von der Natur der Dinge zu erkennen –, ist in Wirklichkeit ein Vorgang der Analyse, des Zerlegens eines Ganzen in seine Einzelteile.

Die Analyse kann nur das Wissen des Analysierens bringen. Sie sieht die Teile, kann sie aber nicht zusammensetzen, da es ihre Natur ist, zu zerteilen. Um die Teile zusammenzubringen, müssen wir in der Lage sein, das *Nafs* jedes Teils auszulöschen. Indem wir sie als Einzelteile denken, verleihen wir jedem Teil ein *Nafs*, das folglich aus dem menschlichen Denken hervorgegangen ist.

Tatsächlich ist die ganze Welt, wie wir sie betrachten, nichts anderes als die äußere Projektion dieser Gedankenkraft. Und selbst die physische Welt ist in gewissem Maß von der Gedankenkraft abhängig. Aber das Denken an sich zerstückelt, wenn dahinter kein Gefühl ist. Tatsächlich ereignet sich dies ständig, obwohl diesem Vorgang kaum Beachtung geschenkt wird.

Da der Verstand analysiert, kann er die Teile nicht zusammenfügen. Da er ständig auf die Vielfalt schaut, kann er die Wahrheit nicht begreifen. Der erleuchtete Verstand unterscheidet sich vom unerleuchteten nur dadurch, dass er die Einheit wahrnimmt. Er ist jedoch nicht selbständig, sondern auf das Herz angewiesen. Tatsächlich ist er eins mit dem Herzen.

Nun dehnt sich das Herz aus und zieht sich zusammen, allerdings hat die Ausdehnung keine Begrenzung. Was immer das Herz berührt, sieht es als sich selbst an. Es sieht kein abgetrenntes Selbst und denkt andere nicht als abgesondert. Bei kleinen Babys können wir beobachten, dass sie andere als sich selbst ansehen und mit ihrem eigenen Namen rufen. Sie haben noch nicht die Angewohnheit erworben, zu analysieren und zu trennen. Die spirituelle Seele tritt wieder in ein Stadium ein, in dem sie über all die trennenden Unterschiede und Grenzen hinaus sehen kann, in dem andere ihr nicht als andere erscheinen, sondern als eine Projektion des großen Selbst, des einzig Seienden.

Diese Art von Liebe ist Weisheit an sich. Sind die Schranken der Begrenzung beseitigt, gibt es kein Ende der Weisheit, des Wissens und der Fähigkeiten. Jedoch hängt der wahrhaft Liebende sein Herz nicht an solche Dinge. Er liebt, und diese Liebe lässt ihn lebendig sein. Wenn darin irgendein Gewinn liegt, tut er es nicht aus diesem Grund, sondern er liebt, weil es seine Natur ist zu lieben. Es ist die Gegenwart des Herzens, die einen spirituellen Menschen kennzeichnet. Kein anderer Mensch ist wirklich spirituell, aber alle – selbst Sünder – besitzen diese Möglichkeit in einem kleineren oder größeren Ausmaß. Reines Denken, wirkliches Denken ist ohne jedes „Ich" und ist der Ausdruck einer erwachten Seele.

4. NOVEMBER

Durch die Kraft des Gebets öffnen wir die Tür des Herzens, in dem Gott, die Allverzeihende, der Allbarmherzige, wohnt.

Ein Gebet, wie eigennützig es auch sein mag, beginnt immer mit einem Bittgesuch an eine höhere Macht. Es gesteht die Begrenztheit des Selbst ein, und deshalb erkennt ein Sufi das Gute in jeder Form des Gebets. Er sieht wohl die Kindlichkeit in manchen Formen, doch er betrachtet den Hingebungsvollen eher als ein Kind denn als einen Sünder. Auf diese Weise schaut Gott auf solch ein Gebet. Göttliche Vergebung ist unergründlich, denn es ist Gottes Natur zu vergeben. Was die Menschen davon abhält, diese Vergebung anzunehmen, ist, dass jede Sünde – und tatsächlich jede Handlung – eine Spur im Verstand hinterlässt. Bis wir bereuen, bleibt dieser Eindruck im Verstand. Reue zeigt an, dass das Herz erwacht. Es ist das Blut des Büßers – in christlicher Ausdrucksweise das Blut des Lammes –, das den Gedankeneindruck vom Verstand entfernt.

Sufis nennen diesen Vorgang „Verlernen", wenn Taten oder Einsichten betroffen sind, die moralisch unwichtig sind, und „Reue", wenn sie moralisch bedeutsamer sind. Das Erwachen des Herzens beseitigt Sünden und Lasten. Folglich gibt es keine Vergebung ohne Reue, und sogar Gott kann für den Reuelosen nichts tun, bis Ihm die Gelegenheit dazu gegeben wird. So läuft es jedenfalls im Universum. Obwohl die Liebe Gottes nicht analysierbar ist, bringt sie immer ein Höchstmaß an Harmonie und Schönheit ins Leben.

5. NOVEMBER

Die eigenen Irrtümer wirklich zu bereuen, öffnet die Tore des Himmels.

Solange wir nicht bereuen, stören gedankliche Eindrücke und Schatten den Verstand und verhindern, dass Schönheit sich zeigen kann. Reue beseitigt nicht nur diese Eindrücke und Schatten, sondern vollbringt das Allerschönste: sie schaltet das falsche Selbst aus. Deshalb sind die Armen im Geiste gesegnet und die vom Ego Freien erreichen die Tore des Himmels. Nur wenn der Verstand auf seinen Besitz verzichtet, können die Fähigkeiten des Herzens sich vollständig entfalten.

6. NOVEMBER

Unsere Seele wird mit dem Eindruck von Gottes Herrlichkeit gesegnet, wann immer wir Gott preisen.

Das Preisen Gottes ist der wahre Zweck der Sufibotschaft. Es gibt keine andere Botschaft als diese: Die Menschen sollen sich selbst nicht wichtig nehmen und alles Wertvolle in Gott sehen. Die wahre Natur der Seele verlangt nach diesem Preisen, und wenn wir damit aufhören, werden wir traurig und unzufrieden. Doch dieses Preisen geschieht nicht um des Glücks willen, obwohl es dabei entstehen kann. Die Seele preist, weil es ihre Natur ist zu preisen.

7. NOVEMBER

Wie ein Kind, das laufen lernt und tausend Mal hinfällt, bevor es stehen kann, und danach wieder und wieder hinfällt, bevor es endlich laufen kann, so sind wir wie kleine Kinder vor Gott.

Ja, Gott ist stets bereit, uns zu empfangen. Ein Blick in unser eigenes Herz, ein Gefühl der Anteilnahme für einen Mitmenschen, ein kleines Gebet – und Gott, der göttliche Vater und die göttliche Mutter, nimmt uns in die Arme.

8. NOVEMBER

Entsagen heißt nicht, auf Dinge zu verzichten.
Es bedeutet, zum Selbst nein zu sagen.
Und die erste Lektion der Entsagung ist Demut.

Als der reiche junge Mann Jesus Christus um Rat fragte und gesagt bekam, dass er alles verkaufen und das Geld den Armen geben solle, verstand er die Worte des Meisters nicht. Zu der Zeit war es durchaus üblich, dass Reiche zu spirituellen Lehrern kamen und all ihren weltlichen Besitz aufgaben. Dies war ein Brauch zu allen Zeiten und die Geschichte ist nicht seltsam – nur das europäische Denken, an andere Traditionen gewohnt, hat es nicht immer verstanden.

Nun ist jeder im weltlichen Sinne reich, der vom Leben berauscht ist und Dingen einen Wert beimisst – sei es Reichtum, Besitz, weltliche Ehre, Ruhm, Wissen oder sonst etwas, das nicht zur Gottesverwirklichung führt. Es versteht sich fast von selbst, dass eine Person nicht zwei Meistern dienen kann, seien es Gott und Mammon oder irgendwelche anderen Meister. Die wirkliche Wahrheit in Bezug auf Reichtum ist, dass wir niemals die Besitzer des Reichtums sind, sondern seine Diener. Würdest du ihn besitzen, dann könntest du ihn mitnehmen, sowohl auf eine irdische Reise als auch darüber hinaus, wenn du diese Ebene verlässt. Offensichtlich ist dies unmöglich und es lehrt uns, dass wir Dinge nicht wirklich besitzen, sondern ihnen dienen, wenn wir solchen Besitz fordern.

Nun ist der Verzicht auf etwas, das uns nicht gehört, kein wirkliches Aufgeben, doch der Verzicht auf etwas, das wir besitzen, ist Aufgeben. Das *Nafs* ist nichts als der Gedanke des Selbst und steht jeder spirituellen Erkenntnis und Vervollkommnung im Weg. Das *Nafs* wegzugeben, das Gefühl des Selbst hinzuwerfen, ermöglicht es, das Himmelreich zu erreichen. Ein Geizhals auf der Erde, auch wenn er nur einen Heller besitzt, kann das Tor nicht erreichen. Ein gütiger Mensch, auch wenn er Millionen hat, kann von Gott gesegnet werden.

9. NOVEMBER

Je höher eine Seele steht, desto weiter ist ihr Ausblick.

Dies ist sowohl ein Grundsatz (eine Maxime) als auch eine Anordnung (ein Diktum). Ein Grundsatz ist es in dem Sinne, dass bei einem Vorangehen in irgendeine Richtung die Sichtweite zunimmt. Wenn wir physisch eine weite Reise unternehmen, nimmt die physische Sichtweite zu und wir werden toleranter zu anderen Menschen. Wenn wir viele Studien betreiben und uns das Wissen der Welt aneignen, erweitern wir oft unseren geistigen Horizont, erhöhen unser Verständnis und befreien uns von den Mühen von Zeit und Raum.

Doch wenn wir viel lieben – oder besser gesagt, wenn wir wirklich lieben –, gibt es gar keinen Horizont. Das ganze Universum steht zum Spielen bereit.

Für Sufis ist der Satz hingegen eine Anordnung: Du sollst von allen Standpunkten aus sehen, als ob du jedes Land bereist hast und alle Sprachen, Gewohnheiten und Bräuche verstehst; außerdem sollst du tolerant und bescheiden sein und in allem weltlichen Wissen nur einen Teil des möglichen Wissens der Menschheit sehen. Und schließlich weißt du durch die Liebe, dass es die Liebe ist, die uns den weitesten Ausblick auf das Leben geben kann, und dass dieser Ausblick grenzenlos ist.

10. NOVEMBER

Meisterschaft bedeutet nicht nur, Denken und Gemüt zur Ruhe zu bringen, sondern auf jeden gewünschten Punkt richten zu können.

Der erste Schritt ist, Verstand und Gemüt vom Einfluss äußerer Kräfte frei zu machen, und danach gilt es, den Willen von der Kontrolle durch Verstand und Gemüt zu befreien. Dies kann in der Meditation erreicht werden. An diesem Punkt schläft der Verstand und bedarf des Erwecktwerdens. Dies geschieht durch das Anwachsen der Fähigkeiten des Herzens.

Wenn Hazrat Inayat Khan von dem „gewünschten Punkt“ spricht, meint er ein Ideal, das beharrlich verfolgt wird. Zu diesem Zweck üben die Sufis Konzentration. Dieser tiefe Wunsch entspringt jedoch aus dem Herzen und wird möglich, wenn Wille und Herz die Tätigkeit von Verstand und Gemüt leiten.

Wir können diese Stufen auch im *Zikr* erkennen, dessen erster Teil feststellt: *„La Ilaha“* – was bedeutet, dass den Dingen, den erschaffenen Gegenständen, keine Göttlichkeit innewohnt. Dieser Teil des *Zikr* befreit Verstand und Gemüt von der Illusion und bringt sie zur Ruhe. Der nächste Teil des *Zikr*, *„El Allahu“*, ist der positive Teil, der direkt auf Gott zeigt. Damit können wir Verstand und Gemüt zum höchsten Wunsch führen und zu jedem anderen wohltuenden Wunsch.

11. NOVEMBER

Unsere Gedanken haben uns auf das Glück oder Unglück, das wir erleben, vorbereitet.

Ein gewöhnlicher Mensch unter dem Einfluss des Ego wirft gedankliche Schatten auf das Herz, so dass das Herz keine Glückseligkeit erlebt. Glück sollte nicht mit kurzzeitigem Vergnügen verwechselt werden. Eine Art, beide auseinander zu halten, ist dies: Jedes Tun, Sprechen oder Denken, das uns neben einigem Vergnügen auch unangenehm berührt – wenn also das Ergebnis gemischt ausfällt –, ist nicht das wahre Glück. Ein glücklicher Zustand ist unvermischt, wenn es nichts Störendes gibt, wenn es ein ganzes, vollständiges und durchgängiges Erlebnis der Freude ist.

Durch das Wiederholen der Worte „Dem Einen entgegen" ist es möglich, eine vollständige Wirkung von jeder Ursache zu erhalten. Dies macht es später möglich, wenn ein glückliches Ergebnis entweder erstrebenswert ist oder durch göttliche Gnade gegeben, dass ein reiner Zustand eintritt, unberührt von gedanklichen Schatten oder Gedankenkräften. Reinigung des Herzens hilft dabei mehr als alles andere, in diese Richtung zu gehen.

12. NOVEMBER

Wenn Verstand und Körper ruhelos sind,
kann nichts im Leben erreicht werden.
Erfolg ist das Ergebnis von Selbstbeherrschung.

Diese Beherrschung hat zwei Teile: Erstens die Übung *Darud* und alle spirituellen Übungen, durch die wir willentlich Kontrolle über Verstand und Körper erlangen, und zweitens die Aktivierung des Herzens, durch die Erfolg und Verwirklichung zu uns kommen. Dies ist das bejahende spirituelle Leben, das umfassender ist als das gewöhnliche Leben und sich nicht dagegen stellt, sondern ein vollständigerer Zustand ist.

13. NOVEMBER

Wenn die Sprache gezügelt wird, sprechen die Augen. Der Blick sagt, was Worte nie sagen können.

Wenn wir die Telegrafie untersuchen, entdecken wir, dass übermittelte Wörter und Buchstaben durch Unterbrechungen des Stroms gebildet werden. Mit anderen Worten: Energie wird weitergeleitet, solange es keine Unterbrechung gibt, durch Unterbrechungen werden Symbole für Wörter und Buchstaben gebildet. Das gleiche Prinzip gilt auch bei der Gedankenübertragung, ob in Worten oder durch Telepathie. Die göttliche Energie ist immer vorhanden. Worte entstehen durch Unterbrechungen des gedanklichen Magnetismus oder der gedanklichen Elektrizität, indem im intellektuellen Licht Schatten erzeugt wird. Auf diese Weise werden Worte geformt, die Gedanken übermitteln.

Reine Gedanken sind viel tiefer und können schwerlich mit Worten ausgedrückt werden. Dennoch blitzt dieses reinere Licht durch einen Strom spiritueller Energie von innen aus den Augen heraus. Ohne Worte oder Gesten blitzen die Gedanken, wenn Verstand und Herz beider Seiten aufeinander eingestimmt sind, durch Fließen und Unterbrechen der Energie, „ein“ und „aus“, hin und her. Dies ist das gleiche Prinzip wie bei der Telegrafie, nur sind die Schwingungen viel feiner.

14. NOVEMBER

Worte sind nur die äußere Schale der Gedanken und Gefühle.

Worte sind Verabredungen, mit denen Gedanken und Gefühle sich verkleiden. Für sich genommen sind Worte nichts anderes als gesellschaftliche Übereinkünfte in Bezug auf Buchstaben und Zeichen. Die Gedankenkraft in einem Wort macht es zu einem lebendigen Ding. Das gilt auch für andere Dinge als Worte, doch bei den Worten ist es ganz offensichtlich, dass sie ohne jenen inneren Kern völlig leblos wären.

15. NOVEMBER

Weisheit liegt nicht in den Worten, sondern im Verstehen.

Da Worte durch Unterbrechungen der Energieübertragung verursacht werden, können sie wohl nicht wie Licht sein, sondern eher wie Schatten. Weisheit ist reines Licht, das ständig aus den Augen oder der Atmosphäre einer Persönlichkeit hervorblitzen kann. Sie enthält alles, was diese in ihrer Ganzheit übertragen kann und was nicht einfach zu analysieren ist. Doch Weisheit kann den Verstand begeistern, stärken und in die Lage versetzen, seinen Horizont zu erweitern.

16. NOVEMBER

Die Botschaft Gottes ist wie eine Wasserquelle.
Sie steigt auf und fällt und bahnt sich selbst ihren Weg.

Denn die Botschaft Gottes ist für die Menschen bestimmt. Ein Mensch ist gesegnet, wenn er bereitwillig zu einem Werkzeug der Botschaft wird. In Menschen ist mehr Energie als in Tieren, in Tieren mehr als in Pflanzen und in Pflanzen mehr als in Steinen, deshalb versucht der spirituelle Strom immer dort zu fließen, wo ihm weniger Widerstand entgegengebracht wird. Wenn Menschen Gott nicht dienen wollen, mag vielleicht das Reich der Tiere, der Pflanzen oder der Mineralien den Platz einnehmen. Sodom und Gomorrha wurden durch die Elemente zerstört, als die Menschen über die Botschaft spotteten, und in Palästina flossen Milch und Honig, als die Menschen auf Gott hörten.

17. NOVEMBER

Wenn Augen und Ohren offen sind,
werden die Blätter der Bäume zu Seiten der Bibel.

Gewöhnliche Menschen sehen sich so, dass sie offene Augen und Ohren haben, doch in Wirklichkeit sind sie praktisch blind und taub. Beispielsweise kommt ihr Hören nicht dem eines Blinden und ihr Sehen nicht dem eines Tauben gleich. Nur wenn die Verwendung einzelner Sinne abhanden gekommen ist, können wir den Wert der einzelnen erkennen.

Mystiker brauchen keine Einschränkung in einzelnen Sinnen, um den

Wert jedes Körperteils zu erkennen und all die Anmut zu sehen, mit der Gott den Körper ausgestattet hat. Mystiker sind auch nicht auf die Sinne angewiesen. Um eine Fähigkeit voll zu nutzen, muss sie mit dem Atem und dem Herzen abgestimmt sein. Sufis haben viele Übungen, durch die der Magnetismus in jedem Teil des Körpers verstärkt werden kann, doch die eigentliche Schwierigkeit ist der Schatten, der vom *Nafs* auf diesen Teil geworfen wird.

Die meisten Menschen erkennen nicht, dass mangelndes Interesse als ein Schatten auf Verstand und Wahrnehmung fällt. Ein Mystiker, der gleichmütig ist, verstärkt oder vermindert das Interesse nicht, sondern findet in allen Dingen eine Beziehung zum vollkommenen Ganzen. Dies hält das *Nafs* davon ab, einen Schatten auf irgendeine Fähigkeit zu werfen. Es gibt eine Mystik im Hör- und im Sichtbaren, deren sich ein Seher stets bewusst ist. Wenn wir die Übung *Darud* beibehalten und so zulassen, dass der göttliche Geist jeden Teil des Seins berührt, und wenn wir uns im Herzen konzentrieren, bringen wir Lebenskraft in jeden Teil des Körpers. Dann können wir sogar von Namen und Formen Wissen empfangen.

18. NOVEMBER

Die Seele von allem ist eine *Seele und die Wahrheit ist* eine *Wahrheit, unter welcher Religion sie auch verborgen ist.*

Ishk (oder Liebe) verbindet Einzelne miteinander. Wir sehen unsere Finger nicht als etwas, das vom Körper getrennt ist. So ist das Leben in uns das, was uns mit anderen verbindet. Leben ist nicht möglich, ohne irgendeine Beziehung zu Pflanzen, Tieren oder Menschen zu haben. Wir hängen alle voneinander ab, was beweist, dass die Wirklichkeit in uns größer ist als jede Vorstellung, die wir vielleicht haben. Ohne *Ishk* würden wir nicht sein.

Doch *Ishk* ist eine Kraft, keine Persönlichkeit – und auch nicht auf eine Persönlichkeit angewiesen. Jene Person, die der Ursprung von *Ishk* ist, ist einzig und allein Gott oder Allah oder Brahma oder *Dharmakaya*.

Dieses Wissen wird uns nicht gewährt, solange wir uns als von allen anderen getrennt betrachten.

19. NOVEMBER

Beschränktheit ist nicht unbedingt Hingabe, doch sie erscheint oft so.

Beschränktheit ist eine Konzentration des Egos und Hingabe eine Konzentration des Herzens. Gott ist nicht ein Gedanke der Menschen, und eine kräftige Stimme oder ein gewichtiges Auftreten bedeuten nicht unbedingt einen starken Willen. Das heißt, auch wenn äußere Kraft angewendet wird, kann das Ergebnis unbefriedigend sein. Wer nicht im Einklang mit der Natur ist, kann auf Dauer nicht erfolgreich sein. Doch der Hingebungsvolle, der sich im Ideal verliert, wird diesen Fehler nicht machen.

20. NOVEMBER

Das Licht der Seele ist die natürliche Intelligenz.

Was *„Nur"* genannt wird, ist das universelle Licht, das jeden Teil des Universums erreicht. Ohne dieses Licht gäbe es kein Universum: Es ist der Aspekt von *Ishk*, den wir Intelligenz nennen, weil er zum Licht des Denkvermögens wird. Obwohl *Ishk* ganz aus Licht besteht, ist es auch Einheit. Im Licht ist kein Denkvermögen, obwohl dort *„Buddhacitta"* ist, die Essenz des Denkvermögens. Durch die Unterkunft im Höchsten bildet das Licht Formen, doch diese Formen sind aus den Schwingungen des Licht-Selbst gebildet. Dann wird das Licht in diesen Formen sichtbar und macht es möglich, Erscheinungen wahrzunehmen.

Es ist jedoch immer die Seele, die sieht, ob durch ein Einzelwesen – sei es ein Stein, eine Pflanze, ein Tier, ein Mensch oder ein Planet – oder als Sehvermögen des Körpers, des Verstandes oder des Herzens.

21. NOVEMBER

Die Welle ist das Meer selbst. Doch wenn es sich als Welle erhebt, ist es eine Welle. Und wenn wir es als Ganzes anschauen, ist es das Meer.

Indem die Seele ein Zentrum im universellen Licht bildet, bringt sie das Herz hervor. Mit dem Herzen kann die Seele direkt sehen, und so wird die universelle Intelligenz erzeugt. Aber da Gott die Materie außerhalb des Bereichs der absoluten Intelligenz erschaffen hat – jedoch getränkt mit universeller Intelligenz –, muss die Seele ein Hilfsmittel herstellen, das fähig ist, sie zu begreifen. Deshalb wird die Licht-Intelligenz aufgewirbelt und die Wellen an ihrer Oberfläche bringen den Verstand hervor.

Weil der Verstand aus gröberen Schwingungen als das Herz gemacht ist, kann er direkt auf die Materie schauen und sie als Materie erkennen. Das Herz kann die Materie wohl wahrnehmen, sie aber nicht vom Geist unterscheiden, weil das Herz nicht unterscheidet. Der Verstand sieht also alle diese Unterschiede, doch wenn wir über die Unterschiede hinaus schauen möchten, müssen wir mit dem Herzen sehen. Und wenn wir außerdem das werden möchten, was wir sehen, treten wir in das Seelen-Leben ein. Dann sind Sehen, Seher und Gesehenes eins.

22. NOVEMBER

Nicht das Massivholz kann zu einer Flöte werden, sondern das hohle Schilfrohr.

Aus Sicht des Körpers geht es ihm am besten, wenn er von inneren Giften und äußeren Verschmutzungen frei bleibt. Das gilt auch für den Verstand. Unaufhörlich füllen wir den Verstand mit allen möglichen Gedanken an. Dies vergrößert den Verstand nicht, sondern lädt ihm eine schwere Last auf. Durch Meditation entrümpeln Mystiker den Verstand von allen belanglosen Gedanken, bis er wie ein polierter Spiegel wird. Dieser polierte Spiegel kann das Licht von oben oder den Schatten von unten widerspiegeln. Darin besteht der wahre Nutzen des Verstandes, wenn er vom Selbst unbeeinflusst ist.

Reiner Verstand ist das Ergebnis der Einheit einer Person mit sich selbst, wenn das Licht der Intelligenz, das aus dem Herzen und durch es hindurch strömt, jeden Teil des Seins erleuchtet. In christlicher Sprechweise ist dieses Licht der *Logos*, der jeden erleuchtet, der jemals auf die Welt gekommen ist. Dies macht Genialität, Musik und menschliche Intelligenz möglich.

23. NOVEMBER

Vernunft lernen wir von der sich ständig wandelnden Welt, aber wahres Wissen stammt aus der Essenz des Lebens.

Die Fähigkeit der Vernunft ist von etwas abhängig, das nicht im Verstand liegt oder von ihm selbst stammt. Entweder sie stimmt Konzepten oder Intuitionen zu, die vor der Erfahrung angenommen werden *(a priori)*, oder sie zieht Schlüsse, die nachträglich aus Beobachtungen gewonnen wurden *(a posteriori)*. Die Idee von Schlussfolgerungen *a priori* – d.h. logisches Schließen vor jeder Erfahrung – ist gut, wenn sie auf Glauben beruht, d.h. auf einer Einstimmung des Herzens. Aber auch Intuition hat keinen Wert, wenn sie nicht im Leben umgesetzt wird.

Dass der Verstand auf die Sinne angewiesen ist, so weit gehen selbst Wissenschaftler nicht. Doch einige Philosophen haben fälschlicherweise auf diese Weise Schlüsse gezogen. Wenn wir aber das Denken der Philosophen untersuchen, können wir im Allgemeinen feststellen, dass sie *a priori* angenommen haben, dass Schlussfolgerungen *a posteriori* zu ziehen sind. Mit anderen Worten: Es war etwas anderes als die Vernunft, das den Wert und die Überlegenheit der Vernunft verkündet hat. Darin liegt der Fehlschluss und das Dilemma aller weltlichen Denker.

24. NOVEMBER

Gott ist in dir; du bist Sein Instrument und durch dich bringt Er sich in der Außenwelt zum Ausdruck.

Wie ist vernünftiges Denken *a priori* möglich? Wie ist vernünftiges Denken *a posteriori* möglich? Es muss etwas jenseits des Verstandes geben, das dies bewirkt. Wäre der Verstand größer als die Vernunft, dann wäre der Verstand die Hauptsache und könnte aus sich selbst heraus alles begreifen. Dann wäre der Verstand Schöpfer und Zerstörer, mit anderen Worten: der Verstand wäre Gott. Aber da wir den Verstand tatsächlich so vorfinden, dass er Grenzen hat und durch die Vernunft dazulernt, muss die Vernunft größer sein als der Verstand.

Doch was ist diese Vernunft? Sie ist *Logos*, der universelle Sinn. Intuition unterscheidet sich nicht von Vernunft und widerspricht ihr nicht, aber sie ist frei von zeitlichen Abläufen und räumlichen und ich-bezogenen Einflüssen. Mit anderen Worten: sie gibt die Antwort unmittelbar, doch es ist dieselbe Antwort, die durch die Vernunft kommen würde.

Dies zeigt, dass es etwas viel Tieferes und Grundlegenderes als den Verstand gibt, etwas, das der Verstand nicht erfassen, wohl aber darüber nachsinnen kann. Dies ist die Seele, also nichts anderes als Gott. Der Verstand ist auf die Vernunft angewiesen und die Vernunft auf die Seele. Mit anderen Worten: In Wahrheit ist es Gott, der alle Dinge wahrnimmt und dabei den menschlichen Verstand als Beobachtungsposten benutzt. Wir sind nur der Gedanke von uns selbst. Stimmt unser Gedanke mit Gottes Gedanken überein, wird der Mensch zu Gott. Er wird dann Buddha genannt und manchmal Mahatma.

25. NOVEMBER

Je bewusster wir beim Beten sind,
desto eher gelangt unser Gebet zu Gott.

Gewöhnliche Menschen sind auf den Verstand angewiesen, und selbst wenn sie wahre Gläubige sind, können sie das Gedankengewebe nicht durchdringen. Doch sobald jemand das Leben aus der Sicht der relativen Nicht-Realität der Persönlichkeit betrachtet, werden Leben und Liebe in das Gebet hineingenommen. Dann wird das Gebet zu *Ishk* und steigt bis zum Thron Gottes auf.

26. NOVEMBER

Das Herz muss leer sein, um das Wissen von Gott aufzunehmen.

Wenn die Persönlichkeit von der Welt fasziniert ist, wird sie von Name und Form berauscht. Dies schafft Freude und Leid, Aufstieg und Fall und jedwede Dualität. Gott ist jenseits der Dualität, deshalb lehrt die Schrift, dass jedes Tal angehoben und jeder Berg abgetragen werden muss. Um diesen Zustand zu erlangen, üben die Sufis Gleichmut, was wirklich die höchste Form der Liebe ist. Wenn Liebe für eine Person bedeutet, eine andere nicht zu lieben, ist das Leidenschaft, aber nicht Liebe. Die wahre Liebe, selbst wenn sie auf eine Person gerichtet ist, wird auch auf alle anderen scheinen. Und dies trifft zu, ob sich die Liebe auf einen Menschen oder auf Gott richtet.

Menschliche Liebe für einen Menschen, wie groß sie auch sein mag, ist immer durch Gedanken getrübt, die Schatten auf sie werfen. Menschliche

Liebe für Gott, die das Opfer des Egos erfordert, erlaubt dem Licht, das schon immer da war, durch das Herz zu scheinen und den Verstand mit allem Wissen zu überfluten. Es mag falsch erscheinen, Gott um des Wissens willen zu suchen, doch tatsächlich ist es gar nicht möglich, dies zu tun. Denn wenn jemand Wissen liebt, ist das Herz nicht leer und deshalb kann Gott nicht das Ideal sein. Aber wenn es kein anderes Ideal und keine andere Liebe als Gott gibt, wird jegliches Wissen und auch alle anderen Wünsche erreicht.

27. NOVEMBER

*Solange es in der Liebe ein „Du" und ein „Ich" gibt,
ist die Liebe nicht völlig entflammt.*

Das Ausbreiten von Atomen und Schwingungen führt den Tag herbei. Das Einsammeln der Schwingungen in Bündeln – was eine Verdichtung oder Einschnürung ihrer Aktivität bedeutet –, indem zu einem Ort mehr Licht gezogen wird, erzeugt an einem anderen Ort Schatten. Wenn Schatten erzeugt wird, gibt es den durchgängigen Tag nicht mehr.

Ähnlich ist die menschliche Vorstellung der Liebe: Wenn wir uns selbst mit in das Bild nehmen, verwandeln wir Liebe in „meine Liebe". Wenn wir – vielleicht sogar ohne es zu merken und schleichend – meine Liebe von meiner Nicht-Liebe oder von Liebe, die anders ist als meine Liebe, unterscheiden, dann entsteht Trennung. Und jede Trennung zeigt die Abwesenheit von Liebe.

28. NOVEMBER

*Wenn du dein begrenztes Selbst einmal freiwillig dem Unbegrenzten
hingegeben hast, wirst du in diesem Bewusstsein so viel Freude
empfinden, dass du nicht wieder klein sein magst.*

Wenn wir dies verstanden haben – wirklich verstanden –, wird jede Kleinheit verschwinden. Es wird weder Krieg noch Schmerz noch Leid geben. Es ist die Vorstellung des Selbst – d.h. jede Vorstellung, die wir an unseren Verstand heften –, die genau auf die Essenz des Verstandes einsticht und damit das initiiert, aus dem alles Leid entsteht. Freiwilliges Aufgeben des Selbst zerstört den Verstand nicht, verletzt den Körper nicht und vernichtet das Selbst nicht. Vielmehr vernichtet sie jenen Gedanken des Selbst, dem irrtümlicherweise die Bezeichnung Selbst gegeben wurde.

Niemand kann den kosmischen Zustand vortäuschen. Der Gedanke des Sufismus oder ein Sufi zu sein – und auch das Unterwerfen unter die Regeln und Übungen – machen niemanden zum Sufi. Verwirklichung, und nur Verwirklichung, macht jemanden zum Sufi. Es ist falsch, sich jemals Sufi zu nennen. Doch es gibt solche Seelen, die jedes Bewusstsein und Gefühl von Unterscheidung und Trennung verloren haben. Durch sie lässt der Geist der Führung Segen auf die Welt strömen.

29. NOVEMBER

Je tiefer deine Gebete in deinem Bewusstsein widerhallen, desto hörbarer sind sie für Gott.

Gott ist in der Tiefe des Bewusstseins. Nun hat die Botschaft Gottes, da sie die Botschaft Gottes ist, solche Gebete verwendet, die dies zur Wirklichkeit machen. Die Vorstellung, Worte würden kein Leben mit sich führen, ist dem Sufismus fremd. Sufismus ist die Philosophie des Lebens, deshalb müssen seine Worte lebendige Worte sein. Obwohl es nicht falsch ist, Gott um Hilfe zu bitten, versetzt uns die Schulung im Sufismus in die Lage, auf praktische Weise zu beten, um Erfolg zu haben. *Saum, Salat, Khatum* und alle Gebete, die irgendwo in der Sufi-Botschaft von Hazrat Inayat Khan enthalten sind, sind wertvoller, als wir uns vorstellen können.

Wenn jemand annimmt, wir könnten Gott ohne diese Gebete um Hilfe bitten, so ist das nicht falsch. Doch wenn jemand einen anderen liebt, bittet er den Geliebten nicht, Aufgaben zu übernehmen, die er selbst ausführen könnte. Deshalb ist es zur Erreichung des Ziels vorzuziehen, selbst Meditation und Konzentration auszuüben und nicht Gott um Hilfe zu bitten. Wir sollten lieber beten: „Gebrauche uns für das Ziel, dass Du erwählst in Deiner Weisheit“ und „Gib Nahrung unserem Körper, unserem Herzen und unserer Seele“. Solch ein Gebet, verbunden mit *Darud*, Meditation und Konzentration, wird jedem Bedürfnis der Menschen dienen.

Die Tiefe des Gedankens ist es, die Kraft hat,
und die Innigkeit des Fühlens, die Atmosphäre schafft.

Das Urteil eines gewöhnlichen Menschen beruht auf seiner eigenen einzelnen Erfahrung, während das Urteil eines Weisen auf der universellen menschlichen Erfahrung beruht. Da wir mit unserem begrenzten Verstand nicht erfassen können, was diese universelle Erfahrung ist, spüren wir in einer inneren Einstimmung durch einen Eindruck, was dieses Fazit sein sollte. Also teilt uns das Herz mit, was der Verstand nie aus dem Stand wissen kann, aber daraufhin sofort begreifen kann.

Um die Gedanken rein zu halten, müssen wir das Herz rein halten. Konzentration und Meditation auf die Einheit in Liebe reinigen das Herz und strahlen dessen Zustand in die ganze Welt aus.

DEZEMBER

1. DEZEMBER

Je höher du steigst, desto weiter wird dein Horizont.

Der Verstand kann nur sehen, was er erfahren hat, doch der Verstand eines intelligenten Menschen wird auch berücksichtigen, was andere erfahren haben. Allerdings reichen die gesamte Erfahrung und das gesamte Wissen aller Menschen über den Horizont jedes Einzelnen hinaus. Diesen großen Überblick kann nur das Herz erfassen, das sich auf das gesamte Universum einstellen kann. Wenn wir Liebe für die ganze Menschheit empfinden, können wir – wie eine Mutter oder ein Vater es auch könnte – den Zustand und die Not der ganzen Menschheit spüren.

Dieses Spüren vermögen wir auf Tiere, Pflanzen, Steine und sogar den Bereich jenseits von Raum und Zeit und Sphäre auszuweiten, wenn das Herz sich ausdehnt. Eine Erweiterung des Blicks vergrößert das Fassungsvermögen des Herzens und ein größeres Fassungsvermögen des Herzens erweitert den Blick. Dies wird alles durch *Ishk* hervorgebracht und es ist nichts anderes als *Ishk.*

2. DEZEMBER

Gerechtigkeit kann sich nicht entwickeln,
solange wir andere beurteilen.
Der einzige Weg ist, uns ständig selbst zu beurteilen.

Wenn wir aufgefordert sind, Richter zu sein, sollte auf keiner der Waagschalen ein Gewicht liegen. Falls zwei Menschen von uns einen Richterspruch möchten und wir ein Gesetzbuch zu Rate ziehen können, wird das Gesetzbuch das Urteil fällen. Steht uns ein solches Hilfsmittel nicht zur Verfügung oder sind wir auf das eigene Urteil angewiesen, dann entgehen wir kaum unseren Vorurteilen, welche wahre Gerechtigkeit behindern.

Mit „uns selbst beurteilen" ist nicht so sehr ein Kampf gegen Leidenschaft und Übel gemeint, als ein Kampf, uns von allen Einflüssen freizumachen, ob gut oder schlecht. Wenn wir auf den Ruf Gottes bereitwillig von innen her antworten, werden Herz und Verstand von der Erdenschwere gereinigt. Diese Reinigung ist die eigentliche Beurteilung des Selbst – und nicht die Erwägung, ob die eigenen Charaktereigenschaften gut oder schlecht sind bzw. abgeschafft oder gefestigt werden müssen. Genauer gesagt, geht es um die Beurteilung des *Nafs*, das die Ursache aller Unreinheit ist. Das soll beurteilt werden und nicht die Eigenschaften. Dann werden wir mit der Zeit fähig sein, uns selbst und anderen Gerechtigkeit zu erweisen.

3. DEZEMBER

Freude und Leid sind Licht und Schatten des Lebens.
Ohne Licht und Schatten gibt es kein klares Bild.

Freude erzeugt Licht und andererseits ist Freude das Ergebnis von Licht. Nichts steht der Freude im Weg außer einer falschen Vorstellung des Selbst. Wir können deshalb sowohl der Freude als auch dem Leid entkommen, indem wir der Vorstellung entkommen.

Bilder entstehen durch Abweichungen in Helligkeit und Dunkelheit und auch in der Farbe. In wahrer Liebe existieren solche Abweichungen nicht. Der Verstand wurde geschaffen, damit die Seele das Leben an der Oberfläche sehen kann. Und es ist der Verstand, der alle Arten von Licht und Schatten und Farbe erfassen kann. Deshalb sind Freude und Leid im Grunde Zustände des Verstandes. Der reine Wesenskern des Verstandes kennt kein Leid, das vom Gedanken des Selbst herrührt. Und er kennt auch keine Freude, obwohl sein Zustand sich nicht von dem unterscheidet, was wir Freude nennen.

Der Grund, warum wir Freude als Freude erleben, liegt darin, dass sie von dem Zustand, den wir bei Leid, Schmerz und Schwierigkeiten empfinden, verschieden ist. Eine verwirklichte Seele empfindet kein Leid, keinen Schmerz und keine Schwierigkeiten mehr. Folglich sind wir in den höheren Bewusstseinszuständen nicht mehr berauscht davon, sondern erkennen, dass sie natürlicher sind als der gewöhnliche Zustand des Lebens.

4. DEZEMBER

Weise Menschen finden sich mit den Umständen ab,
wenn sie nichts ändern können. Aber vermeidbare Übel beseitigen sie,
ohne zu zögern oder Mühe zu scheuen.

Weise Atemkontrolle hält den Verstand davon ab, an zerstörerischen Gedanken festzuhalten. Nicht jede Zerstörung in der Welt ist schlecht, denn manchmal ist sie nötig wegen der Menschen oder der Erde selbst. Darum kann es vielleicht Überschwemmungen, Dürre und sogar Hungersnot und Seuchen geben. Diese allgemeinen Zustände sind das Ergebnis allgemeiner Verderbtheit.

Doch wenn ein Weiser aufgerufen ist, sich einem Übel zu widersetzen, tut er das sofort mit Herz und Verstand, indem er die Kraft Gottes anruft, um Gerechtigkeit zu bewirken.

5. DEZEMBER

Beneidenswert ist, wer liebt und keine Erwiderung erwartet.

Nur ein Herz kann ein Herz heilen. Wenn ein Herz sich auf etwas anderes als ein Herz stützt, muss es noch einiges lernen. Die Sufi-Methode des spirituellen Vertrauens auf einen Lehrer baut auf dem Grundsatz auf, dass ein nicht geöffnetes Herz durch vollständige Einstimmung auf ein Wesen, dessen Herz schon offen ist – oder das auf ein offenes Herz eingestimmt ist –, aufgeweckt wird.

Es gibt kein Fragen oder Suchen in der Liebe – und auch kein Geben oder Nehmen. Der natürliche Zustand des Herzens ist dieser: Wenn es andere liebt, nährt es sich selbst, und wenn es sich selbst nährt, teilt es mit allen anderen. Dies erklärt das Geheimnis der Brote und Fische in der Bibel. Die Brote sind das göttliche Wissen und die Fische stehen für den Atem. Ganz egal, wie viel göttliches Wissen weggegeben wird: es wird nicht weniger. Vielmehr gilt, je mehr wir mit anderen teilen, desto besser geht es uns.

6. DEZEMBER

Die Veränderlichkeit des Lebens zu leugnen, ist,
so, als ob wir uns ein bewegungsloses Meer vorstellen,
das nur in unserer Einbildung existieren kann.

Sogar die Vorstellung von *Nirvana* ist keine Stille. Es ist unaufhörliche, rhythmische Aktivität. Leben ist Bewegung, Liebe ist Bewegung und Licht ist Bewegung. Stille steht für den Zustand der Null und *Nirvana* für den der Unendlichkeit. Eine wirkliche Idee von Stille kann es nicht geben, weil schon das Nachdenken über Stille eine Tätigkeit des Verstandes ist. Die Kontrolle der Verstandestätigkeit durch spirituelle Kontemplation ist eine Tätigkeit des Herzens und der Seele. Die Lähmung des Verstands durch Drogen oder durch Hypnose schaltet die Verstandestätigkeit aus, im ersten Fall durch einen chemischen Vorgang und im zweiten Fall durch die Tätigkeit eines anderen Verstandes. Wenn die chemischen Kräfte nachlassen oder wenn der andere Verstand den Einfluss verliert, funktioniert der Verstand wieder.

Der Satz „Die Natur verabscheut ein Vakuum" gilt über das Physische hinaus. Er bedeutet, wenn irgendwo ein Rückzug geschieht, gibt es anderswo einen Ausgleich. Nur durch Kraft kann eine Kraft zurückgedrängt werden. So ist auch das Beenden einer Bewegung auf Bewegung angewiesen.

7. DEZEMBER

Lerne ein wahres Leben zu führen
und du wirst die Wahrheit erkennen.

Wahrheit entsteht aus der Einstimmung des Herzens, die möglich ist, wenn das *Nafs* zur Ruhe gebracht ist. Das heißt, wenn die Negation negiert und die Falschheit widerlegt ist, offenbart sich die Wahrheit.

8. DEZEMBER

Weisheit wird in der Einsamkeit erlangt.

Weisheit wird erlangt, wenn der Körper sich in Einsamkeit befindet. Das heißt, wenn der Körper nicht mit irdischer Nahrung überfüttert und nicht völlig mit körperlicher oder geistiger Arbeit ausgelastet ist, wird er zum Tempel Gottes.

Weisheit wird erlangt, wenn der Verstand sich in Einsamkeit befindet. Das heißt, wenn die Gedanken nicht länger ziellos herumrennen, kann das Licht der Intelligenz den Verstand vielleicht erleuchten.

Weisheit wird erlangt, wenn das Herz sich in Einsamkeit befindet. Das heißt, wenn es keine andere Liebe als die Liebe zu Gott gibt, wenn volles Vertrauen auf Gott und Hingabe an Gott da sind, erwacht Weisheit ganz natürlich.

Andererseits eröffnet Weisheit mehr Spielraum für Herz, Verstand und Körper. Dies ermöglicht, alle und alles zu lieben, es regt alle Arten von geistigem und moralischem Streben an und es bildet den Körper aus und spornt ihn an, ein Höchstmaß an Gesundheit und Freude zu empfinden. Darin gibt es keine Trennung; es ist die Erfüllung der Einheit auch im äußeren Leben. Mit „Einsamkeit" ist das Leben in der Einheit gemeint –

ob nun allein oder in der Menge, in der Wüste, im Wald oder in der Stadt.

Mystiker verlassen bewohnte Orte, wenn die Einflüsse zu stark sind – zu Recht. Ihr Bedürfnis ist, Gott zu finden, und wenn irgendetwas dabei stört, ist es angebracht, sich aus der Gesellschaft zurückzuziehen.

9. DEZEMBER

Der scheinbare Tod des Körpers ist die wahre Geburt der Seele.

Mit dem Tod des Körpers ist seine Auflösung gemeint. Denn wenn dieser physische Körper zerfällt, ist die Seele nicht länger gefangen in Zeit und Raum, und ihr Leben wird sehr viel wirklicher.

Andererseits meint Körper viel mehr als nur den physischen Körper. Jeder Körper – der Erd-Körper, der Gedanken-Körper und auch der Herz-Körper – scheint von der Seele etwas zu fordern, so dass sie ihre vollständige Vereinigung und Einheit mit Gott nicht in vollem Umfang verwirklichen kann.

Der Tod des Körpers bedeutet vielleicht, dass die Einflussnahme des Körpers stirbt. Dies ist ein höchst wundervoller Vorgang. Wenn wir Gott vollständig verwirklicht haben, während wir noch im physischen Körper sind, also Befreiung erreicht haben, dann bleibt die Form des Körpers bestehen – wir haben immer noch einen stofflichen Körper, aber in ihm geschieht eine großartige Veränderung. Die alten materiellen Atome verschwinden und werden durch feinere Teilchen ersetzt. Diese sind abgeschwächt und erfüllt mit Lebensenergie, die aus dem Herzen fließt – nicht so sehr im Blut als vielmehr um das Blut herum, so wie Magnetismus um eine elektrische Leitung herum fließt.

Dieser lebendige Magnetismus erzeugt ein lebendiges Licht und manchmal kann sich dieses Licht offenbaren. Deshalb hat Jesus Christus gesagt: „Lasst euer Licht leuchten vor den Menschen.“ Dieses Licht zeigte sich auch in Moses, als die Herrlichkeit Gottes auf ihn schien. Von den Hebräern wird es *Kevod* genannt und ist der lebendige Atem und das Leben Gottes. Auch in Mohammed hat es sich offenbart und sein inneres Licht war so stark, dass er manchmal keinen Schatten warf. Dies gab ihm die Berechtigung, Mohammed genannt zu werden. Sufis nennen das Licht des gesamten manifestierten Universums *Nuri Mohammed.*

Dieser spirituelle physische Körper wird von den Buddhisten *Nirmanakaya,* der Körper der Umwandlung, genannt, und kann sich bei dem Vorgang, der Tod genannt wird, auf der Stelle auflösen. Eine solche Auflösung gab es sicherlich in den historischen Fällen von Moses, Elija, Jesus Christus, Kabir und vielen anderen. Nicht immer gibt es eine sofortige Auflösung, denn wenn der Körper ganz oder in Teilen bestehen bleibt, kann das helfen, die Erde zu weihen. Deshalb wurde Mohammed in ein Grabmal und die Überreste des Buddha in *Stupas* gelegt.

10. DEZEMBER

Wie Rosen mitten unter Dornen blühen,
so leuchten große Seelen aus allen Widerständen hervor.

Es gibt zwei Haltungen, die bei Widerstand eingenommen werden können: Eine besteht darin, dem Feind mit aller verfügbaren Kraft entgegenzutreten. Falls du mit dem Einsatz von Kraft nicht gewinnen kannst, sollte die Kraft nicht eingesetzt werden. Der Grund liegt nicht nur in der Frage von Erfolg oder Misserfolg, obwohl dies auch wichtig ist. Der eigentliche Grund ist die Notwendigkeit, dein eigenes *Nafs* zu verändern, sowie auch das *Nafs* des anderen. Wenn du im Kampf das *Nafs* des anderen niederwirfst und wenn dir dies mit der Kraft Gottes gewährt wird, ist es nicht falsch, Kraft zu verwenden – und es war nie falsch, solche Kraft zu verwenden. Jeder Prophet ist diesem Pfad gefolgt, und niemand kann ein Prophet werden, ohne dies zu tun.

Doch es gibt zartere Seelen und manchmal auch sanftmütige Menschen, die auf diese Weise nicht erreichbar sind. Hinterhältige Personen, die keine Kraft anwenden, sondern auf Gerissenheit setzen, müssen auf noch andere Weise bekämpft werden. Es ist zutreffend, dass seine Feinde zu lieben und ihnen entgegenzutreten, verschiedene Strategien erfordert. In solchen Fällen ist es oft weise, sich dem Übel nicht zu widersetzen. Dann ergeht es den Feinden wie jenen, die vorwärts stürmen und die Klippe nicht sehen, die sie hinunterstürzen werden.

Eine weitere Haltung ist bedenkenswert, wenn du dem Übel keinen Widerstand leisten willst, nämlich sich weigern, den anderen als Gegner anzuerkennen oder überhaupt in Betracht zu ziehen. Dies war die Position des Buddha, der seine Feinde überwand, indem er sich weigerte, sie körperlich, gedanklich oder spirituell als Feinde anzuerkennen [vgl. 4. März]. Die Folge war, dass ihre Gedanken keinen Schatten auf seinen Verstand werfen konnten. Dadurch schien das Licht des Mahatma (das heißt des Buddha) durch allen Widerstand hindurch. Ein Schatten kann das Sonnenlicht vielleicht hindern, in einen Raum zu fallen, doch das Sonnenlicht nicht auslöschen.

11. DEZEMBER

Wenn Künstler sich in ihrer Kunst verlieren, wird die Kunst lebendig.

Auf diese Weise schuf Gott die Welt und es ist weise, Ihn dabei ein Stück nachzuahmen. Metaphysisch ausgedrückt, gibt es noch eine andere Erklärung. Energie und Magnetismus werden uns mit dem Atem übermittelt. Benutzen wir den Atem dazu, Gott zu preisen, oder ihn mit Inbrunst und Gedenken an Gott zurückzugegeben, so vergrößert dies die Fähigkeit der Inspiration. In jeder Form der Inspiration, ob wir sie spirituell verstehen oder nicht, ist das Interesse ganz auf das Werk gerichtet. Dann berührt der göttliche Atem jeden Teil des eigenen Seins und geht über in die Form, die Künstler gestalten – ob als Musiker, Dichter, Architekt, Kunsthandwerker oder Former von Schönheit welcher Art auch immer.

12. DEZEMBER

Tue nichts mit Furcht und fürchte nicht, was immer du tust.

Wenn Furcht auftaucht, ist Nichtstun, Beruhigung und Meditation angesagt. Dies ist sowohl körperlich als auch spirituell richtig. Furcht beeinträchtigt den Atem und ist andererseits die Folge einer Atemstörung. Um sich gegen Furcht zu schützen, werden Sufis in Selbstschutz geschult, zunächst mit *Darud*, und dann in Okkultismus, was ihnen die Fähigkeit gibt, alle Furcht zu überwinden und sich allen Umständen zu stellen.

Ebenso sollten wir alle Taten mit vollem Vertrauen und ohne die Frage nach dem Ergebnis vollbringen. Andernfalls ist es besser, auf das Tun zu verzichten. Auch hierbei ist die Übung *Darud* hilfreich, welche Gott zum Handelnden macht. Indem wir zu unseren Taten stehen, bringen wir moralischen Magnetismus in sie hinein und verleihen ihnen Leben und Kraft. Gleichzeitig hilft ein solches Tun dem Hingebungsvollen.

13. DEZEMBER

Liebe entwickelt sich zu Harmonie
und aus Harmonie entsteht Schönheit.

Wenn es einen Gegensatz zu Liebe gibt, ist es nicht Hass, sondern Chaos. Hass ist eine Kraft, die aus Liebe abgeleitet ist, gebündelt durch das

Nafs. Andererseits ist Chaos das Gegenteil jeder Liebe. Allah hat durch *Ishk* das Chaos vernichtet und tut es immer noch. Das erste Anzeichen für die Abwesenheit von Chaos ist die Musik des Lebens, ausgedrückt in Rhythmen und Harmonien. Dies ist die Ursache für die Schwingungen, aus denen alle Welten gemacht sind.

Schönheit ist die natürliche Folge von Harmonie, mit der sie die Seele erhebt. Die Harmonien, Melodien und Rhythmen der Schwingungen und Formen wirken berauschend. Wir können in einem einzigen Augenblick die Inspiration eines Künstlers erkennen. Wir können sehen, dass ein Bild den Betrachter nicht inspiriert, ein anderes jedoch sehr wohl. Form gewordene Schönheit, sei es in der Natur oder von Menschenhand, ist immer verlockend und erhebend.

14. DEZEMBER

Wer kein Geheimnis bewahren kann, dem fehlt es an Herzenstiefe.

Die Zunge bringt das Leben an die Oberfläche und hält es dort. Wenn wir still sind, besonders mit *Darud*, berührt die Lebenskraft die tiefsten Schichten unseres Seins. Wenn wir etwas zu sagen haben und sprechen es nicht aus, sondern flüstern es (sozusagen) Gott zu, ist dieses Anliegen mit Leben und Segen aufgeladen. Ist es ein Wunsch, wird er wahrhaftig erfüllt. Geht es um eine Gefahr für einen anderen, wird dieser wahrhaftig geschützt, wenn wir das Geheimnis für uns behalten und es nur Gott zuflüstern.

15. DEZEMBER

Wir sind alle von einem Geist und einem Leben durchdrungen.
Wie können wir da glücklich sein,
wenn unser Nachbar nicht auch glücklich ist?

Glück ist der Zustand des Herzens. Ein Herz berührt jedes andere Herz. Was im Herzen gewünscht wird, wird für alle Menschen gewünscht – oder es wird nicht gewünscht. Das ist der Test, ob ein Wunsch aus dem Kopf oder aus dem Herzen kommt. Ein *Bodhisattva* hört nicht mit dem Wünschen auf, vielmehr sind seine Wünsche für die ganze Menschheit bestimmt. Dies zeigt die Natur des Herzens, das keine Unterschiede machen kann und auch keine macht.

Kann das Unglücklichsein eines anderen den eigenen Geist abstumpfen? Nein, Anteilnahme bedeutet nicht, den Schatten des anderen auf das eigene Sein fallen zu lassen, sondern mit dem eigenen Licht dem anderen Leben zu bringen. Spirituelle Gaben müssen geteilt werden – oder sie werden einem wieder genommen, denn sie sind für alle Kinder Gottes bestimmt und nicht nur für ein paar Auserwählte.

16. DEZEMBER

Das Meer des Lebens ist in dauernder Bewegung,
niemand kann die ewig wogenden Wellen anhalten.
Die Meister gehen über das Wasser, die Weisen schwimmen darin,
doch die Unwissenden ertrinken beim Versuch, es zu überqueren.

Hier gibt es drei Entwicklungsstufen. Der Unwissende gebraucht seinen Verstand nicht, doch manchmal lässt er zu, dass sein Verstand ihn benutzt. Er denkt nicht viel oder gründlich nach und ist wie ein Strohhalm im Wind. Er ist mehr von Meinungen als vom Denken beeinflusst und möchte mit der Mehrheit gehen. Er begreift seine Pflichten im Leben nicht und wird scheitern.

Um solchen Menschen zu helfen, müssen wir sie wie Kinder behandeln, selbst wenn wir ihnen wegen ihres Alters oder ihrer Stellung Respekt entgegenbringen. Dennoch müssen sie innerlich als Kinder angesehen und nicht zu streng behandelt werden, wenn sie etwas nicht verstehen. Sie sollten aber auch nicht zu mild behandelt werden, wenn das keinen Eindruck auf sie machen würde. Sie sollten das Gefühl behalten, den eigenen Weg zu gehen, jedoch die ganze Zeit unter Aufsicht bleiben. Eine spirituelle Person, die solchen Menschen mit Ablehnung begegnet, begibt sich in ernsthafte Gefahr.

Weise ist eine Person, die ihren Verstand benutzt und im Zaum hält. Dafür ist Willenskraft nötig. Solch eine Person hat vielleicht keine große Einsicht, doch sie wird stark genug sein, ihren Lebenskampf zu bestehen. Bisweilen treffen wir auf geistige oder moralische Riesen, die fähig sind, die Kämpfe des Lebens durchzustehen, ohne von ihnen überwältigt zu werden; dennoch sind sie nicht in der Lage, andere aus dem Sumpf heraus zu führen.

Solche Menschen sind bereit für die Botschaft, doch manchmal erkennen sie deren Notwendigkeit nicht. Wenn sie intuitiv sind, steigen sie teilweise aus dem Getümmel des Lebens aus, und indem sie ihr Selbst führen, sind sie oft auch in der Lage, andere zu führen.

Meister ist jemand, dessen Herz Verstand und Körper lenkt, der nicht vielfältige Meinungen hegt und der sich nicht auf die Gedanken anderer verlässt, es sei denn, er erkennt deren Autorität an. Er beansprucht nicht, allwissend zu sein, denn er ist sich der eigenen Grenzen ebenso bewusst wie der allumfassenden Macht Gottes. Vielleicht ist so ein Mensch nicht in leitender Position tätig, aber er wird in der Lage sein, da zu bestehen, wo er bestehen will. Er wird den Kurs in seinem Leben beibehalten und sich nicht von irdischen Dingen abhalten lassen, da er sich über den Zustand erhoben hat, sich davon beeinflussen zu lassen.

17. DEZEMBER

Unser größtes Privileg als Mensch ist es,
ein geeignetes Werkzeug Gottes zu werden.

Nichts ist schöner als die Schau Gottes. Aber nichts ist edler, als Gott durch unsere Augen schauen zu lassen, so dass Gott die Welt ansehen, ihr dienen und die nötige Hilfe geben kann. Dies ist ein Selbstopfer, das lediglich ein Opfern unserer Begrenzung und Selbstbezogenheit erfordert und uns grenzenlose Fähigkeiten beschert.

18. DEZEMBER

Die Bäume des Waldes warten still auf Gottes Segen.

Die Hebräer haben einen Glaubenssatz, der folgendermaßen lautet: „Ich glaube voller Vertrauen an die Ankunft des Messias, und auch wenn er sich noch Zeit lässt, werde ich auf ihn warten.“ Nun ist es ein Gesetz des Universums, dass Geduld als solche uns in die Lage versetzt, den Segen Gottes zu empfangen, denn dadurch entkommen wir all den Emotionen, die uns auf Schritt und Tritt das Leben schwer machen.

Wenn wir Menschen weiser als Pflanzen sind, dann müssen wir ein weiseres Leben führen. Doch das können wir erst, wenn wir alle Weisheit der niederen Schöpfung gelernt haben. Jede Tugend eines Steins, einer Pflanze oder eines Tieres können wir in uns pflegen und vervollkommnen. Im inneren Leben steht es oft an, die Qualitäten zu entwickeln, die wir in der Natur finden, und die Entwicklung dieser Qualitäten führt zur Vervollkommnung. Selbstaufgabe ist keine Vernichtung. Nichts wird zerstört, sondern der Schatten-Gedanke des Selbst wird ins Licht gedreht und alle Qualitäten, welche die Seele gesammelt hat, werden zur Vervollkommnung gebracht.

19. DEZEMBER

Die schlichte Wahrheit ist zu einfach für jene, die nach Kompliziertheit suchen und nach Dingen ausschauen, die sie nicht verstehen können.

Emotionales Aufgewühltsein und der Rausch des äußeren Lebens haben große Nachteile. Wer sich daran gewöhnt hat, wird Geschmack daran finden, Kompliziertheit zu lieben. Nun ist das Herz gar nicht kompliziert, obwohl es als „schwierig" angesehen wird. Das heißt, man kann durch eine einfache Analyse das Herz nicht erkennen. Das Herz ist einfach, aber nicht analysierbar. Du kannst das Größere nicht mit Begriffen des Kleineren treffend beschreiben und immer noch das Größere verstehen. Der Mensch ist gewissermaßen eine Anhäufung von Zellen. Wir können die physischen Zellen immer weiter und weiter untersuchen, werden dabei aber niemals das Menschliche darin entdecken. Dies zeigt, dass in der Analyse etwas fehlt.

Dieses Etwas, das in der Analyse fehlt, kennt jedes Kind – wie auch eine liebende Mutter und ein gütiger Vater, oft ganz unwillkürlich –, denn es ist die Natur des Lebens, die sie veranlasst, dieses Etwas zu spüren. Es ist *Ishk*, die große Lebenskraft des Universums, die jedem durch göttliche Führung verliehen wird.

20. DEZEMBER

Erfolglose Menschen halten den Erfolg oft durch den Eindruck ihrer früheren Misserfolge von sich fern.

Misserfolg ist bedingt durch eine falsche Richtung des Atems. Konzentration verbessert den Atem, besonders spirituelle Konzentration. Jeder Gedanke beeinflusst den Atem beträchtlich. Deshalb können wir durch unsere Eindrücke den Atem ändern und damit den Zustand der Gedanken und des Körpers ändern. An Misserfolge zu denken, wird sicher den Misserfolg vergrößern, und an Erfolg zu denken, wird sicher in irgendeiner Weise Erfolg bringen. Somit verursachen wir unsere Nöte selbst.

21. DEZEMBER

Wir selbst sind der Wunschbaum,
und die Wurzel jenes Baumes ist in unserem Herzen.

Menschliche Wesen spüren von Anfang an Verlangen. Wir suchen Befriedigung dieses Verlangens im Leben – in unserem Körper, in der Ehe, im Aufziehen von Kindern und in vielen üblichen Bestrebungen. Doch nie finden wir Zufriedenheit, bis das Verlangen zum Herzen zurückkehrt, von dem es zuerst ausging.

22. DEZEMBER

Mit gutem Willen, Gottvertrauen, Selbstvertrauen
und einer hoffnungsvollen Einstellung zum Leben können wir
unseren Lebenskampf immer gewinnen, egal wie schwierig er auch sei.

Wenn Gottvertrauen da ist, kann es keine Niederlage geben. Wenn du durch deine Vorstellung von Gott gefesselt bist, wenn du Gott durch deine menschliche Vorstellung begrenzt, dann ist dein Vertrauen zwangsläufig begrenzt. Um das Vertrauen zu vergrößern, musst du ein größeres Wesen finden, dem du vertraust; doch wenn dieses Wesen durch menschliches Denken begrenzt ist, ist das Vertrauen begrenzt. Außerdem kennt eine Person, die nicht die Erfahrung gemacht hat, ihren Verwandten zu vertrauen, gar nicht die Bedeutung von Vertrauen. Wie kann so eine Person Gott vertrauen?

Die Sufis, indem sie mit Gott beginnen und Ihn/Sie jenseits aller Vorstellungen ansiedeln, vertrauen in die lebendige Wirklichkeit. Dann vergewissern sie sich dieses Vertrauens und Glaubens und sind damit fähig, alle Schwierigkeiten zu überwinden. Es gibt niemanden, der das nicht könnte. Der innere Geist der Führung wird jede Person von ihren Beschwerden wegführen. Dies zeigt Gottes große Weisheit.

Die Sufis beseitigen mit ihren spirituellen Übungen den Pfad und den Schatten des *Nafs*, das einem Erfolg immer im Wege steht.

23. DEZEMBER

Es gibt viele Pfade und jeder Mensch betrachtet seinen eigenen als den besten und weisesten. Lasst jede Person den Pfad wählen, der ihrem Wesen am besten entspricht.

Ein spirituelles Leben macht es nicht nötig, den Beruf und die Lebensgrundlage zu ändern. Der Arzt kann Arzt bleiben, der Handwerker sein Handwerk weiter ausüben, der Bauer soll weiter das Land pflügen, der Händler seine Geschäfte betreiben und der Arbeiter bei seiner Arbeit bleiben. Oft ändern Menschen aber ihre Betätigung. Dies ist richtig, wenn sie bei der Arbeit ihr Ideal nicht erreichen konnten. Aber es ist falsch, das Ideal zu ändern. Behalte dein Ideal und erreiche es.

Weder sollst du anderen raten, ihre Richtung im Leben zu ändern, noch sollst du von deinem eigenen Weg abkommen. Dies ist der Grundsatz der Weisen – und er gilt, unabhängig davon, ob es eine Änderung oder die Fortsetzung der Betätigung ist, die zu Gott führt. Obwohl der Weg zu Gott immer der richtige Weg ist, gibt es für jeden von uns einen bestimmten individuellen Weg, der jeweils am besten ist. In Eintönigkeit ist keine Musik; Harmonie entsteht, wenn jeder von uns das Glück im eigenen Ideal finden darf.

24. DEZEMBER

Eine Verschlechterung, ob gesundheitlich oder geschäftlich, deutet auf einen Mangel an Selbstbeherrschung hin.

Nafs kann keine Geschäfte führen. Es besitzt keine Weisheit und kann nicht vorausschauen. *Nafs* drängt uns, köstliche Speisen zu essen, sieht aber nicht die daraus folgenden Krankheiten. *Nafs* geht auf Leidenschaften ein und erkennt die Schwäche nicht, bis es zu spät ist. *Nafs* gibt sich dem Laster hin und weist die Schuld von sich. Eine Person, die unter dem Einfluss des *Nafs* steht, hat selten Erfolg und verliert auch den größten Erfolg schnell wieder, egal wie viel Mühe und Opfer zum Erreichen eingesetzt wurden.

Selbstbeherrschung wird am Ende sicher gewinnen, denn Körper, Gedanken und Herz folgen dem richtigen Weg. Mit ihr werden zuerst Gedanken geformt und danach das Schicksal. Das ist die wahre Willensfreiheit, die in Bezug auf das Ideal Erfolg hat.

25. DEZEMBER

Liebe gleicht dem Wasser des Ganges, sie ist an sich schon eine Reinigung.

Herz heilt Herz. Das Herz kann sich zusammenziehen oder ausdehnen. Die Ausdehnung ist durch *Ishk* verursacht und bringt Heilung und Freude. Diese Freude berührt jeden Winkel des Universums. Ein Liebender ist wie die Sonne, die überall hin Energie ausstrahlt. Dies ist nicht erklärbar. Es ist die Natur der Liebe, es ist die Qualität von *Ishk*, es ist eine göttliche Eigenschaft *(Sifat)*.

26. DEZEMBER

Liebe ist unbegrenzt, doch sie braucht ein Betätigungsfeld, um sich auszuweiten und aufzusteigen. Ohne dies ist das Leben unglücklich.

Eine Rückentwicklung ist in Wahrheit eine Rückentwicklung von Liebe *(Ishk)*. Ein Gefäß wurde geschaffen, in dem der Verstand sich entwickelt hat. Durch den Verstand konnte die Seele die physische Ebene erkennen. Doch der Verstand brachte auch Gedanken hervor, die sich als verwirrend erwiesen. Liebe denkt nicht, doch sie versteht das Denken. Liebe, die durch Denken gebremst wird, kann nicht aufsteigen und sich ausweiten. Liebe, die frei von der Fessel des Selbst ist, kann sich ausdehnen oder zusammenziehen, ohne Hindernis und ohne Verwirrung. Diese Stufen des Herzens werden von den Mystikern erfahren und bilden das spirituelle Leben.

27. DEZEMBER

Jede Welle des Meeres scheint beim Ansteigen ihre Hände nach oben zu strecken, als ob sie sagen wollte: „Zieh mich höher und höher hinauf."

Die Wellen des Meeres werden zum Teil von den Gezeiten verursacht, die eine Folge der Gravitation sind. Diese ist wiederum eine Aktivität von *Ishk* in der physischen Sphäre. Die Aufwärtsbewegung des Wassers, ob als Welle oder Dunst, folgt dem Gesetz, nach dem wir, um Befreiung zu erlangen, anders werden müssen, als wir vorher waren. So wird aus dem Wasser der Dunst und daraus eine Wolke. Aber das *Nafs* des Wassers ist derart, dass die Befreiung das Wasser nicht in Nicht-Wasser verwandelt.

Genauso wird der Mensch durch seine Befreiung nicht zu etwas anderem als einem Menschen. Er kann weder Tier noch Engel werden, selbst wenn er sich schlechter als ein Tier oder besser als ein Engel verhalten würde. Jeder Form wohnt ein endloses Streben inne, die Suche nach Befreiung ist nichts anderes als die Suche nach Gott.

28. DEZEMBER

Wahre Freude liegt im Teilen der Freude mit anderen.

So wie die Brote und Fische von Christus beim Teilen mehr wurden, wachsen die Freuden des Lebens stark an, wenn wir sie teilen. Tatsächlich ist das Teilen die Freude und das Nicht-Teilen das Leid des Lebens. Je mehr du teilst, desto mehr Freude wirst du erleben, weil du von irdischen Anhaftungen befreit wirst. Dies ist der wahre Reichtum des Lebens, der nicht durch irgendeine Ebene des Seins bedingt ist.

29. DEZEMBER

Gewinn oder Verlust sind vorübergehend und nicht real. Würden wir die Realität kennen, sollten wir nie über den Verlust von etwas trauern, das sich als vergänglich erweist.

Der Mensch ist größer als alles andere in der Welt des Körpers und des Verstandes. Wir können den Reichtum dieser Welt nicht nach *Malakut* mitnehmen, aber wir können alles aus *Malakut* behalten, wenn wir in *Djabrut* eintreten. Wir verstehen, dass wir beim Verlassen dieser Welt keinen Besitz mitnehmen können, aber wir können Gedanken mitnehmen – und diese Gedanken hemmen den Pilger im höheren Leben.

Der Mensch ist ein Spiegel, der alle Dinge der oberen und unteren Welten widerspiegelt. Der *Sahib-i-Dil* weiß dies und braucht deshalb kein Wissen anzusammeln. Er sieht, was er benötigt, in seinem Verstand widergespiegelt, sei es das Wissen der oberen oder der unteren Welten. Dies ist ein großes Wunder, das dem gewöhnlichen Menschen unbegreiflich ist. Doch weise Menschen legen keinen besonderen Wert auf diese Fähigkeit. Die Seele sieht, weil sie sieht, und wenn sie nicht mehr durch den Verstand auf eine enge Sphäre beschränkt ist, verschwinden Gewinn und Verlust. Im Unendlichen ist alles enthalten.

30. DEZEMBER

Eine Seele ist so groß wie ihr Einflussbereich.

Wenn eine Seele von äußerem Reichtum und Besitz abhängig ist, berührt sie nur die Menschen, die auch von Reichtum und Besitz beherrscht oder beeinflusst sind. Eine Seele, die sich nach Ruhm sehnt, gewinnt nur die Achtung derer, die Ruhm und Macht achten. Entwickelt eine Seele intellektuelles Genie, dann trägt sie einen Besitz über diesen Bereich hinaus, der von großem Wert in *Malakut* ist und der den Seelen, die in die Manifestation kommen, helfen kann, und auch vielen auf ihrer Rückreise. Außerdem beeinflusst eine solche Seele die geistige Atmosphäre auf der Erde und hilft damit den Menschen, noch größere geistige Fähigkeiten und Genialität zu erlangen. Dies alles fördert die Lebenserfahrung.

Noch größer ist der Wirkungsbereich des Herzens und der Gewinn, der aus dem spirituellen Leben erwächst. Denn nur spirituelle Menschen können zwischen Ursache und Absicht unterscheiden – und brauchen es nicht zu erklären. Sie wissen, dass Erklärungen wertlos sind für jene, die niemals geliebt haben, und Liebende keine Erklärungen benötigen. Das Herz ist größer als der Verstand und kann die Tätigkeit des Verstandes erkennen. Deshalb kann ein Seher die Gedanken eines anderen Menschen lesen und dessen Wissen erlangen, aber er berücksichtigt den Verstand an seinem angemessenen Platz. Der *Sahib-i-Dil*, der Bewahrer des Herzens, ist deshalb nicht begrenzt durch menschliche Fähigkeiten oder Macht oder Reichtum oder Denkvermögen oder Erinnerung. Sein Einfluss erstreckt sich in *Djabrut* hinein, betrifft alle drei Ebenen und weitet sich in die Zukunft auf der Erde und im Himmel aus.

Noch größer ist der Einfluss desjenigen, der die spirituelle Reise vollendet hat und ein *Rasul* geworden ist. Der Einflussbereich des *Rasul* ist unbegrenzt und ewig.

31. DEZEMBER

Glücklichsein heißt, denken oder tun, was wir als schön ansehen.

Reine Selbstsucht führt am Ende zu Selbstlosigkeit. Selbstsüchtige Menschen finden niemals volle Befriedigung für sich. Und wenn sie für sich am Ende einen Weg zur Befriedigung finden, dann führt das dazu, anderen Befriedigung zu geben. Dies zeigt, dass alle Wege zu Gott führen. Schönheit ist die Sehnsucht jeder Seele und die Essenz der Persönlichkeit Gottes.

GLOSSAR

Arabisch (Ar), Griechisch (Gr), Hebräisch (Heb), Japanisch (Jap), Persisch (Per), Sanskrit (Skr)

Agape: göttliche Liebe. Gr

Akasha: Raum; Äther, das subtile fünfte Element. Skr

Amida: Buddha des „unermesslichen Lichtglanzes"; japanische Form für *Amitabha.* Jap

Arsh: Thron Gottes; Herzzentrum. Ar

Arupa: formlos. Skr

Atman: spiritueller Kern; Essenz; inneres Licht. Skr

Avalokitesvara: der alles sehende Buddha des Mitgefühls. Skr

Avatar: Botschafter Gottes; Inkarnation des Göttlichen. Skr

Baka (*auch* ***Baqa):*** Dasein; Zustand göttlicher Fülle; Auferstehung. Ar

Baraka: Segen oder der Inhalt des Segens; göttliches Leben. Ar

Bhagavad Gita: „Gesang des Erhabenen", philosophisch-religiöses Lehrgedicht des Hinduismus. Skr

Bhakti Yoga: Erreichen der Einheit durch Hingabe. Skr

Bodhisattva: erleuchtetes Wesen, das den Menschen dient. Skr

Buddhi: Licht der Intuition und der Intelligenz, Licht des Dharma; höheres Bewusstsein. Skr

Citta: Verstandesmaterial; reines Bewusstsein. Skr

Darud: stille oder gesprochene Wiederholung des Gebetes: „Dem Einen entgegen". Ar

Dharma: universelles Licht, das alle Menschen erleuchtet; der Logos; universelles Gesetz. Skr

Dharmakaya: formloser vollkommener Körper. Skr

Din: Glaube. Ar

Djabarut: Himmelssphäre, Ebene der Seele (s. auch: Nasut, Malakut). Ar

Dschinn: Seele auf der nächsten Daseinsstufe über dem Menschen; Wesen des Wissens. Ar

Fana: Auslöschung, Aufgeben, Entwerdung; Angleichung an das Nicht-Selbst. Ar

Fikr: Zikr in Stille, auf den Atem wiederholt. Ar

Gedankengewebe (englisches Kunstwort: **mind-mesh**): Begrenzung des Bewusstseins durch die Vorstellung eines unabhängigen Selbst. Murshid SAMs Übersetzung des buddhischen Konzepts von Samskara (s.u.)

Guna: Grundbaustein, Seinsweise. Drei Gunas: *Sattva, Rajas* und *Tamas. Skr*

Guru: spiritueller Lehrer. Skr

Hal: Ekstase, der mystische Zustand. Ar

Ilm: göttliche Intelligenz. Ar

Ishk: göttliche Liebe. Ar

Jelal: Kraft/männlich. Ar

Jemal: Schönheit/weiblich. Ar

Jnana Yoga: Weg des Wissens oder Intellekts. Skr

Kabbala: wörtlich: „das, was empfangen wird". Mystische Exegese der Bibel auf vier Stufen: wörtlich, poetisch oder bildlich, symbolisch und esoterisch. Heb

Karma: Ursache und Wirkung, Aktion und Reaktion. Skr

Karuna: Mitgefühl. Skr

Kashf: mystische Einsicht. Ar

Khankah: Wohnung des Lehrers oder Gemeinschaft der Lernenden im Sufismus. Per

Krishna: Avatar von Vishnu; Gott der Liebe. Skr

Lahut: Zustand jenseits von Djabrut. Ar

Makam: spirituelle Stufe oder Grad. Ar

Malakut: Ebene der Gedanken; (s. auch: Nasut, Djabrut). Ar

Manas: Verstand, das reflektierende Prinzip; das niedere Bewusstsein. Skr

Murid: Schüler im Sufismus. Ar

Murshid: Seniorlehrer im Sufismus. Ar

Mushahida: ehrfurchtsvolle Kontemplation. Ar

Nafs: Ego; Struktur, die Dinge als getrennte Entitäten erhält. Ar

Nasul: das Ausatmen, der absteigende Strom der Schöpfung (s. auch Uruj). Ar

Nasut: physische Ebene (s. auch: Malakut, Djabrut). Ar

Neti, neti: hinduistische Negation; „nicht dies, nicht das". Skr

Nirmanakaya: Transformationskörper, Körper der Verwandlung. Skr

Nirvana: „Verlöschen", das Aufgehen des vergänglichen Ich im göttlichen Selbst (Braman). Skr

Nur: universelles Licht, das jeden Teil des Universums erreicht. Ar

Nuri Mohammed: universelles Liebe-Licht-Leben. Ar

Parabrahm: „jenseits von Brahm", Gott der Götter. Skr

Parinirvana: Nirvana nach dem Tod. Skr

Pir: Lehrer im Sufismus, der einem Sufiorden vorsteht. Per

Pleroma: die Fülle der Dinge. Gr

Prakriti: Erde, Natur; der Grundstoff, aus dem das materielle Universum erschaffen wurde. Skr

Prana: Geist-Atem; Energie. Skr

Purusha: Himmel, die unsichtbare Welt, das Nichtoffenbarte, Seele. Skr

Rajas: Veränderung, Aktivität, Hitze, Schmerz. Skr

Rasul: Botschafter Gottes; Weltlehrer. Ar

Ruh: göttlicher Geist; Atem. Ar

Ryazat: spirituelle Praxis, die inneres Erwachen vorbereiten soll. Ar

Sahib-i-dil: erleuchtetes Herz, das göttliche Kraft besitzt; Bewahrer des Herzens. Ar

Saki (oder: Saqi): der Weinschenk; in der Sufi-Poesie der „göttliche Geliebte". Per

Salat: Gebet. Ar

Samadhi: höchste Stufen der Meditation; Erfahrung der Einheit. Skr

Samsara: „Rad des Lebens“, der Kreislauf von Geburt und Tod, Himmel und Hölle usw. Skr

Samskaras: Eindrücke, karmische Geistesformationen. Skr

Sattva: hell, lichthaft, klar, rein, leicht. Skr

Schleier von Isis: „Schleier“, der den Blick der Menschen auf die Formen begrenzt

Shagal: fortgeschrittene Atemübung. Ar

Sheikh: Sufilehrer. Ar

Siddhi: erreichte Leistung, Kraft, Fähigkeit. Skr

Sifat: die vielen sichtbaren Qualitäten oder Schönen Namen Gottes. Ar

Sophia: personifizierte Weisheit. Gr

Talib: fortgeschrittener Schüler im Sufismus. Ar

Tamas: dunkel, schwer, träge. Skr

Tasawwuf: spirituelle Metaphysik und entsprechende Praxis, Arabisch für Sufismus

Tat Twam Asi: „Das bist du.“ Das Selbst und Gott ohne Trennung. Skr

Tattvas: mystische Elemente. Skr

Upanischaden: Teil der Veden, philosophische Schriften des Hinduismus. Skr

Uruj: das Einatmen, der aufsteigende Strom der Schöpfung (s. auch Nasul). Ar

Wazifa: heilige Worte, die wiederholt werden; die „Schönen Namen Allahs“ (s. Sifat). Ar

Zat: Essenz. Ar

Zikr: Erinnerung; die Worte „La Ilaha, El Allah Hu“ oder Varianten davon, wiederholt gesprochen oder gesungen mit der Absicht, das Herz für das Licht und die Liebe Gottes zu erwecken. Ar

HAZRAT INAYAT KHAN

Hazrat Inayat Khan (1882 - 1927) wurde am 5. Juli 1882 in der westindischen Stadt Baroda in eine Musikerfamilie geboren. Mit zwanzig begann er, als Musiker und Musiklehrer durch ganz Indien zu reisen. Als er nach Hyderabad kam begegnete er seinem spirituellen Lehrer, dem Sufi-Meister Abu Hashim Madani, und lebte dort von 1903 bis 1907 als sein Schüler. Sein Sinn für die Zusammengehörigkeit aller Menschen wurde vertieft und mit seinen religiösen Grundlagen verbunden. Als Mystiker konnte er die Wahrheit verstehen, dass alle denselben Ursprung haben.

Als sein Meister starb, reiste Inayat durch ganz Indien, Ceylon und Burma und gab mit großem Erfolg Konzerte. Doch sein Meister hatte ihm auferlegt, sich nicht nur dafür einzusetzen, alle Inder zusammenzubringen, sondern auch die Menschen aus Ost und West zu verbinden.

So reiste er 1910 nach Amerika, zusammen mit seinen Brüdern, die wie er Musiker waren. Er gab Konzerte und hielt Vorträge in Amerika, Frankreich und Russland und traf mit bekannten Künstlern jener Zeit zusammen. 1913 ging er mit der gebürtigen Amerikanerin Ora Ray Baker (1888 - 1949) eine Ehe ein, aus der vier Kinder hervorgingen. Von 1914 bis 1920 lebte er in London und arbeitete daran, die „Idee der Einheit, die die Wurzel von allem ist", zu verbreiten.

Er drückte diese Wahrheit in einer Weise aus, dass Menschen aus dem Westen ungeachtet der äußeren Unterschiede seine Botschaft verstehen konnten. Der Verbreitung der Botschaft zuliebe und um der in Europa und Amerika wachsenden Bewegung noch besser dienen zu können, gab er seine geliebte Musik auf.

Von 1920 bis 1926 reiste er in Europa und Amerika herum und die Zahl seiner Schülerinnen und Schüler nahm weiter zu. Er gründete Sufizentren in zwölf Ländern und begegnete Ruhm und Bewunderung, aber auch Missverständnis und Ablehnung.

Gegen Ende 1926 kehrte Inayat Khan nach Indien zurück und starb im folgenden Jahr, am 5. Februar 1927, in Delhi. Seine Bücher (Vorträge, Aphorismen, Theaterstücke) mit der Sufi-Botschaft von spiritueller Freiheit wurden und werden weiter aufgelegt. Seine Nachkommen und

Schüler weltweit setzen die Arbeit für „Liebe, Harmonie und Schönheit" fort. Viele Menschen nehmen an Sufitreffen teil und wenden das Gelernte im täglichen Leben an.

Sufismus in diesem Sinne ist keine eigene Konfession, sondern Erkenntnis im Streben auf dem Weg zur Entwicklung wahren Menschentums – in welcher Glaubensrichtung auch immer.

Als besondere religiöse Aktivität schuf Hazrat Inayat Khan den konfessionsübergreifenden Universellen Gottesdienst. Dieser gelebten „Einheit im Geiste" – im Gottesdienst wie im Alltag – kommt heute mehr denn je eine integrierende Rolle zu.

ZITATE

„Wenn wir sehr spirituell werden, verlieren wir die Welt;
und wenn wir nicht dafür bestimmt wären, in dieser Welt zu leben,
wären wir nicht hierher geschickt worden." (VIII 61)

„Vorangehen ist Leben, stehen bleiben ist Tod." (VII 178)

„Wir halten unsere Lehren frei von Spekulationen und Dogmen,
denn wir glauben an die wirkliche Arbeit mit uns selbst." (II 233)

„Prinzipien sollen unser Leben leiten, es aber nicht einengen." (Vadan 1030)

Auf die Frage: „In Ihren Schriften lese ich zwei Dinge,
die einander widersprechen.", antwortete Murshid (Hazrat Inayat Khan)*:*
„Nehmen Sie von den beiden Dingen das eine,
mit dem Sie einverstanden sind,
und vergessen das andere."

Jemand fragte Murshid: „Sind Sie Pessimist?"
Er sagte: „Nein, Optimist, aber mit offenen Augen."

Jemand sagte zu Murshid: „Ich habe gehört, wie die Leute schlecht über Sie geredet haben." „Haben sie das?", sagte er, und: „Haben Sie auch gehört, dass jemand freundlich über mich gesprochen hat?" „Ja", rief die Person. „Dann", sagte Murshid, „sind auf dem Bild des Lebens Licht und Schatten, die das Bild vollständig machen."

SAMUEL L. LEWIS

Samuel L. Lewis (1896 - 1971): Mystiker, Sufi-Meister, Zen-Lehrer, Friedensaktivist, Gärtner, Wissenschaftler, Madzub – diese und weitere Bezeichnungen wurden für Samuel L. Lewis verwendet.

Er wurde am 18. Oktober 1896 in San Francisco geboren. Schon als Kind zeigte er starkes Interesse für Mystik und Spiritualität. Seine Familie bemühte sich vergeblich, ihn zum Streben nach materiellem Erfolg zu bewegen, weshalb sie ihm den College-Besuch verweigerte.

Bei der Weltausstellung 1915 in San Francisco kam er in Kontakt mit der universellen Lehre der Theosophie und vertiefte sich anschließend in das Studium der Weltreligionen. 1919 begann eine langjährige Verbindung mit Rabia Martin, Hazrat Inayat Khans Repräsentantin in den Vereinigten Staaten. Etwa zur gleichen Zeit begann er auch eine Zen-Ausbildung bei Nyogen Senzaki. 1923 traf er mit Hazrat Inayat Khan zusammen und wurde von ihm initiiert. 1926 hatte er eine Reihe von umfassenden Gesprächen mit dem „Lehrer seines Herzens" und erhielt verantwortungsvolle Aufgaben übertragen.

In den Jahren der Wirtschaftskrise verdiente Samuel seinen Lebensunterhalt als Gärtner. Er betrieb auch umfangreiche Studien, bei denen Worte von Al-Ghazali, dem Sufi aus dem 11. Jahrhundert, seine Richtschnur waren: „Sufismus stützt sich auf Erfahrungen, nicht auf Annahmen."

Auf Reisen in den Osten 1956 und 1960-62 kam er in intensiven Kontakt mit spirituellen Praktiken und realisierten Weisen verschiedener Richtungen und fand seinerseits weithin Anerkennung. Ab Mitte der 1960er-Jahre kamen junge Leute der Hippie-Generation zu ihm und er bot ihnen Sufi-Lehren an. 1968 verbündeten sich Murshid Sam, wie Samuel jetzt genannt wurde, und Pir Vilayat Khan, der älteste Sohn seines ersten Lehrers, was zu einem beträchtlichen Aufblühen der Sufi-Arbeit in den Vereinigten Staaten führte. Er begründete die Tänze des Universellen Friedens und legte den Grundstein für die Sufi Ruhaniat Gesellschaft.

Im Dezember 1970 verletzte er sich bei einem Sturz in seinem Haus und starb am 15. Januar 1971.

Joe Miller, ein langjähriger Freund, charakterisierte Samuel Lewis folgendermaßen: „Er war ein nüchterner, erdverbundener Typ. Er vermittelte dir keinen tollen Trip auf einer hübschen rosa Wolke. Eher gab er dir einen Tritt und sagte: ‚He, was ist los mit dir? Steig von deinem hohen Ross und schau, wie die Dinge wirklich sind. Erkenne dein Einssein mit dem Einen und strahle Liebe auf alle Menschen aus.'"

www.ruhaniat.org/index.php/archive-home

ZITATE

„Weder mechanische Hilfsmittel noch Regeln oder Rituale – nichts,
das nur von Menschen gesteuert wird, kann die Menschen befreien."

„Die Sufi-Derwische benutzten ihre Füße, um ihren Verstand
von nutzlosem Gepäck zu befreien. Das Loswerden des Gepäcks ist wichtiger
als die Methode. Gebraucht wird eine Methode, die funktioniert,
nicht eine Philosophie über die Methode, was sehr verwirrend sein könnte."

„Worte sind kein Frieden. Gedanken sind kein Frieden.
Pläne sind kein Frieden. Programme sind kein Frieden.
Frieden ist grundlegend für alle Glaubensrichtungen.
Frieden ist Fülle, alles umfassend...und muss erfahren werden."

„Einer der Gründe, warum ich diese Musik und dieses Tanzen lehre,
ist, Freude zu vermehren, nicht Ehrfurcht vor einer anderen Person,
sondern Glückseligkeit in uns selbst. So können wir Gott im Innern finden,
durch Erfahrung."

„Das Göttliche kann erfahren werden und seine Natur ist Liebe, Weisheit,
Freude und Frieden. Als Erstes bitte ich euch um Folgendes:
Glaubt nicht an mich. Vertraut eurem eigenen Wesen,
wenn ihr aufsteht und geht, singt und tanzt."

Die Sufi Ruhaniat International

Die Sufi Ruhaniat International Society hat sich der Aufgabe gewidmet, Menschen zu helfen, ihren höchsten spirituellen Zweck zu offenbaren, ihr grundlegendes inneres Wesen zu verwirklichen und harmonisch mit anderen zusammenzuleben. Und das mit der Hoffnung, menschliches Leid zu lindern und zum Erwachen der Menschheit beizutragen. Die Organisation wurde von Murshid Samuel L. Lewis gegründet, kurz bevor er 1971 starb. Wir stehen im Strom der uralten Weisheitslinie des Sufismus, der 1910 von Hazrat Inayat Khan unter dem Titel „Die Sufibotschaft der spirituellen Freiheit" in den Westen gebracht wurde, und seines Schülers Samuel L. Lewis (Sufi Ahmed Murad Chisti). Diese Arbeit wurde von Pir Moineddin Jablonski, dem spirituellen Nachfolger von Murshid Samuel Lewis, weitergeführt. Er leitete die Ruhaniat von 1971 bis zu seinem Tod 2001. Heute wird diese Arbeit weitergeführt von Pir Shabda Kahn, dem Nachfolger von Pir Moineddin.

Die Ruhaniat-Familie wird gebildet aus Murids (initiierten Schülerinnen und Schülern), die den Pfad der Initiation und Schülerschaft beschreiten und durch persönliche Praxis und direkte Erfahrung die Wahrheit des inneren Lebens suchen. Da Sufismus auf Erfahrung und nicht auf Vorschriften gründet, bekräftigen wir die Kostbarkeit einer initiatischen Beziehung der Übermittlung zwischen Initiierendem und Murid. Es ist ein grundlegendes Prinzip der Sufi Ruhaniat International, dass alle Murids Initiierende haben als Freund/in, Lehrer/in und „Realitäts-Check". Diese direkte initiatische Beziehung gibt einen lebendigen Nährboden ab, auf dem sowohl Lernende als auch Lehrende sich in ihrem Charakter und ihrer spirituellen Erfahrung entwickeln können. Retreats und Seminare sind für alle offen, sowohl für Initiierte als auch für Nicht-Initiierte.

Weitere Aktivitäten der Ruhaniat umfassen ein esoterisches Studienprogramm, das Internationale Netzwerk der Tänze des Universellen Friedens, den Derwisch-Heil-Orden, die Universelle Friedensfeier und die Ausbildung dafür (Cherag), spirituelle Psychologie und SoulWork, Ziraat (heilige Landwirtschaft), Retreat und andere inspirierte Angebote der Leitenden und Linienhalter der Ruhaniat.

Heute sind viele Mittel und Werkzeuge verfügbar, uns in unserem persönlichen und spirituellen Wachstum zu unterstützen. Gleichzeitig aber stehen wir für eine Überlieferung, die ihre Wurzeln in vorgeschichtlicher

Zeit hat. Die heiligen Übungen und Lehren, die in einer ununterbrochenen Linie aus verschiedenen Gebieten und Kulturen zu uns gekommen sind, wurden von unzähligen spirituellen Vorfahren sorgfältig gepflegt und aufbereitet.

Kontakt:
www.ruhaniat.org, www.ruhaniateurope.org oder www.ruhaniat.de

Hazrat Inayat Khan

Aus Musik wurde das Universum erschaffen, ...

VERLAG HEILBRONN

Musik

Aus mystischer Sicht

„Alle Formen der Natur, z.B. die Blumen, sind vollkommen in Form und Farbe; die Planeten, die Sterne und die Erde vermitteln uns die Vorstellung von Harmonie, von Musik. Die ganze Natur atmet... und das Zeichen des Lebens, das diese lebende Schönheit gibt, ist Musik."

Musik und kosmische Harmonie

Aus mystischer Sicht

Sie lieben Musik? Dann haben Sie das wahrscheinlich schon erlebt: Wer Musik liebt, kann die erhabensten geistigen Ebenen des Menschseins erreichen. Durch Musik wird die Harmonie mit dem Selbst und dem Unendlichen wieder hergestellt. Musik nährt die Seele und den Geist.

Friedensgebet

In sieben Stufen den Pfad des Friedens gehen

Täglich beten unzählige Menschen in aller Welt das Friedensgebet des Sufimeisters von Hazrat Inayat Khan. Die sieben Anrufungen des Friedensgebetes führen sicher auf dem Pfad des inneren Lebens. Jede Anrufung wird mit Worten aus den Weisheitsbüchern der Menschheit, mit Versen und Aphorismen von Dichtern und beleuchtet. In diesem Miteinander spiegelt sich die Universelle Bruder- und Schwesternschaft aller Großen im Geiste.

Wanderer auf dem inneren Pfad

Der Sufi-Pfad

Wanderer auf dem geistigen Pfad: dieses Urbild taucht in den verschiedensten mystischen Richtungen auf. Hazrat Inayat Khan betrachtet das ganze äußere wie innere Leben des Menschen als eine Reise der Seele von ihrem göttlichen Ursprung – hindurch durch die Schöpfung – zurück zu ihrem göttlichen Ziel.

Universaler Sufismus

Ein interreligiöser Weg zu spirituellem Wachstum

VERLAG
HEILBRONN

Ritterliche Tugenden im Alten Orient
Edelmut, Tapferkeit und mystische Suche
von Pir Zia Inayat-Khan

„Ritterliche Tugenden im Alten Orient ist eine geniale Darstellung der Sufi-Lehren, in kunstvoller Weise zum Ausdruck gebracht durch eine Gestalt aus dem tiefsinnigsten der mittelalterlichen Ritterromane rund um den Gral. Eine lohnende Leseerfahrung!"
Carl W. Ernst, Autor von How to Read the Qur'an

Musik und Meditation
von Pir Vilayat Inayat Khan
und Aeoliah Christa Muckenheim

Die Begegnung mit Pir Vilayat Inayat Khan verwandelt das Leben der professionellen Musikerin Aeoliah Christa Muckenheim.
Ein Praxisbeispiel über die heilende und transformierende Kraft von Musik und Meditation.

Firos Holterman ten Hove

Die Seele der Blumen
Heilende Blüten-Essenzen

Die Seele der Steine
Heilende Mineral-Elixiere

Das Heilige Buch der Natur
Spirituelle Ökologie

EDITION KALIM – Spirituelle Wegbegleiter | Geschenkbücher

Meditation – Ein Thema für jeden Tag
von Hazrat Inayat Khan und Pir Vilayat Inayat Khan

Bird Language – Die Sprache der Vögel
von Pir Zia Inayat-Khan

Gebet – Atem der Seele
von Hazrat Inayat Khan

Dem Einen entgegen
von Wim van der Zwan

Weitere Informationen erhalten Sie über folgende Links

Sufi Ruhaniat International
www.ruhaniat.org

Sufi Ruhaniat Deutschland
www.ruhaniat.de

Tänze des Universellen Friedens
www.friedenstaenze.de

Der Inayati-Orden Deutschland e.V.
www.inayatiorden.de

Inayatiorden Österreich
www.sufiorden.at

Der Inayati Orden Schweiz
www.sufismus.ch

International Sufi Movement
www.sufimovement.org

Sufi-Bewegung Deutschland
www.sufibewegung.de

Abrahamic Reunion e.V.
www.abrahamicreunion.org

Förderverein Sufi-Saint-School
www.sufi-saint-school-ev.de

Hope Project
www.hope-project.de

VERLAG
HEILBRONN

Verlag Heilbronn
www.verlag-heilbronn.de • info@verlag-heilbronn.de